プリント形式のリアル過去問で本番の臨場感！

佐賀県

弘学館中学校

2025年春受験用

解答集

本書は，実物をなるべくそのままに，プリント形式で年度ごとに収録しています。
問題用紙を教科別に分けて使うことができるので，本番さながらの演習ができます。

■ 収録内容

・解答集(この冊子です)

書籍ＩＤ番号，この問題集の使い方，最新年度実物データ，リアル過去問の活用，
解答例と解説，ご使用にあたってのお願い・ご注意，お問い合わせ

・2024(令和６)年度 ～ 2021(令和３)年度 学力検査問題

JN132450

○は収録あり　年度	'24	'23	'22	'21		
■ 問題収録	○	○	○	○		
■ 解答用紙	○	○	○	○		
■ 配点						

算数に解説があります

☆問題文等の非掲載はありません

教英出版

■　書籍ＩＤ番号

入試に役立つダウンロード付録や学校情報などを随時更新して掲載しています。
教英出版ウェブサイトの「ご購入者様のページ」画面で，書籍ＩＤ番号を入力してご利用ください。

書籍ＩＤ番号　102141

（有効期限：2025年9月30日まで）

【入試に役立つダウンロード付録】
「要点のまとめ（国語／算数）」
「課題作文演習」ほか

■　この問題集の使い方

年度ごとにプリント形式で収録しています。針を外して教科ごとに分けて使用します。①片側，②中央のどちらかでとじてありますので，下図を参考に，問題用紙と解答用紙に分けて準備をしましょう（解答用紙がない場合もあります）。

針を外すときは，けがをしないように十分注意してください。また，針を外すと紛失しやすくなりますので気をつけましょう。

① 片側でとじてあるもの

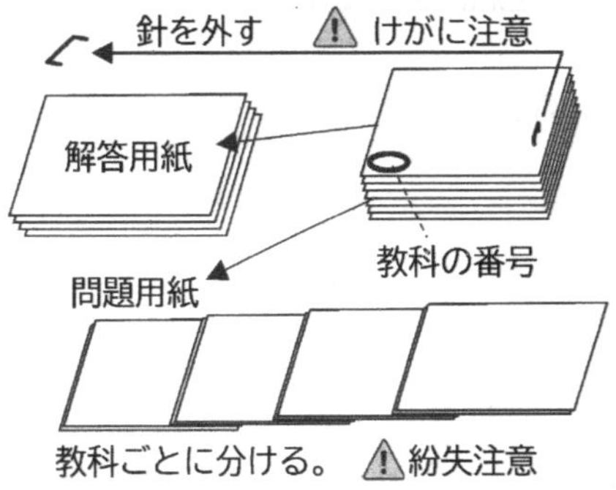

② 中央でとじてあるもの

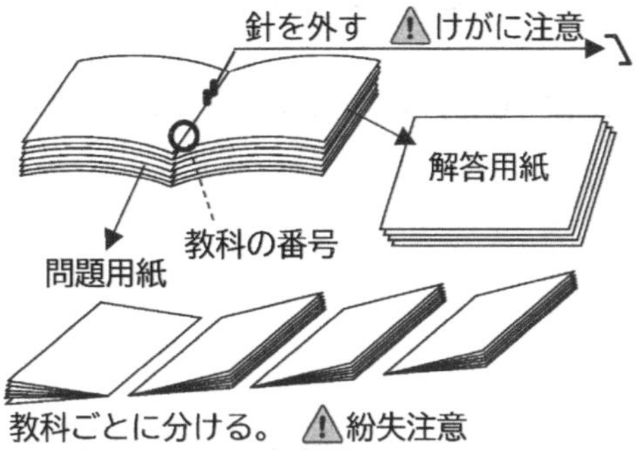

※教科数が上図と異なる場合があります。
解答用紙がない場合や，問題と一体になっている場合があります。
教科の番号は，教科ごとに分けるときの参考にしてください。

■　最新年度　実物データ

実物をなるべくそのままに編集していますが，収録の都合上，実際の試験問題とは異なる場合があります。実物のサイズ，様式は右表で確認してください。

問題用紙	Ｂ４片面プリント
解答用紙	Ｂ４片面プリント

リアル過去問の活用

～リアル過去問なら入試本番で力を発揮することができる～

✿ 本番を体験しよう！

問題用紙の形式 (縦向き / 横向き)，問題の配置や余白など，実物に近い紙面構成なので本番の臨場感が味わえます。まずはパラパラとめくって眺めてみてください。「これが志望校の入試問題なんだ！」と思えば入試に向けて気持ちが高まることでしょう。

✿ 入試を知ろう！

同じ教科の過去数年分の問題紙面を並べて，見比べてみましょう。

①　問題の量

毎年同じ大問数か，年によって違うのか，また全体の問題量はどのくらいか知っておきましょう。どのくらいのスピードで解けば時間内に終わるのか，大問ひとつにかけられる時間を計算してみましょう。

②　出題分野

よく出題されている分野とそうでない分野を見つけましょう。同じような問題が過去にも出題されていることに気がつくはずです。

③　出題順序

得意な分野が毎年同じ大問番号で出題されていると分かれば，本番で取りこぼさないように先回りして解答することができるでしょう。

④　解答方法

記述式か選択式か（マークシートか），見ておきましょう。記述式なら，単位まで書く必要があるかどうか，文字数はどのくらいかなど，細かいところまでチェックしておきましょう。計算過程を書く必要があるかどうかも重要です。

⑤　問題の難易度

必ず正解したい基本問題，条件や指示の読み間違いといったケアレスミスに気をつけたい問題，後回しにしたほうがいい問題などをチェックしておきましょう。

✿ 問題を解こう！

志望校の入試傾向をつかんだら，問題を何度も解いていきましょう。ほかにも問題文の独特な言いまわしや，その学校独自の答え方を発見できることもあるでしょう。オリンピックや環境問題など，話題になった出来事を毎年出題する学校だと分かれば，日頃のニュースの見かたも変わってきます。

こうして志望校の入試傾向を知り対策を立てることこそが，過去問を解く最大の理由なのです。

✿ 実力を知ろう！

過去問を解くにあたって，得点はそれほど重要ではありません。大切なのは，志望校の過去問演習を通して，苦手な教科，苦手な分野を知ることです。苦手な教科，分野が分かったら，教科書や参考書に戻って重点的に学習する時間をつくりましょう。今の自分の実力を知れば，入試本番までの勉強の道すじが見えてきます。

✿ 試験に慣れよう！

入試では時間配分も重要です。本番で時間が足りなくなってあわてないように，リアル過去問で実戦演習をして，時間配分や出題パターンに慣れておきましょう。教科ごとに気持ちを切り替える練習もしておきましょう。

✿ 心を整えよう！

入試は誰でも緊張するものです。入試前日になったら，演習をやり尽くしたリアル過去問の表紙を眺めてみましょう。問題の内容を見る必要はもうありません。どんな形式だったかな？受験番号や氏名はどこに書くのかな？…ほんの少し見ておくだけでも，志望校の入試に向けて心の準備が整うことでしょう。

そして入試本番では，見慣れた問題紙面が緊張した心を落ち着かせてくれるはずです。

※まれに入試形式を変更する学校もありますが，条件はほかの受験生も同じです。心を整えてあせらずに問題に取りかかりましょう。

弘学館中学校

《国　語》

一　問1．a．全盛　b．広告　c．操作　d．深刻　e．著　問2．X．エ　Y．イ　Z．ウ　問3．ウ
問4．情報と情報のあいだに何らかのつながりが生まれて整理され、理解に至る助けとなる点。　問5．脳内に情報チップを埋めこむことで、脳や心に取り返しのつかない損傷を与えることになるかもしれないから。
問6．ア　問7．イ

二　問1．a．じしゅく　b．こうい　c．ばんぜん　問2．A．エ　B．イ　問3．X．ア　Y．ウ
問4．ⅰ．家族を亡くした　ⅱ．家族の記念日　問5．ⅰ．困っているひとに手を差し伸べる優しさを持つこと　ⅱ．ウ　問6．イ　問7．よかれと思ってとった行動が、被災者達に受け入れられなかったことに納得がいかず、腹立たしい気持ち。　問8．エ

三　問1．A．オ　B．ア　問2．動けない植物は生息する環境を選べないので、生存するためには、環境に合わせて自分自身を変化させなければならないから。　問3．変化しない　問4．イ　問5．エ　問6．ウ

《算　数》

1　(1)7　(2)$\frac{3}{20}$　(3)36　(4)18　(5)60　(6)50　(7)106　(8)4.56　(9)188.4
(10)(ア)A　(イ)D

2　(1)120　(2)10　(3)13

3　(1)10.8　(2)午前9時37分　(3)午前10時5分

4　(1)128　(2)42　(3)右図

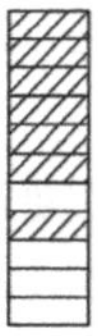

5　(1)6　(2)1　(3)7

《理　科》

1　問1．①小さな　②力点　③作用点　④イ　問2．⑤イ　⑥オ　⑦ア　⑧キ
問3．40　問4．イ，カ，シ　問5．10　問6．8.4　問7．12

2　問1．イ→ア→ウ　問2．ア　問3．(1)エ　(2)オ　問4．北極星
問5．イ　問6．①西　②東　問7．エ　問8．(1)33　(2)ア　(3)40000

3　問1．ウ　問2．二酸化炭素　問3．地球温暖化　問4．エ　問5．酸
問6．右グラフ　問7．50　問8．塩酸の体積…150　気体の体積…3000
問9．石灰石／5g　気体の体積…2000

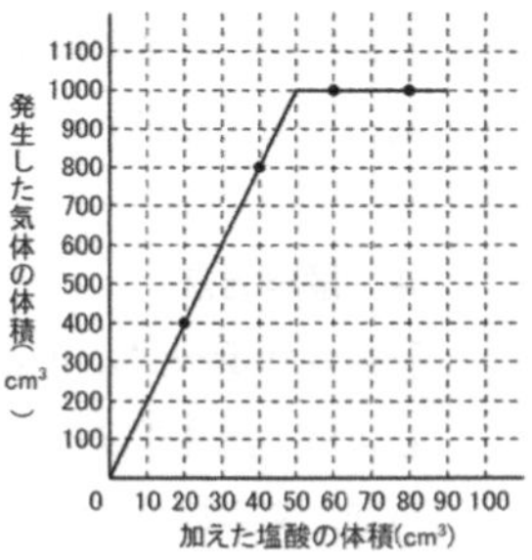

4　問1．変態〔別解〕成長　問2．両生類…②　爬虫類…④　哺乳類…③　問3．イ　問4．A．イ　B．エ
問5．イ　問6．世代を超えて受け継がれる〔別解〕親から子に受け継がれる／先祖から子孫に受け継がれる

《社　会》

1　問１．エ　　問２．縄文　　問３．イ　　問４．万葉集　　問５．ウ　　問６．二毛作　　問７．エ
問８．脱穀　　問９．イ　　問10．ウ，オ

2　問１．岡山…オ　酒田…ア　　問２．ｂ．ウ　ｄ．エ　　問３．⑴イ　⑵ウ　　問４．⑴自家用車　⑵高れい者
⑶ウ　　問５．⑴間ばつ　⑵土砂くずれや洪水がおこる。　⑶ア　　問６．⑴イ　⑵警察署…イ　消防署…エ
⑶ウ　　問７．⑴ウ　⑵①オ　②エ　③イ

3　問１．エ　　問２．ウ　　問３．銀行　　問４．イ　　問５．1945年８月15日　　問６．エ　　問７．エ
問８．※学校当局により問題削除　　問９．御家人　　問10．Ａ．ア　Ｂ．日露戦争に反対する詩を書いた
〔別解〕Ａ．イ　Ｂ．女性の地位向上のために運動した

4　問１．ウ，エ　　問２．難民　　問３．イ　　問４．ア　　問５．⑴あ．持続可能　い．温室効果　⑵エ

5　問１．ア　　問２．５月３日　　問３．あ．正義　い．平等　　問４．ウ，オ

弘学館中学校

1

(1)　与式＝73－{71－13＋4×(8－6)}＝73－(58＋4×2)＝73－(58＋8)＝73－66＝**7**

(2)　与式より，$\frac{1}{8}\div\left(\frac{2}{5}-\square\right)=\frac{4}{6}-\frac{1}{6}$　　$\frac{2}{5}-\square=\frac{1}{8}\div\frac{3}{6}$　　$\frac{2}{5}-\square=\frac{1}{8}\times 2$　　$\square=\frac{2}{5}-\frac{1}{4}=\frac{8}{20}-\frac{5}{20}=\mathbf{\frac{3}{20}}$

(3)　与式＝(1.6＋2.4)×3.14－(4.2－0.2)×5.86＝4×3.14－4×5.86＝4×(5.86＋3.14)＝4×9＝**36**

(4)　**【解き方】買う個数を逆にすると高くなったので，最初はみかんの方がりんごより多く買う予定だった。みかん1個をりんご1個に置きかえると，合計金額は80－60＝20(円)高くなる。和差算を利用する。**

買う個数を逆にしたことで，りんごを予定よりも120÷20＝6(個)多く買った。よって，買う予定だったりんごとみかんの個数の差は6個だから，買う予定だったみかんは(30＋6)÷2＝**18**(個)であった。

(5)　**【解き方】面積図をかいて考える。**

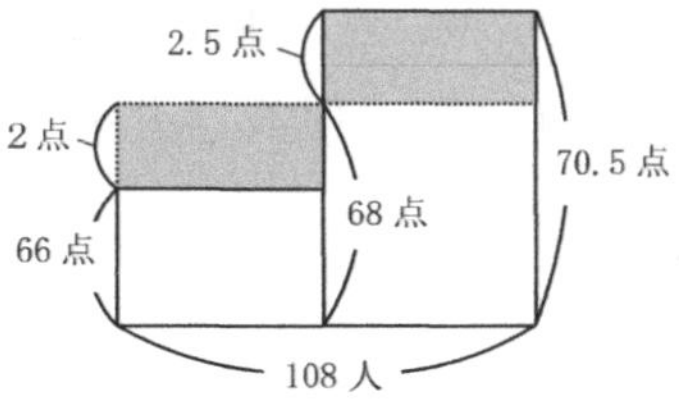

縦の長さを平均点，横の長さを人数とした面積図は右のようになり，色つき部分の2つの長方形の面積が等しい。長方形の横の長さの比は，縦の長さの比の2：2.5＝4：5の逆比で5：4になるから，男子の人数は，$108\times\frac{5}{5+4}$＝**60**(人)である。

(6)　**【解き方】つるかめ算を利用する。**

定価で売ったときの利益は1200×0.3＝360(円)，定価の1割引で売ったときの利益は(1200＋360)×(1－0.1)－1200＝204(円)である。すべて定価で売ったとすると，利益は360×300＝108000(円)となり，実際より108000－100200＝7800(円)高くなる。品物を定価で1個売ったときの利益を，定価の1割引きで1個売ったときの利益に置きかえると，利益は360－204＝156(円)だけ安くなるから，定価で売れ残った個数は7800÷156＝**50**(個)である。

(7)　**【解き方】三角形の1つの外角は，これととなり合わない2つの内角の和に等しい。**

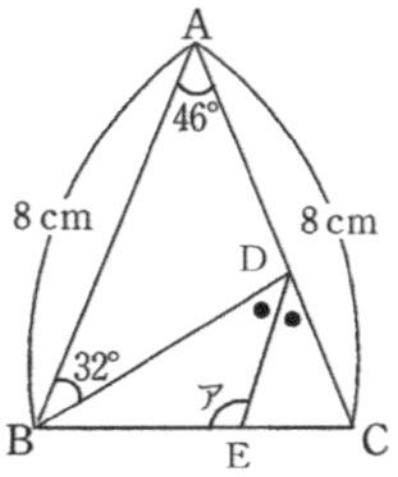

右図の三角形ABDにおいて，三角形の外角の性質より，角BDC＝角ABD＋角DAB＝32°＋46°＝78°だから，角BDE＝78°÷2＝39°である。

三角形ABCはAB＝ACの二等辺三角形だから，内角の和より，角ABC＝(180°－46°)÷2＝67°　　よって，角DBE＝67°－32°＝35°

したがって，三角形DBEの内角の和より，角ア＝180°－39°－35°＝**106°**

(8)　**【解き方】アとウの部分の面積の和がイの部分の面積に等しいので，台形ABCEの面積と，右図のOを中心とする直径16cmの半円の面積が等しい。**

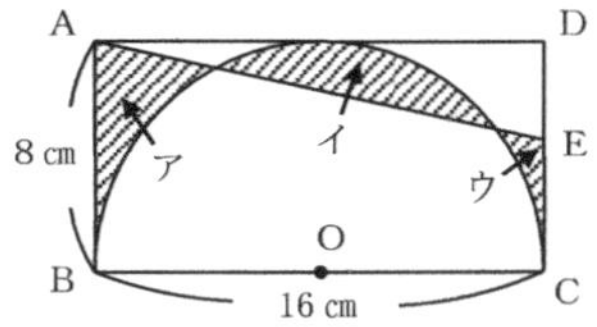

半径16÷2＝8(cm)の半円の面積は8×8×3.14÷2＝32×3.14(cm²)だから，

(CE＋8)×16÷2＝32×3.14　　CE＋8＝32×3.14÷8

CE＝4×3.14－8＝**4.56**(cm)となる。

(9)　**【解き方】図1のように1辺の長さが1cmの正方形のマスをとると，図形を上下に動かすことができ，このとき，回転体の体積はもとの回転体の体積と等しくなる。よって，図1の矢印のように図形を動かす。**

図1　図2

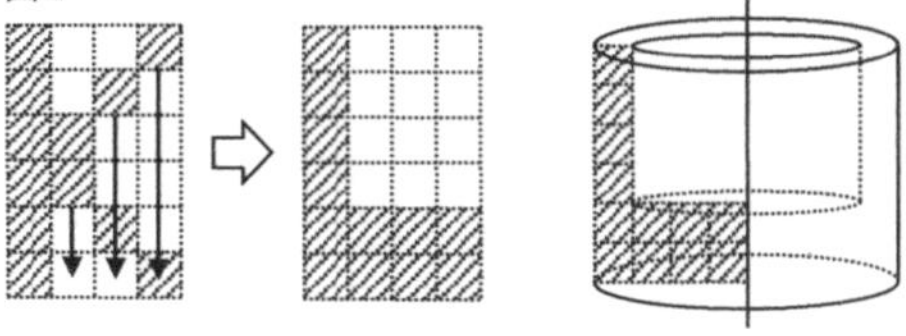

図形を動かした後の回転体は，図2のように，大きな円柱から小さな円柱をくり抜いた立体になる。よって，求める体積は，

4×4×3.14×6－3×3×3.14×4＝**188.4**(cm³)

(10)　**【解き方】だれのものか確定する袋《ふくろ》から考えていく。**

お母さんの袋にはお茶が入っているから，AかCのどちらかである。コーヒーが入っている袋はCだけだから，お父さんの袋はCである。よって，お母さんの袋は**A**に決まる。

Eの袋が学さんのものだとすると，残りはBとDの袋である。Bの袋にはぶどうジュースが入っているので，花子さんの袋はBである。よって，弘さんの袋は**D**に決まる。

2 (1) **【解き方】水を蒸発させても，食塩水にふくまれる食塩の量は変わらない。**

食塩水に入っている食塩は 300×0.12＝36(g)である。水を蒸発させた後の濃度《のうど》は20%だから，食塩水の量は 36÷0.2＝180(g)になる。よって，蒸発させる水は 300－180＝**120(g)**

(2) **【解き方】うでの長さを濃度《のうど》，おもりを食塩水の重さとしたてんびん図で考えて，うでの長さの比とおもりの重さの比が，たがいに逆比になることを利用する。**

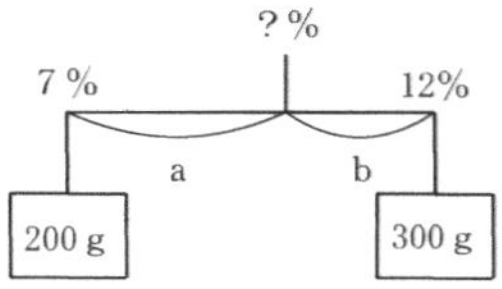

右のようなてんびん図がかける。a：bは，食塩水の量の比である 200：300＝2：3の逆比になるので，a：b＝3：2となる。よって，a：(a＋b)＝3：5だから，a＝(12－7)×$\frac{3}{5}$＝3(%)なので，求める濃度は7＋3＝**10(%)**

(3) **【解き方】てんびん図を連続で用いる。**

図1

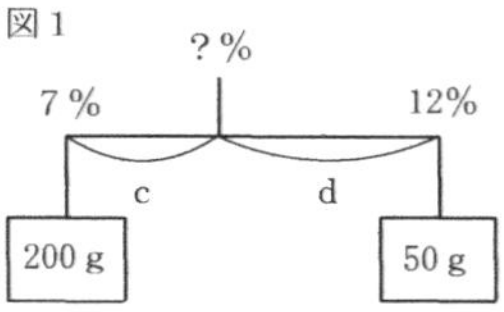

図2

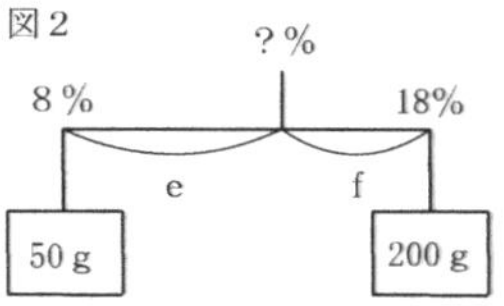

12%の食塩水 50gと7%の食塩水 200gを混ぜると，図1のようになり，c：d＝50：200＝1：4となる。

よって，食塩水の濃度は $7+(12-7)\times\frac{1}{1+4}=8$(%)

次に，8%の食塩水 50gと 18%の食塩水 200gを混ぜると，図2のようになり，e：f＝200：50＝4：1となる。

よって，食塩水の濃度は $8+(18-8)\times\frac{4}{4+1}=16$(%)

図3

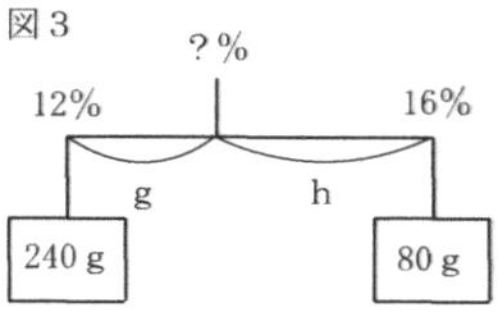

最後に，16%の食塩水 80gと 12%の食塩水 240gを混ぜると，図3のようになり，g：h＝80：240＝1：3となる。よって，食塩水の濃度は $12+(16-12)\times\frac{1}{1+3}=$**13(%)**

3 (1) 弘さんはA町からB町まで自転車で，午前10時25分－午前9時5分＝1時間20分＝$1\frac{20}{60}$時間＝$\frac{4}{3}$時間かかった。よって，弘さんの自転車の速さは，$14.4\div\frac{4}{3}=10.8$ より，**時速 10.8 km**である。

(2) **【解き方】午前9時に出発したバスが初めてB町を出発するのは，午前9時＋20分＋5分＝午前9時25分である。ここから，弘さんとバスが互いに近づくと考える。**

バスの速さは，時速$(14.4\div\frac{20}{60})$km＝時速43.2kmである。午前9時25分までに，弘さんは 10.8÷60×20＝3.6(km)走ったから，B町まであと 14.4－3.6＝10.8(km)のところにいる。ここから弘さんとバスの間の道のりは1時間に 10.8＋43.2＝54(km)の割合でちぢまるから，さらに 10.8÷54×60＝12(分後)にすれちがう。

よって，求める時刻は，午前9時25分＋12分＝**午前9時37分**

(3) **【解き方】バスがA町を2回目に出発するのは，出発して 25×2＝50(分後)の午前9時50分である。ここからバスと弘さんの間の道のりは，1時間に 43.2－10.8＝32.4(km)の割合でちぢまる。**

午前9時50分に，弘さんはA町から $10.8\times\frac{50-5}{60}=8.1$(km)の地点にいる。よって，弘さんがバスに追いこされるのは，さらに 8.1÷32.4×60＝15(分後)の，午前9時50分＋15分＝**午前10時5分**である。

4 (1) **【解き方】2進数の問題である。各ランプがそれぞれ何の数を表すのかを考える。**

コインを1枚入れると下から1段目のランプ，2枚入れると下から2段目のランプ，2×2＝4(枚)入れると下から3段目のランプ，…のようにそれぞれ点灯する。つまり，あるランプが初めて点灯したとき，その1つ上の段のランプが点灯するためには，2倍の枚数のコインを入れる必要がある。下から7段目のランプが点灯するのは，コインを64枚入れたときだから，下から8段目のランプが点灯するのは，64×2＝**128(枚)**入れたときである。

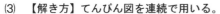

(2)　下から２段目，４段目，６段目のランプはそれぞれ，コインを２枚，８枚，64÷２＝32(枚)入れたことを表すので，Ａ＝２＋８＋32＝**42** である。

(3)　**【解き方】ここまで求めていない段のランプが点灯するために必要なコインの枚数は右の表のようになる。**

ランプ	5段目	9段目	10段目	11段目
コイン	16枚	256枚	512枚	1024枚

2024枚から，点灯するために必要なコインが多い段から順にコインの枚数を引いていくと，2024－1024＝1000，1000－512＝488，488－256＝232，232－128＝104，104－64＝40，40－32＝８，となる。よって，下から４段目，６段目，７段目，８段目，９段目，10段目，11段目をぬればよい。

5　(1)　**【解き方】(水の高さ)＝(水の体積)÷(底面積)で求められる。**

容器に入っている水の体積は７×10×９＝630(㎤)，面ＢＣＧＦの面積は７×15＝105(㎠)だから，水の高さは630÷105＝**6**(㎝)である。

(2)　**【解き方】右図の平面ＡＥＦＢにおいて，水が入っている部分を色つき部分とする。図のように補助線ＪＫを引くと，角ＡＥＬ＝180°－45°－90°＝45°であり，ＩＪとＬＥは平行だから，角ＫＩＪ＝角ＡＥＬ＝45°となるので，三角形ＩＫＪは直角二等辺三角形である。**

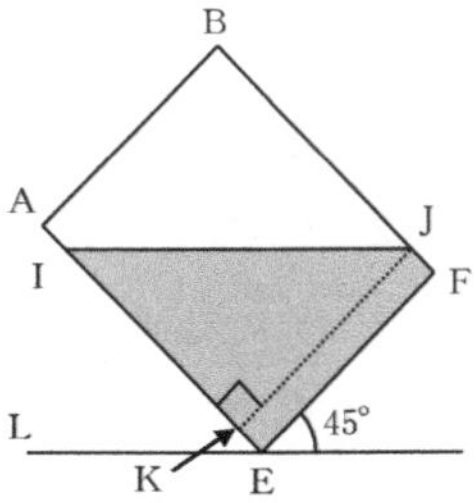

ＪＫ＝ＦＥ＝10㎝だから，三角形ＩＫＪの面積は10×10÷２＝50(㎠)

また，台形ＪＩＥＦの面積は630÷７＝90(㎠)だから，長方形ＪＫＥＦの面積は90－50＝40(㎠)である。よって，ＫＥ＝40÷10＝４(㎝)となるので，ＡＩ＝ＡＥ－ＩＫ－ＫＥ＝15－10－４＝**1**(㎝)

(3)　**【解き方】おもりを入れた後の水の高さは９＋３＝12(㎝)だから，おもり１個の水面より下にある部分の体積は，2.5×１×12＝30(㎤)である。**

入っている水の体積と，水面より下にあるおもりの体積の合計は，$630\times\frac{12}{9}$＝840(㎤)である。

よって，入れたおもりの個数は，(840－630)÷30＝**7**(個)である。

弘学館中学校

《国　語》

一　問1．a．延長　b．説得　c．文脈　d．不全　e．更新　問2．Ⅰ．わかりやすいもの　Ⅱ．意味づけ　Ⅲ．因果の連鎖　問3．ウ　問4．過去のさまざまな経験のもつ意味を見直し、自分にとって都合のよい解釈ができる経験を拾い出して、自他共にわかりやすいように因果の流れのなかに位置づけていくという形。
問5．イ　問6．エ

二　問1．a．わ　b．あせ　c．そ　問2．A．ア　B．ウ　問3．X．オ　Y．イ　Z．ウ　問4．エ
問5．ア　問6．自分の選たくを許していないと思っていた父が、自分が精いっぱいの思いをこめて作ったケーキに気付き、残りを買ってくれたことがうれしかったから。　問7．イ

三　問1．a．そざつ　b．さしえ　c．ざせつ　問2．X．オ　Y．エ　Z．イ　問3．ア，エ　問4．頭のなかに映画やアニメを作り、それを言葉に変換している　問5．エ　問6．言葉をたよりに物語世界の情景や人物を思い浮かべる想像力と物語の筋道が通っているかを確認することができる思考力。　問7．イ

《算　数》

1　(1)76　(2)8　(3)0.4　(4)20　(5)(あ)100　(い)52　(6)(あ)23　(い)108　(7)87.5　(8)学
(9)(あ)38　(い)71　(10)(あ)$11\frac{1}{3}$　(い)45　(11)(あ)20　(い)72

2　(1)960　(2)1800　(3)300

3　(1)7　(2)240　(3)120

4　(1)頂点…20　辺…30　(2)面…32　頂点…30　辺…60

5　(1)49　(2)65　(3)211　(4)45，3

《理　科》

1　問1．ア．5　イ．6（アとイは順不同）　ウ．3　エ．4（ウとエは順不同）　オ．7　カ．8（オとカは順不同）
キ．並べ方　問2．(1)太陽　(2)a　問3．ケ．②　コ．①　問4．サ．①　シ．③

2　問1．イ　問2．ウ　問3．三日月湖　問4．ウ　問5．イ　問6．ウ　問7．ア

3　問1．(1)カ　(2)エ　(3)オ　(4)ク　問2．イ，ウ，エ　問3．ア，イ，エ　問4．イ，ウ　問5．エ
問6．ウ　問7．ウ

4　問1．イ　問2．エ　問3．(X)コイルの巻き数を増やす／鉄しんをいれる　などから1つ
(Y)コイルに流す電流を大きくする　問4．騒音が大きくなる／振動が大きくなる　問5．ウ　問6．オ
問7．(車両内の超電導磁石が通過するたびに，)コイルに流れる電流の向きを変えなければならない。

2023 算数解説　弘学館中学校

令和５年度

1 ⑴　与式＝(３＋40－７)÷６＋70＝36÷６＋70＝６＋70＝**76**

⑵　与式＝$\frac{3}{2}+\frac{10}{3}\times(2.4-0.4)-\frac{1}{6}=\frac{3}{2}+\frac{10}{3}\times2-\frac{1}{6}=\frac{9}{6}+\frac{40}{6}-\frac{1}{6}=\frac{48}{6}=$ **8**

⑶　与式より，□×11－1.4＝４×0.75　　□×11＝３＋1.4　　□＝4.4÷11＝**0.4**

⑷　**【解き方】Ｃの長さを①とすると，Ｂは①×３－１＝③－１(cm)，Ａは(③－１)×２＋３＝⑥－２＋３＝⑥＋１(cm)と表せる。**

リボンの長さの合計は，(⑥＋１)＋(③－１)＋①＝⑩と表せる。これが70 cmにあたるので，Ｂの長さは，

$70\times\frac{③}{⑩}-1=$ **20**(cm)

⑸　**【解き方】１個目の立方体では竹ひごが12本，ねん土玉が８個使われている。２個目以降を追加するごとにそれぞれどのくらい増えるかを考える。**

２個目以降の立方体を１個追加するごとに，竹ひごは８本，ねん土玉は４個必要である。よって，立方体が12個のとき，竹ひごは12＋８×(12－１)＝**100**(本)，ねん土玉は８＋４×(12－１)＝**52**(個)必要である。

⑹　**【解き方】１脚にすわる人数を５－４＝１(人)増やしたことで，長いすに過不足なくすわるために必要な人数がどのくらい変化したかを考える。**

５人ずつすわったときに空いている席の数は，(５－３)＋５＝７だから，１脚にすわる人数を１人増やすと，長いすに過不足なくすわるために必要な人数は，16＋７＝23(人)増えた。

よって，長いすは23÷１＝**23**(脚)，生徒は４×23＋16＝**108**(人)である。

⑺　**【解き方】１つの蛇口から１時間に入る水の量を①とすると，プールの容積は，①×４×８＝㉜となる。**

１つの蛇口がこわれたことで入らなかった水の量は，①×(８－４)＝④だから，入った水の量は，㉜－④＝㉘である。これはプールの容積の，$\frac{㉘}{㉜}\times100=$ **87.5**(％)である。

⑻　**【解き方】同じ赤のボールについて述べている弘さんと館さんに注目する。**

弘さんがウソを言っているとすると，弘さんと館さんがどちらも「私は赤ではない」と言っていることになる。

しかし，学さんが黄だから，弘さんと館さんのどちらかが赤でなければならないので，この場合は合わない。

館さんがウソを言っているとすると，弘さんと館さんがどちらも「私は赤である」と言っていることになるから，この場合は合わない。

よって，ウソを言っているのは**学**さんで，３人のボールは，弘さんが**赤**，学さんが**青**，館さんが**黄**である。

⑼　**【解き方】右図のように記号をおく。折り返したときに重なるから，三角形ＡＢＥと三角形ＦＢＥは合同である。**

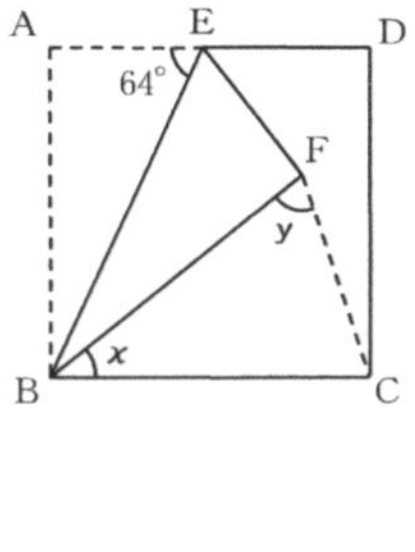

三角形ＡＢＥの内角の和より，角ＡＢＥ＝180°－90°－64°＝26°

角ＡＢＦ＝26°×２＝52°だから，角x＝90°－52°＝**38°**

ＡＢ＝ＦＢ＝ＣＢだから，三角形ＢＣＦは二等辺三角形なので，

角y＝(180°－38°)÷２＝**71°**

⑽　**【解き方】○＋●＝90°とすると，右図のように等しい角がわかる。○と●を内角に持つ三角形は同じ形である。**

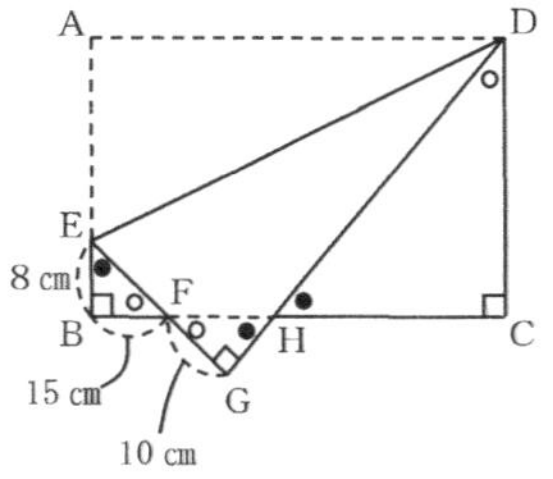

ＡＥ＝35－８＝27(cm)だから，ＧＥ＝ＡＥ＝27 cmで，ＦＥ＝27－10＝17(cm)

したがって，○と●を内角に持つ三角形の３辺の比は，

ＢＥ：ＢＦ：ＦＥ＝８：15：17である。

よって，ＦＨ＝ＧＦ×$\frac{17}{15}$＝10×$\frac{17}{15}$＝$\frac{34}{3}$＝$11\frac{1}{3}$(cm)，

ＣＨ＝ＣＤ×$\frac{8}{15}$＝35×$\frac{8}{15}$＝$\frac{56}{3}$＝$18\frac{2}{3}$(cm)，ＡＤ＝ＢＣ＝15＋$11\frac{1}{3}$＋$18\frac{2}{3}$＝**45**(cm)

⑾　**【解き方】くりぬかれた立方体は，各面の真ん中にある立方体と，全体の中央にある１個の立方体だから，全部で６＋１＝７(個)である。**

立方体１個の体積は１×１×１＝１(㎤)で，残った立方体は27－７＝20(個)だから，体積は，１×20＝**20**(㎤)

表面積のうち，１辺が３cmの立方体の表面に残った部分の面積は，(３×３－１)×６＝48(㎠)

また，各面の真ん中にある立方体をくりぬいたことで，くりぬいた穴のまわりに１×４＝４(㎠)の表面積ができたから，これらの和は，４×６＝24(㎠)　　表面積は以上なので，合計して，48＋24＝**72**(㎠)

2　⑴　**【解き方】学さんが弘さんに追いつくまでの時間は，(２人の間の道のり)÷(２人の速さの差)で求められる。**

学さんが出発するまでに弘さんは60×４＝240(m)進んでいた。したがって，学さんは出発してから240÷(80－60)＝12(分)で弘さんに追いつくから，求める道のりは，80×12＝**960**(m)

⑵　**【解き方】分速70mでいっしょに歩いた時間は，28－(４＋12)＝12(分)である。**

２人いっしょに歩いた道のりは，70×12＝840(m)だから，学校から駅までは，960＋840＝**1800**(m)

⑶　**【解き方】弘さんが忘れ物を持って２回目に学校を出発した時間を求める。**

弘さんが２回目に学校を出発してから学さんに追いつくまでの時間が(1800－200)÷100＝16(分)，２人でいっしょに歩いた時間が200÷50＝４(分)で，この合計時間は16＋４＝20(分)である。したがって，弘さんが１回目に学校を出発してから２回目に学校を出発するまでの時間は，28－20＝８(分)である。弘さんが忘れ物に気づいた地点をＰとすると，学校からＰまでとＰから学校までにかかった時間の比は，速さの比である60：100＝３：５の逆比の５：３である。したがって，学校からＰまでにかかった時間は８×$\frac{5}{5+3}$＝５(分)だから，求める道のりは，60×５＝**300**(m)

3　⑴　**【解き方】２つの食塩水を同じ量ずつ混ぜ合わせたときにできる食塩水の濃度は，２つの食塩水の濃度の平均と等しくなる。**

(３＋11)÷２＝**７**(%)

⑵　**【解き方】ＡとＢの濃度が等しくなるのだから，その濃度は，Ａの食塩水とＢの食塩水をすべて混ぜ合わせてできる濃度と等しい。したがって，３%と11%の食塩水を320：960＝１：３の割合で混ぜてできる濃度となる。**

ＡとＢからａｇずつ取り出したとすると，Ａの中では３%と11%の食塩水を(320－ａ)：ａの割合で混ぜる(Ｂの中では３%と11%の食塩水をａ：(960－ａ)の割合で混ぜる)。したがって，(320－ａ)：ａ＝１：３となればよい。よって，320ｇを１：３に分ければよいから，取り出した食塩水の量は，320×$\frac{3}{1+3}$＝**240**(ｇ)

⑶　**【解き方】ＡとＢにふくまれる食塩の量の合計がどのように分けられたかを考える。すべて混ぜたあとＡにふくまれる食塩の量を①とし，Ｂにふくまれる食塩の量を丸数字で表す。**

最初，Ａにふくまれる食塩の量は，320×$\frac{3}{100}$＝9.6(ｇ)，Ｂにふくまれる食塩の量は，960×$\frac{11}{100}$＝105.6(ｇ)だから，合わせて，9.6＋105.6＝115.2(ｇ)である。すべて混ぜたあと，Ａには①の食塩をふくむ320ｇの食塩水があ

り，これと同じ量で濃度が４％濃い食塩水にふくまれる食塩の量は，①＋$320\times\frac{4}{100}$＝①＋12.8(g)である。Bにできた食塩水は，これとは濃度が同じで量が$\frac{960}{320}$＝３(倍)だから，ふくまれる食塩の量は，(①＋12.8)×３＝③＋38.4(g)である。①＋(③＋38.4)＝④＋38.4(g)が115.2gにあたるから，①は，(115.2－38.4)×$\frac{\text{①}}{\text{④}}$＝19.2(g)にあたる。したがって，Aの食塩水の濃度は，$\frac{19.2}{320}\times100$＝６(%)になったから，

Aの中の操作について右のてんびん図がかける。

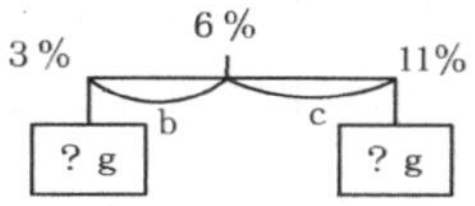

b：c＝(６－３)：(11－６)＝３：５だから，混ぜた食塩水の量の比はこの逆比の５：３である。よって，320gを５：３に分ければよいから，取り出した食塩水の量は，$320\times\frac{3}{5+3}$＝**120**(g)

4 (1) **【解き方】面が12個あるから，１つの面の頂点の数と辺の数を12倍する。となりあう面どうしで頂点と辺をどのように共有しているかを考える。**

１つの面に頂点は５個，辺は５本ある。これを12倍すると，５×12＝60となる。１つの頂点は３個の面に共有されているから，この立体の頂点の個数は，60÷３＝**20**(個)である。また，１つの辺は２個の面に共有されているから，この立体の辺の本数は，60÷２＝**30**(本)である。

(2) **【解き方】切り取るかどの数は正十二面体の頂点の数と等しく20個だから，すべてのかどを切り取ってできる立体の面は，三角形の面が20個，五角形の面が12個である。**

この立体の面の数は，20＋12＝**32**(個)である。各面の頂点の個数の合計と，各面の辺の本数の合計は等しく，３×20＋５×12＝120である。１つの頂点は４個の面に共有されているから，この立体の頂点の個数は，120÷４＝**30**(個)である。また，１つの辺は２個の面に共有されているから，この立体の辺の本数は，120÷２＝**60**(本)である。

5 **【解き方】右の矢印のような順番で整数が並んでいる。１列目の数は上から順に１＝１×１，４＝２×２，９＝３×３，16＝４×４だから，行の数を２個かけてできる数になっている。以下の解説では，２行目，３列目の数が６であることを(２，３)＝６のように表す。**

(1) ７×７＝**49**

(2) (１，９)は(８，１)＝８×８＝64の次の数だから，(１，９)＝**65**

(3) (15，１)＝15×15＝225である。(15，15)は(15，１)より15－１＝14小さい数だから，225－14＝**211**

(4) **【解き方】2023に近い平方数《へいほうすう》(同じ数を２個かけてできる数)を考える。**

40×40＝1600，50×50＝2500だから，2023に近い平方数は，十の位が４の数を２個かけてできる数である。2023は1600と2500の真ん中あたりにある数だから，45から調べると，45×45＝2025となる。したがって，(45，１)＝2025であり，2023はこの2025－2023＝２(つ)右にあるから，(45，３)，つまり，上から**45**行目で左から**３**列目にある。

弘学館中学校

《国　語》

一　問１．a．明確　b．過程　c．構成　d．著名　e．前提　問２．エ　問３．ウ　問４．ア
問５．Ⅰ．強制や買収や妥協　Ⅱ．開かれた場所における、すべての人々によってなされる話し合い　Ⅲ．自分たちで決定したことである　Ⅳ．納得したうえで自発的に従う

二　問１．a．がんじょう　b．まどべ　c．かわら　問２．A．エ　B．ウ　問３．X．オ　Y．イ
問４．病気が治らないのではないかと弱気になっているヤンチャを何とかして元気づけたいという気持ち。
問５．タイムマシンを作っていると認めることで、ヤンチャが気持ちの支えにしているタイムマシンのことをヤンチャの目の前で馬鹿にされるのが怖かったから。　問６．イ　問７．ウ　問８．エ

三　問１．a．そつう　b．あこが　c．としごろ　問２．イ　問３．もやもやした自分の気持ちの中に潜んでいる、自分をもっと深く知るための手がかりを掘り起こす　問４．ア　問５．エ

《算　数》

1　(1)11　(2) $\frac{1}{6}$　(3) $\frac{2}{7}$　(4)10　(5)B．30　C．40　(6)120　(7)13.6　(8)75　(9)540
(10)周りの長さ…37.68　面積…24　(11)3

2　(1)7.5　(2)12　(3)10，40

3　(1)13　(2)5　(3)あ．A　い．B　う．160

4　(1)89　(2)466　(3)14

5　(1)個数…19　表面積…50　(2)個数…13　表面積…48

《理　科》

1　問１．塩化水素　問２．水素　問３．イ　問４．中和　問５．水よう液B…酸性　水よう液D…中性　水よう液E…アルカリ性　問６．(1)加える水溶液…塩酸　加える量…20　(2)2.2　(3)2.3

2　問１．〔１〕二酸化炭素　〔２〕水　問２．(1)エ　(2)1.0　(3)〔３〕オ　〔４〕カ　問３．〔５〕イ　〔６〕エ

3　問１．ウ　問２．ア　問３．17　問４．C，L　問５．振り子B…40　振り子H…20　問６．反射
問７．A．イ　B．ウ　C．オ　問８．４　問９．$\frac{16}{9}$　問10．ア

4　問１．〔１〕しん食　〔２〕運ぱん　〔３〕たい積　問２．V字谷　問３．a．れき　b．砂　c．どろ
問４．イ　問５．(1)断層　(2)A．エ　B．ア　問６．(1)エ　(2)イ→ウ→ア

←解答例は前のページにありますので，そちらをご覧ください。

1 (1)　与式$=2\times\{3+4\times(4-2)\}-11=2\times(3+4\times2)-11=2\times(3+8)-11=2\times11-11=22-11=11$

(2)　与式$=1-(3\frac{3}{4}\times\frac{8}{27}-\frac{13}{3}\times\frac{1}{13})\times\frac{15}{14}=1-(\frac{15}{4}\times\frac{8}{27}-\frac{1}{3})\times\frac{15}{14}=1-(\frac{10}{9}-\frac{3}{9})\times\frac{15}{14}=1-\frac{7}{9}\times\frac{15}{14}=1-\frac{5}{6}=\frac{1}{6}$

(3)　与式より，$\frac{8}{9}=\square\div\frac{6}{7}+\frac{5}{9}$　$\square\div\frac{6}{7}=\frac{8}{9}-\frac{5}{9}$　$\square=\frac{3}{9}\times\frac{6}{7}=\frac{2}{7}$

(4)　**【解き方】つるかめ算を用いる。**

みかんを25個買ったときの代金は120×25＝3000(円)で，実際より3600－3000＝600(円)安い。ここから，みかん１個をもも１個に置きかえると，代金は180－120＝60(円)高くなるから，ももは600÷60＝10(個)買った。

(5)　**【解き方】Ａの歯車が60回転するとき，かみ合った歯の数は16×60＝960となる。**

Ｂの歯車は960÷32＝30(回転)，Ｃの歯車は960÷24＝40(回転)した。

(6)　**【解き方】同じ道のりを進むのにかかった時間の比は，速さの比の逆比に等しいことを利用する。**

行きと帰りでかかった時間の比は，速さの比である100：80＝５：４の逆比の４：５となる。

この比の数の差の５－４＝１が18分にあたるので，行きにかかった時間は18×４＝72(分)，つまり，

１時間12分＝$1\frac{12}{60}$時間＝$\frac{6}{5}$時間である。よって，ＡＢ間の道のりは，$100\times\frac{6}{5}=120$(km)

(7)　**【解き方】値上げ前の乗車料金をＡ×100，値上げ前の乗客数をＢ×100とすると，値上げ前の売上げは(Ａ×100)×(Ｂ×100)＝Ａ×Ｂ×10000と表せる。**

値上げ後，乗車料金は(Ａ×100)×$(1+\frac{25}{100})$＝Ａ×125，売上げは(Ａ×Ｂ×10000)×$(1+\frac{8}{100})$＝Ａ×Ｂ×10800と表せる。よって，値上げ後の乗客数は，10800÷125＝86.4より，Ｂ×86.4と表せる。

したがって，乗客数はＢ×100－Ｂ×86.4＝Ｂ×13.6だけ減ったので，$\frac{13.6}{100}\times100=13.6$(%)減った。

(8)　ＣからＡに水を移したとき，Ｃの水は移す前の$1-\frac{1}{5}=\frac{4}{5}$となるので，水を移す前のＣに入っている水の量は$80\div\frac{4}{5}=100$(Ｌ)，Ａに移した水の量は100－80＝20(Ｌ)だとわかる。

よって，Ｃから水が入る前のＡの水の量は80－20＝60(Ｌ)であり，これははじめにＡに入っていた水の量の$1-\frac{1}{5}=\frac{4}{5}$であるから，求める水の量は，$60\div\frac{4}{5}=75$(Ｌ)

(9)　**【解き方】右のように作図する。**

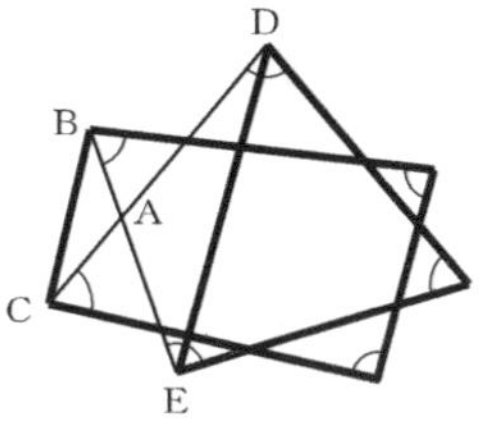

三角形ＡＢＣと三角形ＡＤＥについて，対頂角は等しいから，角ＢＡＣ＝角ＤＡＥ

よって，角ＡＢＣ＋角ＡＣＢ＝角ＡＤＥ＋角ＡＥＤが成り立つから，

求める角度は，太線で囲まれた三角形の内角の和と四角形の内角の和を合わせた角度になるので，180°＋360°＝540°

(10)　色をつけた部分の周りの長さは，直径がそれぞれＡＢ＝６cm，ＢＣ＝10cm，ＣＡ＝８cmの半円の弧の長さの和だから，６×3.14÷２＋10×3.14÷２＋８×3.14÷２＝(３＋５＋４)×3.14＝37.68(cm)

面積は，半径がそれぞれ６÷２＝３(cm)，８÷２＝４(cm)の半円の面積と三角形ＡＢＣの面積の和から，

半径が10÷２＝５(cm)の半円の面積をひけばよいので，

$3\times3\times3.14\div2+4\times4\times3.14\div2+6\times8\div2-5\times5\times3.14\div2=(\frac{9}{2}+8-\frac{25}{2})\times3.14+24=24$(cm²)

(11)　**【解き方】くりぬいた直方体の側面積だけ，くりぬかれた立体の表面積は大きくなるから，くりぬいた直方体の側面積は84cm²である。くりぬいた直方体の底面の１辺の長さをＡcm，高さをＢcmとして考える。**

直方体の側面積は，(底面の周の長さ)×(高さ)で求められるから，くりぬいた直方体の側面積について，

(A×4)×B＝84より，A×B＝84÷4＝21

くりぬいた直方体の底面積は(A×A)cm^2，高さはBcmだから，体積について，A×A×B＝147

これより，A＝147÷21＝7(cm)，B＝21÷7＝3(cm)とわかるので，くりぬいた直方体の高さは3cmである。

2 (1) **【解き方】速さの比は，同じ道のりを進むのにかかった時間の比の逆比に等しいことを利用する。**

スタートからゴールまでに，弘君は午前10時30分－午前9時30分＝1時間30分＝90分，学君は90＋6＝96(分)かかったので，速さの比は，90：96＝15：16の逆比の16：15である。

スタートから30分＝0.5時間で，弘君と学君の進んだ道のりの差が250m＝0.25kmとなるので，2人の速さの差は，時速(0.25÷0.5)km＝時速0.5kmである。したがって，速さの比の差である16－15＝1が時速0.5kmとなるので，学君の速さは，時速(0.5×15)km＝時速7.5kmである。

(2) 学君はスタートからゴールまで96分＝1時間36分＝$1\frac{36}{60}$時間＝$\frac{8}{5}$時間かかったから，求める道のりは，

$7.5\times\frac{8}{5}=12$(km)

(3) **【解き方】学君と館君の速さの差→館君の速さ→館君がゴールしたときの時刻，の順で考える。**

スタートから30分＝0.5時間で，学君と館君の進んだ道のりの差が150m＝0.15kmとなるので，2人の速さの差は，時速(0.15÷0.5)km＝時速0.3kmである。

よって，館君の速さは，時速(7.5－0.3)km＝時速7.2kmである。

館君がゴールまでにかかった時間は12÷7.2＝$1\frac{2}{3}$(時間)，つまり，1時間$(60\times\frac{2}{3})$分＝1時間40分だから，

求める時刻は，午前9時＋1時間40分＝午前10時40分である。

3 (1) **【解き方】食塩水の問題は，うでの長さを濃度《のうど》，おもりを食塩水の重さとしたてんびん図で考えて，うでの長さの比とおもりの重さの比がたがいに逆比になることを利用する。**

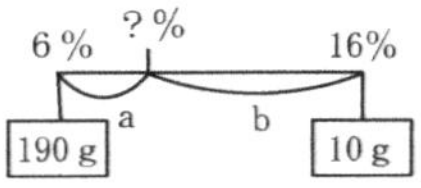

操作①で，容器Bには16％の食塩水が10g，6％の食塩水が200－10＝190(g)入るから，右のようなてんびん図がかける。

6％と16％の食塩水の量の比は190：10＝19：1だから，a：b＝1：19

よって，容器Bの食塩水の濃度は，$6+(16-6)\times\frac{1}{1+19}=6.5$(％)

したがって，求める食塩の量は，$(190+10)\times\frac{6.5}{100}=13$(g)

(2) (1)をふまえる。操作①の容器Aについて，図ⅰのようなてんびん図がかける。

図ⅰ

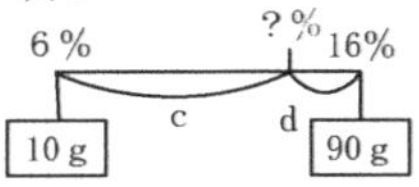

6％と16％の食塩水の量の比は10：90＝1：9だから，c：d＝9：1

操作①後の容器Aの濃度は，$6+(16-6)\times\frac{9}{9+1}=15$(％)

図ⅱ

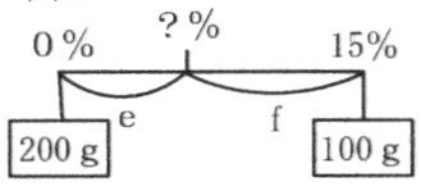

水は濃度0％の食塩水と考えられるので，操作②について，図ⅱのようなてんびん図がかける。e：f＝100：200＝1：2だから，操作②後の容器Bの濃度は，

$0+15\times\frac{1}{1+2}=5$(％)

(3) **【解き方】含《ふく》まれる食塩の量に注目して考える。**

操作をすべて終えた後，容器Aには5％の食塩水が300g，容器Bには6.5％の食塩水が200g入っている。

よって，容器A，Bに含まれる食塩の量はそれぞれ，$300\times\frac{5}{100}=15$(g)，13gである。

ここからさらに操作をすることで，容器AとBに含まれる食塩の量の比が1：3になるのだから，その操作の後，容器Aに含まれる食塩の量は$(15+13)\times\frac{1}{1+3}=7$(g)となる。

よって，操作の後，容器Aに含まれる食塩の量は，操作の前の$\frac{7}{15}$となるので，操作後の容器Aの食塩水の量は，

$300\times\frac{7}{15}=140$(g)である。よって，容器あAから容器いBへ食塩水を300－140＝う160(g)移したことがわかる。

4 (1)　各操作で並べる正方形の１辺の長さは，操作①が１㎝，操作②が１＋１＝２(㎝)，操作③が２＋１＝３(㎝)，操作④が３＋２＝５(㎝)，操作⑤が５＋３＝８(㎝)となるので，８＋５＝13，13＋８＝21，21＋13＝34，34＋21＝55，55＋34＝89 より，操作⑩で並べる正方形の１辺の長さは 89 ㎝である。

(2)　**【解き方】各操作で長方形の周の長さが何㎝増えたのかに注目する。**

操作①，操作②で，長方形の周の長さは，右図ｉ，ⅱの太線部分だけ増える。

図ｉ

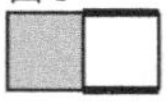

図ⅱ

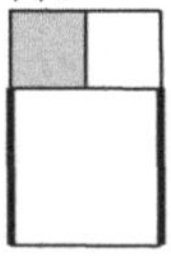

これは各操作で並べた正方形の１辺の長さ２つ分である。

よって，周の長さは，操作①で(１×２)㎝，操作②で(２×２)㎝，…と増え，

はじめの正方形の周の長さは１×４＝４(㎝)だから，求める長さは，

４＋(１＋２＋３＋５＋８＋13＋21＋34＋55＋89)×２＝466(㎝)

(3)　(2)をふまえると，操作Ⓐで並べる正方形の１辺の長さは，1220÷２＝610(㎝)である。

89＋55＝144，144＋89＝233，233＋144＝377，377＋233＝610 より，Ⓐに当てはまる数は⑭である。

5　**【解き方】立体の表面積は，その立体を前後上下左右から見たときに見える図形の面積と，その６方向からでは見られない部分の面積の和で求められることを利用する。①，②，③はそれぞれ立体を上下，前後，左右から見たときに見える図形である(①は，正面の面が下の辺にくるように真上から見た図である)。**

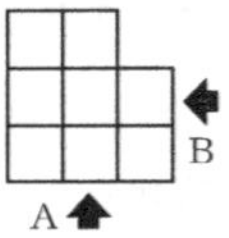

立体を真上から見て，上から１段目，２段目，３段目にわけて段ごとの立方体の数を考える。

①について，正面は右図の矢印Ａ，右横は矢印Ｂで表される。

(1)　立方体の数が最も多いときは，右図の色付きの立方体が積まれているので，立方体の個数は，３＋８＋８＝19(個)

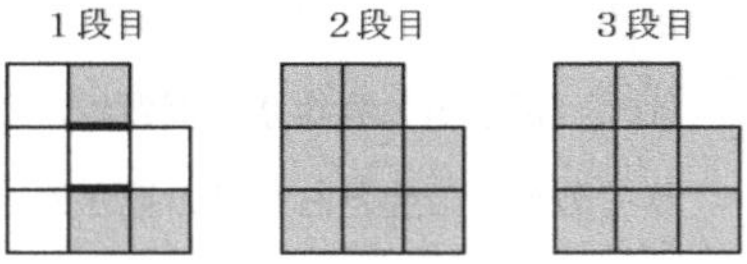

前後上下左右から見える図形の面積はそれぞれ８㎠，その６方向から見えない部分は，１段目の太線部分の２か所あり，これは１辺が１㎝の正方形２か所を表すので，表面積は，８×６＋(１×１)×２＝50(㎠)

(2)　立方体の数が最も少ないときは，右図の色付きの立方体が積まれているので，立方体の個数は，２＋３＋８＝13(個)

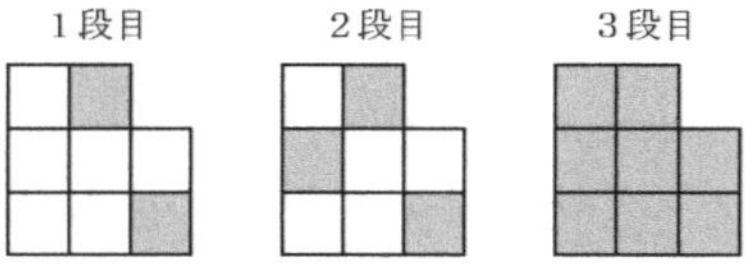

また，前後上下左右の６方向から見えない部分はないので，表面積は，

８×６＝48(㎠)

2021 解答例
令和３年度

弘学館中学校

《国　語》

一　問１．a．織　b．際立　c．装備　d．過程　e．複雑　　問２．エ　　問３．灰色は、特別な感情や意味に結びつける必要のない多くの場所で、感覚や感情の安定を支える働きをする色であるから。　　問４．派手な色彩～化を愛でる　　問５．A．オ　B．ア　　問６．X．ア　Y．イ

二　問１．ア．したく　イ．ほて　ウ．えしゃく　　問２．イ　　問３．ウ　　問４．ア　　問５．エ　　問６．ア
問７．これから母と離れる寂しさに打ち克ち、自分の力で生きていこう

三　問１．A．オ　B．エ　C．イ　　問２．１．ア　２．ウ　　問３．甘い　　問４．良い点数をつける先生の方が生徒が勉強するようになり、大きな教育的効果を上げることができるということ。　　問５．エ　　問６．人の仕事に批判的になって将来性のある研究をつぶすだけでなく、自らの可能性さえも消してしまうという点。
問７．ウ

《算　数》

1　(1) $1\frac{1}{2}$　　(2) $\frac{58}{105}$　　(3) $\frac{7}{30}$　　(4) 8　　(5)パソコン…12　生徒…43　　(6)720　　(7)1800　　(8)68
(9)体積…190　表面積…256　　(10)15.7

2　(1) 9　　(2)50　　(3)160

3　(1) 5　　(2)28，36　　(3) 2

4　(1)①173.76　②192　　(2)右図

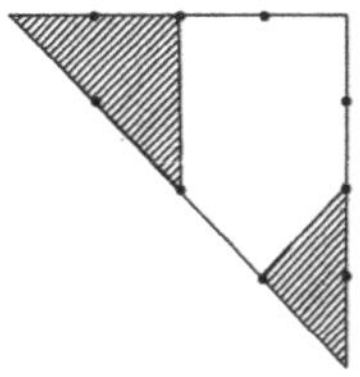

5　(1) 5　　(2)① 5　② 3　　(3)89

《理　科》

1　問１．ア　　問２．(1)水素　(2)ウ　(3)ウ　　問３．右グラフ　　問４．イ
問５．イ　　問６．試験管Cの上ずみ液…ウ　塩酸…エ

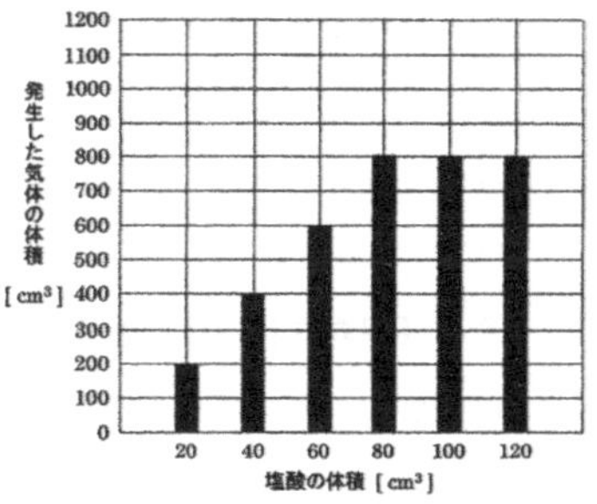

2　問１．(1)〔１〕頭　〔２〕むね　〔３〕はら　〔４〕６　〔５〕さなぎ
(2)トンボ／バッタ　　問２．頭とむねが分かれていない。／あしが８本ある。　　問３．イ　　問４．〔６〕面積　〔７〕長さ　〔８〕長さ
〔９〕面積　〔10〕長さ　【A】コ，ソ　【B】カ，テ
問５．(葉の上を)歩いた距離

3　問１．クレーター　　問２．エ　　問３．③イ　⑧キ
問４．(1)⑤　(2)エ　(3)A　　問５．オ，カ，キ　　問６．(1)ア　(2)ウ

4　問１．右図　　問２．見え始め…50　見え終わり…110　　問３．ウ
問４．16　　問５．400　　問６．〔１〕18　〔２〕18　〔３〕36　　問７．６
問８．９　　問９．36

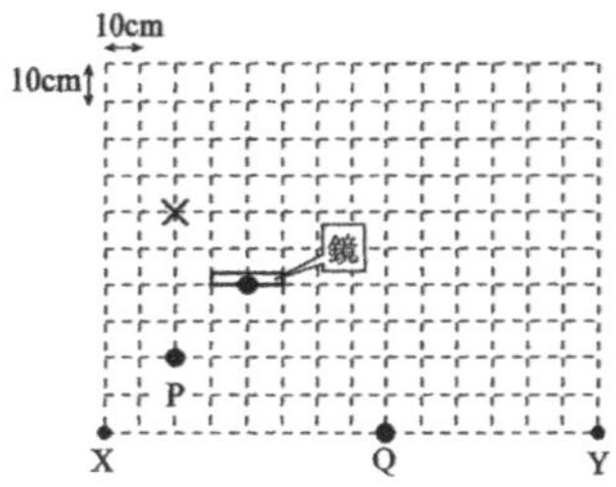

2021 算数解説 弘学館中学校

令和３年度

1 (1) 与式＝{13＋(32－２)÷６}÷12＝(13＋30÷６)÷12＝(13＋５)÷12＝18÷12＝$\frac{3}{2}$＝$1\frac{1}{2}$

(2) 与式＝$(\frac{5}{6}-\frac{1}{8})\times\frac{16}{5}-(\frac{13}{4}-\frac{7}{4})\times\frac{8}{7}=(\frac{20}{24}-\frac{3}{24})\times\frac{16}{5}-\frac{6}{4}\times\frac{8}{7}=\frac{17}{24}\times\frac{16}{5}-\frac{12}{7}=\frac{34}{15}-\frac{12}{7}=\frac{238}{105}-\frac{180}{105}=\frac{58}{105}$

(3) 与式より，$(1-\square)\div\frac{2}{3}-\frac{4}{5}\times\frac{7}{6}\times\frac{9}{8}=\frac{1}{10}$　$(1-\square)\div\frac{2}{3}-\frac{21}{20}=\frac{1}{10}$　$(1-\square)\div\frac{2}{3}=\frac{2}{20}+\frac{21}{20}$

$(1-\square)\div\frac{2}{3}=\frac{23}{20}$　$1-\square=\frac{23}{20}\times\frac{2}{3}$　$1-\square=\frac{23}{30}$　$\square=1-\frac{23}{30}=\frac{7}{30}$

(4) **【解き方】仕事全体の量を４と12と24の最小公倍数の24として考える。**

Ａ１人では１日に24÷12＝２，Ｂ１人では１日に24÷24＝１の仕事をし，３人では１日に24÷４＝６の仕事をするから，Ｃ１人が１日にする仕事の量は，６－２－１＝３である。

よって，Ｃ１人で仕事をすると，24÷３＝８(日)かかる。

(5) **【解き方】過不足算を使って，パソコンの台数→生徒の人数の順に求める。**

１台を使う生徒の人数を４－３＝１(人)増やすと，使うことができる生徒の人数が７＋(４－３)＋４＝12(人分)増えるから，パソコンの台数は，12÷１＝12(台)，生徒の人数は，３×12＋７＝43(人)

(6) **【解き方】コースの長さは，(弘君の速さ＋学君の速さ)×２，または，(弘君の速さ－学君の速さ)×18で表される。**

学君の速さを分速□ｍとすると，(200＋□)×２＝(200－□)×18が成り立つ。400＋□×２＝3600－□×18

□×２＋□×18＝□×20が，3600－400＝3200にあたるから，□＝3200÷20＝160より，学君の速さは分速160ｍである。よって，このコース１周の長さは，(200＋160)×２＝720(ｍ)

(7) **【解き方】はじめに持っていた弘君のお金を③，学君のお金を$\boxed{4}$として考える。**

はじめの所持金について，③＋$\boxed{4}$＝3000…㋐

使ったあとの所持金について，③×$(1-\frac{1}{3})$＋$\boxed{4}$×$(1-\frac{3}{4})$＝1500　②＋$\boxed{1}$＝1500…㋑

㋑を４倍すると，②×４＋$\boxed{1}$×４＝1500×４より，⑧＋$\boxed{4}$＝6000…㋒　㋐と㋒より，⑧－③＝⑤が6000－3000＝3000(円)にあたるから，はじめに弘君が持っていたお金は，③＝3000×$\frac{③}{⑤}$＝1800(円)

(8) **【解き方】右図のように記号をおいて，平行線の錯角の性質を使う。**

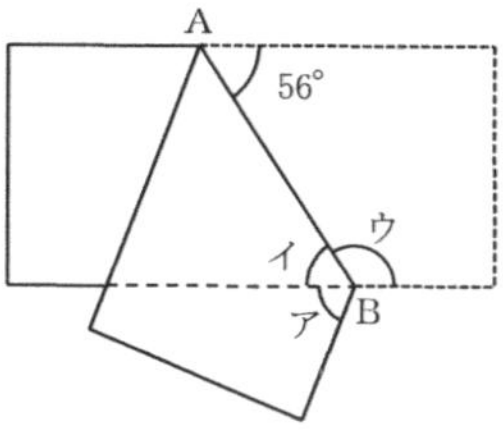

平行線の錯角は等しいから，角イ＝56°

角イ＋角ウ＝180°だから，角ウ＝180°－56°＝124°

角ア＋角イ＝角ウだから，角ア＝124°－56°＝68°

(9) **【解き方】立体は右図１のような，斜線部分を底面とした柱体になる。**

図１

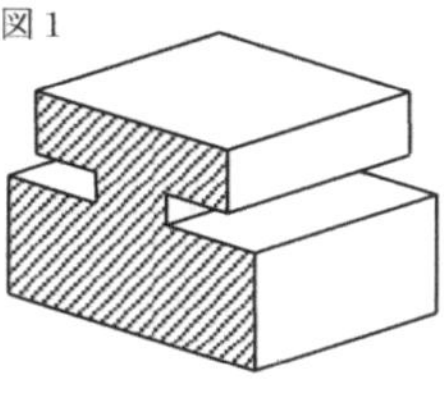

図２

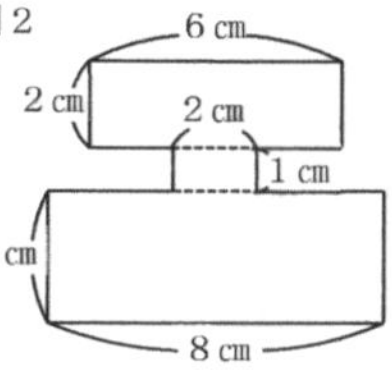

右図２は，図１の斜線部分を正面から見た図である。

図２の面積は３×８＋１×２＋２×６＝38(㎠)である。

図１の柱体の高さは５㎝だから，求める体積は，38×５＝190(㎤)

表面積については，(底面積)×２＋(側面積)で求める。

柱体の側面積は，(底面の周囲の長さ)×(柱体の高さ)で求められる。

図２の周囲の長さは，８×２－２＋３×２＋１×２＋６×２－２＋２×２＝36(㎝)だから，

側面積は36×５＝180(㎠)　よって，求める表面積は，38×２＋180＝256(㎠)

⑽　**【解き方】右のように作図すると，合同な三角形ができる。**

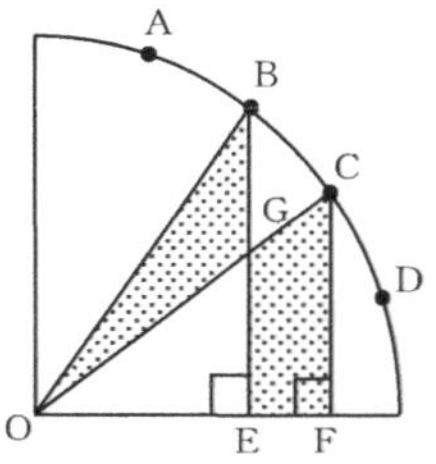

右図で，角ＢＯＥ＝$90^\circ \times \frac{3}{5} = 54^\circ$ だから，角ＯＢＥ＝$180^\circ - 90^\circ - 54^\circ = 36^\circ$

角ＣＯＦ＝$90^\circ \times \frac{2}{5} = 36^\circ$ だから，角ＯＣＦ＝$180^\circ - 90^\circ - 36^\circ = 54^\circ$

したがって，角ＣＯＦ＝角ＯＢＥ，角ＯＣＦ＝角ＢＯＥ

また，半径は等しいので，ＣＯ＝ＯＢ

１組の辺とその両端の角がそれぞれ等しいので，三角形ＢＯＥと三角形ＯＣＦは合同である。

右図で，三角形ＯＧＥは，合同な２つの三角形の重なる部分だから，重なりを除いた色をつけた部分の面積は等しい。よって，問題の斜線部分の面積は，右図のおうぎ形ＯＢＣの面積に等しくなる。角ＢＯＣ＝$90^\circ \times \frac{1}{5} = 18^\circ$ だから，求める面積は，$10 \times 10 \times 3.14 \times \frac{18^\circ}{360^\circ} = 15.7$(㎠)

2　⑴　**【解き方】食塩水に含《ふく》まれる食塩の量に注目する。**

６％の食塩水 100ｇの中には 100×0.06＝６(ｇ)の食塩が，12％の食塩水 100ｇの中には 100×0.12＝12(ｇ)の食塩が含まれているから，これらを混ぜ合わせると，食塩を６＋12＝18(ｇ)含んだ 100＋100＝200(ｇ)の食塩水ができるので，その濃度は，$\frac{18}{200} \times 100 = 9$(％)

⑵　**【解き方】水を蒸発させても食塩の量は変わらないので，食塩の量に注目する。**

６％の食塩水 200ｇの中には 200×0.06＝12(ｇ)の食塩が含まれている。食塩を 12ｇ含んだ８％の食塩水は，12÷0.08＝150(ｇ)だから，蒸発させる水の量は，200－150＝50(ｇ)

⑶　**【解き方】食塩の量の合計は，200×0.06＋300×0.12＝48(ｇ)で，Ａの方が２％だけ高い濃度だから，濃度が高い分の食塩の量は 200×0.02＝４(ｇ)になる。右図は，横軸に食塩水の量，縦軸に濃度をとった面積図で，長方形の面積が食塩の量を表している。**

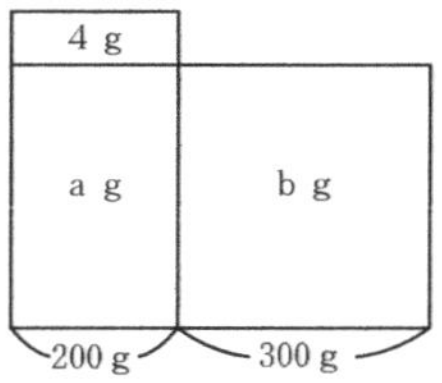

右図でａ＋ｂ＝48－４＝44(ｇ)で，２つの長方形の横の長さの比は，200：300＝２：３だから，ａ：ｂも２：３になる。よって，ａ＝$44 \times \frac{2}{2+3} = 17.6$(ｇ)，ｂ＝44－17.6＝26.4(ｇ)になる。

容器Ａから取り出した食塩水の中の食塩と，容器Ｂから取り出した食塩水の中の食塩の重さの比は，濃度の比に等しく６：12＝１：２だから，比の数の差の２－１＝１が 300×0.12－26.4＝9.6(ｇ)にあたる。

つまり，容器Ａから 9.6ｇ分の食塩を容器Ｂに移し，容器Ｂから 9.6×２＝19.2(ｇ)の食塩を容器Ａに移すと，濃度の差は２％になる。よって，容器Ａから取り出した食塩水の重さは，9.6÷0.06＝160(ｇ)

3　⑴　20 分＝(20÷60)時間＝$\frac{1}{3}$時間より，$15 \times \frac{1}{3} = 5$(㎞)

⑵　**【解き方】いつもより余分にかかる時間は，600ｍを時速６㎞で歩いた時間と修理の５分である。**

600ｍを，分速(15×1000÷60)ｍ＝分速 250ｍで行くと，600÷250＝2.4(分)かかる。

600ｍを，分速(６×1000÷60)ｍ＝分速 100ｍで行くと，600÷100＝６(分)かかる。

したがって，600ｍの道のりを時速６㎞の速さで押したことで，いつもより６－2.4＝3.6(分)遅くなり，修理に５分かかったから，全体でいつもより 3.6＋５＝8.6(分)かかっている。0.6 分＝(0.6×60)秒＝36 秒より，学校に着く時刻は，８時 20 分＋８分 36 秒＝８時 28 分 36 秒

⑶　**【解き方】いつもの速さの 1.2 倍の速さは，時速(15×1.2)㎞＝時速 18 ㎞である。⑵より，いつもの速さで進んだときと，1.2 倍の速さで進んだときの時間の差は，８時 28 分 36 秒－８時 27 分＝１分 36 秒である。**

時速18㎞は，分速(18×1000÷60)m＝分速300mである。分速250mで進んだ時間と分速300mで進んだ時間の差が1分36秒になる距離を求める。100m進むときの時間の差は100×$(\frac{1}{250}-\frac{1}{300})=\frac{2}{5}-\frac{1}{3}=\frac{6-5}{15}=\frac{1}{15}$(分)だから，1分36秒＝$1\frac{6}{10}$分＝$\frac{8}{5}$分差になるのは，100×$\frac{8}{5}\div\frac{1}{15}$＝2400(m)歩いたときである。

自転車を押したのが600m，1.2倍の速さで進んだのが2400mだから，600＋2400＝3000(m)＝3(㎞)より，自転車がパンクしたのは家から，5－3＝2(㎞)の地点である。

4 (1) **【解き方】①のように折ると，折り紙は4枚重なった状態である。②のように折ると，折り紙は8枚重なった状態である。**

折った状態で切り落とした面積は4×4÷2＋4×4×3.14×$\frac{1}{4}$＝8＋4×3.14(㎠)だから，開いたときに切り落とされた面積の合計は，(8＋4×3.14)×4＝32＋50.24＝82.24(㎠)になる。よって，残った部分の面積は，16×16－82.24＝256－82.24＝①173.76(㎠)

折った状態で切り落とした面積は4×4÷2＝8(㎠)だから，開いたときに切り落とされた面積の合計は，8×8＝64(㎠)になる。よって，残った部分の面積は，16×16－64＝②192(㎠)

(2) 右のように折った部分をたどっていくと，Ⓐまで折ったときのⒶの部分は，もとの正方形で考えると太線の部分になる。したがって，解答例のようにぬりつぶせばよい。

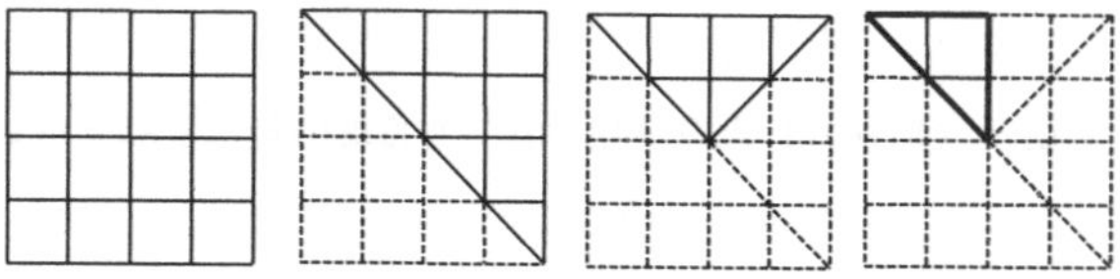

5 (1) **【解き方】黒のタイルの枚数で場合分けをしていく。**

黒のタイルを使わない並べ方は，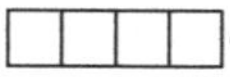の1通り。黒いタイル1枚を使う並べ方は，，，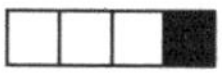の3通り。黒いタイル2枚を使う並べ方は，の1通りだから，全部で5通りある。

(2) **【解き方】4個並べたタイルのどの場合も，その4個の右はしに白いタイルを置いて5個にすることができる。4個並べたタイルの右はしが白いタイルのときだけ，黒いタイルをその右はしに置いて5個にすることができる。**

4個のタイルの並べ方は5通りあるから，その右はしに白いタイルを並べる並べ方も①5通りある。

4個のタイルを並べたとき，右はしのタイルが白いタイルであるものは3通りあるから，その右はしに黒いタイルを並べる並べ方も②3通りある。

(3) **【解き方】(2)をヒントにして法則性を見つける。**

n個のタイルを並べるとき，右はしが白いタイルの並べ方は，(n－1)個のタイルの並べ方に等しく，右はしが黒いタイルの並べ方は，(n－2)個のタイルの並べ方に等しいことが，右表からわかる(このような数をフィボナッチ数という)。

	3	4	5	6
右はしが白のタイルの並べ方	2	3	5	
右はしが黒のタイルの並べ方	1	2	3	
すべてのタイルの並べ方	3	5	8	

よって，6個の場合は8＋5＝13(通り)，7個の場合は13＋8＝21(通り)，8個の場合は21＋13＝34(通り)，9個の場合は34＋21＝55(通り)，10個の場合は，55＋34＝89(通り)

K教英出版 2025　12の3　弘学館中

■ ご使用にあたってのお願い・ご注意

（1）問題文等の非掲載

著作権上の都合により，問題文や図表などの一部を掲載できない場合があります。

誠に申し訳ございませんが，ご了承くださいますようお願いいたします。

（2）過去問における時事性

過去問題集は，学習指導要領の改訂や社会状況の変化，新たな発見などにより，現在とは異なる表記や解説になっている場合があります。過去問の特性上，出題当時のままで出版していますので，あらかじめご了承ください。

（3）配点

学校等から配点が公表されている場合は，記載しています。公表されていない場合は，記載していません。

独自の予想配点は，出題者の意図と異なる場合があり，お客様が学習するうえで誤った判断をしてしまう恐れがあるため記載していません。

（4）無断複製等の禁止

購入された個人のお客様が，ご家庭でご自身またはご家族の学習のためにコピーをすることは可能ですが，それ以外の目的でコピー，スキャン，転載（ブログ，ＳＮＳなどでの公開を含みます）などをすることは法律により禁止されています。学校や学習塾などで，児童生徒のためにコピーをして使用することも法律により禁止されています。

ご不明な点や，違法な疑いのある行為を確認された場合は，弊社までご連絡ください。

（5）けがに注意

この問題集は針を外して使用します。針を外すときは，けがをしないように注意してください。また，表紙カバーや問題用紙の端で手指を傷つけないように十分注意してください。

（6）正誤

制作には万全を期しておりますが，万が一誤りなどがございましたら，弊社までご連絡ください。

なお，誤りが判明した場合は，弊社ウェブサイトの「ご購入者様のページ」に掲載しておりますので，そちらもご確認ください。

■ お問い合わせ

解答例，解説，印刷，製本など，問題集発行におけるすべての責任は弊社にあります。

ご不明な点がございましたら，弊社ウェブサイトの「お問い合わせ」フォームよりご連絡ください。迅速に対応いたしますが，営業日の都合で回答に数日を要する場合があります。

ご入力いただいたメールアドレス宛に自動返信メールをお送りしています。自動返信メールが届かない場合は，「よくある質問」の「メールの問い合わせに対し返信がありません。」の項目をご確認ください。

また弊社営業日（平日）は，午前９時から午後５時まで，電話でのお問い合わせも受け付けています。

2025 春

株式会社教英出版

〒422-8054　静岡県静岡市駿河区南安倍３丁目 12-28

TEL　054-288-2131　　FAX　054-288-2133

URL　https://kyoei-syuppan.net/

MAIL siteform@kyoei-syuppan.net

教英出版

神奈川県

①[県立]相模原中等教育学校
　　　　平塚中等教育学校
②[市立]南高等学校附属中学校
③[市立]横浜サイエンスフロンティア高等学校附属中学校
④[市立]川崎高等学校附属中学校
✿⑤聖光学院中学校
✿⑥浅野中学校
⑦洗足学園中学校
⑧法政大学第二中学校
⑨逗子開成中学校（1次）
⑩逗子開成中学校（2・3次）
⑪神奈川大学附属中学校（第1回）
⑫神奈川大学附属中学校（第2・3回）
⑬栄光学園中学校
⑭フェリス女学院中学校

新潟県

①[県立]村上中等教育学校
　　　　柏崎翔洋中等教育学校
　　　　燕中等教育学校
　　　　津南中等教育学校
　　　　直江津中等教育学校
　　　　佐渡中等教育学校
②[市立]高志中等教育学校
③新潟第一中学校
④新潟明訓中学校

石川県

①[県立]金沢錦丘中学校
②星稜中学校

福井県

①[県立]高志中学校

山梨県

①山梨英和中学校
②山梨学院中学校
③駿台甲府中学校

長野県

①[県立]屋代高等学校附属中学校
　　　　諏訪清陵高等学校附属中学校
②[市立]長野中学校

岐阜県

①岐阜東中学校
②鶯谷中学校
③岐阜聖徳学園大学附属中学校

静岡県

①[国立]静岡大学教育学部附属中学校
　　　　（静岡・島田・浜松）
②[県立]清水南高等学校中等部
　[県立]浜松西高等学校中等部
　[市立]沼津高等学校中等部
③不二聖心女子学院中学校
④日本大学三島中学校
⑤加藤学園暁秀中学校
⑥星陵中学校
⑦東海大学付属静岡翔洋高等学校中等部
⑧静岡サレジオ中学校
⑨静岡英和女学院中学校
⑩静岡雙葉中学校
⑪静岡聖光学院中学校
⑫静岡学園中学校
⑬静岡大成中学校
⑭城南静岡中学校
⑮静岡北中学校
⑯常葉大学附属常葉中学校
　常葉大学附属橘中学校
　常葉大学附属菊川中学校
⑰藤枝明誠中学校
⑱浜松開誠館中学校
⑲静岡県西遠女子学園中学校
⑳浜松日体中学校
㉑浜松学芸中学校

愛知県

①[国立]愛知教育大学附属名古屋中学校
②愛知淑徳中学校
③名古屋経済大学市邨中学校
　名古屋経済大学高蔵中学校
④金城学院中学校
⑤椙山女学園中学校
⑥東海中学校
⑦南山中学校男子部
⑧南山中学校女子部
⑨聖霊中学校
⑩滝中学校
⑪名古屋中学校
⑫大成中学校
⑬愛知中学校
⑭星城中学校
⑮名古屋葵大学中学校
　（名古屋女子大学中学校）
⑯愛知工業大学名電中学校
⑰海陽中等教育学校（特別給費生）
⑱海陽中等教育学校（Ⅰ・Ⅱ）
⑲中部大学春日丘中学校
新刊⑳名古屋国際中学校

三重県

①[国立]三重大学教育学部附属中学校
②暁中学校
③海星中学校
④四日市メリノール学院中学校
⑤高田中学校
⑥セントヨゼフ女子学園中学校
⑦三重中学校
⑧皇學館中学校
⑨鈴鹿中等教育学校
⑩津田学園中学校

滋賀県

①[国立]滋賀大学教育学部附属中学校
②[県立]河瀬中学校
　　　　守山中学校
　　　　水口東中学校

京都府

①[国立]京都教育大学附属桃山中学校
②[府立]洛北高等学校附属中学校
③[府立]園部高等学校附属中学校
④[府立]福知山高等学校附属中学校
⑤[府立]南陽高等学校附属中学校
⑥[市立]西京高等学校附属中学校
⑦同志社中学校
⑧洛星中学校
⑨洛南高等学校附属中学校
⑩立命館中学校
⑪同志社国際中学校
⑫同志社女子中学校（前期日程）
⑬同志社女子中学校（後期日程）

大阪府

①[国立]大阪教育大学附属天王寺中学校
②[国立]大阪教育大学附属平野中学校
③[国立]大阪教育大学附属池田中学校

④[府立]富田林中学校
⑤[府立]咲くやこの花中学校
⑥[府立]水都国際中学校
⑦清風中学校
⑧高槻中学校（A日程）
⑨高槻中学校（B日程）
⑩明星中学校
⑪大阪女学院中学校
⑫大谷中学校
⑬四天王寺中学校
⑭帝塚山学院中学校
⑮大阪国際中学校
⑯大阪桐蔭中学校
⑰開明中学校
⑱関西大学第一中学校
⑲近畿大学附属中学校
⑳金蘭千里中学校
㉑金光八尾中学校
㉒清風南海中学校
㉓帝塚山学院泉ヶ丘中学校
㉔同志社香里中学校
㉕初芝立命館中学校
㉖関西大学中等部
㉗大阪星光学院中学校

兵庫県

①[国立]神戸大学附属中等教育学校
②[県立]兵庫県立大学附属中学校
③雲雀丘学園中学校
④関西学院中学部
⑤神戸女学院中学部
⑥甲陽学院中学校
⑦甲南中学校
⑧甲南女子中学校
⑨灘中学校
⑩親和中学校
⑪神戸海星女子学院中学校
⑫滝川中学校
⑬啓明学院中学校
⑭三田学園中学校
⑮淳心学院中学校
⑯仁川学院中学校
⑰六甲学院中学校
⑱須磨学園中学校(第1回入試)
⑲須磨学園中学校(第2回入試)
⑳須磨学園中学校(第3回入試)
㉑白陵中学校
㉒夙川中学校

奈良県

①[国立]奈良女子大学附属中等教育学校
②[国立]奈良教育大学附属中学校
③[県立]
国際中学校
青翔中学校
④[市立]一条高等学校附属中学校
⑤帝塚山中学校
⑥東大寺学園中学校
⑦奈良学園中学校
⑧西大和学園中学校

和歌山県

①[県立]
古佐田丘中学校
向陽中学校
桐蔭中学校
日高高等学校附属中学校
田辺中学校
②智辯学園和歌山中学校
③近畿大学附属和歌山中学校
④開智中学校

岡山県

①[県立]岡山操山中学校
②[県立]倉敷天城中学校
③[県立]岡山大安寺中等教育学校
④[県立]津山中学校
⑤岡山中学校
⑥清心中学校
⑦岡山白陵中学校
⑧金光学園中学校
⑨就実中学校
⑩岡山理科大学附属中学校
⑪山陽学園中学校

広島県

①[国立]広島大学附属中学校
②[国立]広島大学附属福山中学校
③[県立]広島中学校
④[県立]三次中学校
⑤[県立]広島叡智学園中学校
⑥[市立]広島中等教育学校
⑦[市立]福山中学校
⑧広島学院中学校
⑨広島女学院中学校
⑩修道中学校
⑪崇徳中学校
⑫比治山女子中学校
⑬福山暁の星女子中学校
⑭安田女子中学校
⑮広島なぎさ中学校
⑯広島城北中学校
⑰近畿大学附属広島中学校福山校
⑱盈進中学校
⑲如水館中学校
⑳ノートルダム清心中学校
㉑銀河学院中学校
㉒近畿大学附属広島中学校東広島校
㉓AICJ中学校
㉔広島国際学院中学校
㉕広島修道大学ひろしま協創中学校

山口県

①[県立]
下関中等教育学校
高森みどり中学校
②野田学園中学校

徳島県

①[県立]
富岡東中学校
川島中学校
城ノ内中等教育学校
②徳島文理中学校

香川県

①大手前丸亀中学校
②香川誠陵中学校

愛媛県

①[県立]
今治東中等教育学校
松山西中等教育学校
②愛光中学校
③済美平成中等教育学校
④新田青雲中等教育学校

高知県

①[県立]
安芸中学校
高知国際中学校
中村中学校

福岡県

①[国立]福岡教育大学附属中学校（福岡·小倉·久留米）
②[県立]育徳館中学校
　門司学園中学校
　宗像中学校
　嘉穂高等学校附属中学校
　輝翔館中等教育学校
③西南学院中学校
④上智福岡中学校
⑤福岡女学院中学校
⑥福岡雙葉中学校
⑦照曜館中学校
⑧筑紫女学園中学校
⑨敬愛中学校
⑩久留米大学附設中学校
⑪飯塚日新館中学校
⑫明治学園中学校
⑬小倉日新館中学校
⑭久留米信愛中学校
⑮中村学園女子中学校
⑯福岡大学附属大濠中学校
⑰筑陽学園中学校
⑱九州国際大学付属中学校
⑲博多女子中学校
⑳東福岡自彊館中学校
㉑八女学院中学校

佐賀県

①[県立]香楠中学校
　致遠館中学校
　唐津東中学校
　武雄青陵中学校
②弘学館中学校
③東明館中学校
④佐賀清和中学校
⑤成穎中学校
⑥早稲田佐賀中学校

長崎県

①[県立]長崎東中学校
　佐世保北中学校
　諫早高等学校附属中学校
②青雲中学校
③長崎南山中学校
④長崎日本大学中学校
⑤海星中学校

熊本県

①[県立]玉名高等学校附属中学校
　宇土中学校
　八代中学校
②真和中学校
③九州学院中学校
④ルーテル学院中学校
⑤熊本信愛女学院中学校
⑥熊本マリスト学園中学校
⑦熊本学園大学付属中学校

大分県

①[県立]大分豊府中学校
②岩田中学校

宮崎県

①[県立]五ヶ瀬中等教育学校
②[県立]宮崎西高等学校附属中学校
　都城泉ヶ丘高等学校附属中学校
③宮崎日本大学中学校
④日向学院中学校
⑤宮崎第一中学校

鹿児島県

①[県立]楠隼中学校
②[市立]鹿児島玉龍中学校
③鹿児島修学館中学校
④ラ・サール中学校
⑤志學館中等部

沖縄県

①[県立]与勝緑が丘中学校
　開邦中学校
　球陽中学校
　名護高等学校附属桜中学校

もっと過去問シリーズ

北海道

北嶺中学校
7年分(算数・理科・社会)

静岡県

静岡大学教育学部附属中学校
(静岡·島田·浜松)
10年分(算数)

愛知県

愛知淑徳中学校
7年分(算数・理科・社会)
東海中学校
7年分(算数・理科・社会)
南山中学校男子部
7年分(算数・理科・社会)
南山中学校女子部
7年分(算数・理科・社会)
滝中学校
7年分(算数・理科・社会)
名古屋中学校
7年分(算数・理科・社会)

岡山県

岡山白陵中学校
7年分(算数・理科)

広島県

広島大学附属中学校
7年分(算数・理科・社会)
広島大学附属福山中学校
7年分(算数・理科・社会)
広島学院中学校
7年分(算数・理科・社会)
広島女学院中学校
7年分(算数・理科・社会)
修道中学校
7年分(算数・理科・社会)
ノートルダム清心中学校
7年分(算数・理科・社会)

愛媛県

愛光中学校
7年分(算数・理科・社会)

福岡県

福岡教育大学附属中学校
(福岡·小倉·久留米)
7年分(算数・理科・社会)
西南学院中学校
7年分(算数・理科・社会)
久留米大学附設中学校
7年分(算数・理科・社会)
福岡大学附属大濠中学校
7年分(算数・理科・社会)

佐賀県

早稲田佐賀中学校
7年分(算数・理科・社会)

長崎県

青雲中学校
7年分(算数・理科・社会)

鹿児島県

ラ·サール中学校
7年分(算数・理科・社会)

※もっと過去問シリーズは国語の収録はありません。

教英出版
〒422-8054
静岡県静岡市駿河区南安倍3丁目12-28
TEL 054-288-2131
FAX 054-288-2133
詳しくは教英出版で検索
教英出版 検索
URL https://kyoei-syuppan.net/

令和六年度　弘学館入学試験

中学校　国語問題

（60分）

一　次の文章を読んで、後の問いに答えなさい。

いまの時代、そう頑張って暗記しなくても、ネットで検索すれば、必要な情報はすぐ手に入る。中国の歴代王朝も、漢文や経典のテキストも、哲学の古典も、検索すれば、直《ただ》ちに閲覧《えつらん》できる。わざわざ図書館に行く必要はないし、本屋を探し回る必要もない。情報がすぐ手に入るのであれば、それはいわば暗記しているのと同じではないか。理解を伴《ともな》わない暗記は、情報をただ脳のなかに貯《た》めこんでいるだけだ。脳のなかでなくても、すぐ取り出せるなら、ネットやパソコンのなかでもよいのではないか。①こういった意見もよく耳にする。

［X］、いまのネットaゼンセイの時代になって、暗記の価値は下がった。このことは認めざるをえないだろう。文字が発明されて、情報が文書として記録できるようになると、暗記の価値は大きく下がったが、ネットですぐ検索できるようになると、暗記の価値は［Y］下がったと言わざるをえない。［Z］、それでも、暗記にはまだまだ重要な価値が残されている。ネット検索ですぐ情報が手に入るといっても、暗記した情報を思い出すのに比べれば、かなり時間がかかる。瞬時に思い出せる心地よさに比べて、ネット検索はまどろっこしい。余計なbコウコクが表示されるから、なおさらだ。

しかも、ネット検索では、理解に至る助けにならない。情報がネットやパソコンにあるだけでは、たとえそれがすぐ引き出せるとしても、情報はただそのまま蓄《たくわ》えられているだけで、何の変容も生じない。しかし、暗記していれば、理解していなくても、情報は無意識のうちにいわば「整理」されていく。具体的にどのようなことが起こっているかはまだよくわからないが、暗記した情報のあいだに何らかのつながりが生まれてくる。たとえば、同じ言葉が異なる情報に含まれていれば、それによってその異なる情報のあいだにつながりができてくる。このように情報が「整理」されると、それがのちの理解の助けになるのである。

かりに脳を直接、ネットに接続できるようになれば、キーボードをcソウサしたりすることなく、瞬時に検索できるようになろう。中国の歴代王朝は何だったかと思っただけで、歴代王朝が頭に浮かぶ。それは暗記した歴代王朝を思い出すのと何ら変わらない。脳科学と人工知能研究では、キーボードを介さずに脳とコンピュータを直接つなぐ研究がじっさいに進

問7　次の対話文は、本文を読んだ生徒たちによるものである。[I]・[II]に入る言葉の組み合わせとして最も適当なものを、後のア～エのうちから一つ選び、記号で答えなさい。

Aさん――今、人工知能がどんどん進化しているけれど、そんな時代に、暗記がどのような意味を持つのかということについて考えさせられる文章だったね。

Bさん――本文の筆者は、暗記についてどう思っているのだろう。「暗記の苦役」と言っているから、筆者も暗記することからとにかく逃れたいと思っているのかな。

Cさん――Bさんの意見も興味深いけれど、[I]というのが筆者の基本的な考えのような気がするな。

Aさん――うん、そうだね。本文の「[II]」という言葉が、Cさんの意見の根拠となるね。

Bさん――なるほど。二人ともしっかりと文章を読めているなあ。

ア　I　暗記の価値は近い将来なくなっていくので、暗記にこだわりすぎると時代に乗り遅れてしまう
　　II　寂しい時代

イ　I　暗記の重要性は今までと変わりはするが、暗記により精神的な豊かさがもたらされることは変わらない
　　II　人生の潤い

ウ　I　暗記を得意とする人だけが今後も暗記を続ければよく、苦手な人は情報チップの力を借りるのがよい
　　II　暗記の喜び

エ　I　暗記という行為は人間の大切な営みの一つなので、技術が進歩してもこれまで通り重視すべきだ
　　II　暗記は不可欠

二　次の文章を読んで、後の問いに答えなさい。

小学五年生の麻衣のクラスでは、担任である松下先生の提案で、東日本大震災から二ヶ月経った被災地へ家庭で余っているカレンダーを送る支援活動を行うことになった。未使用のカレンダーがなかったので、麻衣のお母さんはリビングとキッチンで使用中の物のどちらかを送ることにした。

【Ⅰ】

お父さんに相談すると、「ウチのを送るのかあ」と、思いのほかA渋い顔をされた。

「でも、二つあるうちの一つだし、予定は手帳に書いてるから」とお母さんは言った。

「それはいいんだけど、避難所って、家族を亡くしたひともいるわけだろ？　①そういうひとのところにウチのカレンダーが行くと、ちょっとマズくないか？」

だってほら、とお父さんはリビングのカレンダーを、ぱらぱらとめくっていった。

お母さんにもすぐにわかった。思わず「あっ」と声をあげて、ああ、そうかあ……とBうなだれた。

「台所のほうも同じだろ？　やめたほうがいいよ」

どちらも二ヶ月で一枚のカレンダーだった。ぜんぶで六枚あるうち、すでに二枚が用済みになって、あとは四枚。そのすべてに、マーク付きの日がある。家族の記念日だ。六月にお父さんの四十歳の誕生日、八月には麻衣の十一歳の誕生日、九月は結婚記念日で、同じ九月にはお母さんの三十九歳の誕生日もある。十一月はこの家に引っ越してきた日、十二月は――お父さんが「やめろよ、恥ずかしいから」と止めたのに麻衣が面白がってマークをつけた、お父さんがお母さんにプロポーズをした日。

「説明は書いてなくても、ハートマークとか花丸マークの形だけでも、見るひとによっては嫌な気分になるかもしれないしな」

「でも、麻衣、すごく張り切ってるし、その気持ちは大事にしてあげたいでしょ」

「それはそうなんだけどなあ……」

二人はほとんど同時にため息をつき、タイミングを合わせたように「じゃあ」「だったら」と口を開いて、「消すしかないよね」「消しちゃうか」と言った。

紙質やマークの大きさを比べて、リビングのカレンダーのほうが消しやすいだろう、となった。もちろんどんなに丁寧にやっても、跡は残る。「でも、しかたないよな」「うん、しょうがないよね」と二人で言い訳しながら、修正液でマークを消していった。

ることのほうがおかしいんだ。被災地だって、街なかと過疎の村では全然違うよな。それを『被災地』とか『被災者』っていう一言でまとめるのって、やっぱり間違ってるんだよ」

「わたしに言われても知らないわよ」

保護者会のあと、ずっと機嫌が悪い。落ち込んでいるだけでなく、④ざらついた苦いものが、胸にある。

「まあ、だから、全員を一つのことで納得させるのは難しいし、無理なんだよ」

わかる。それはよくわかる。いまさら言われたくないほど、ちゃんとわかっている。だからこそ、カレンダーを受け取ってくれなかったひとや、返しに来たひとや、四月までのページが欲しいと言ったひとたちに対して――ではなく、もやもやとして形も色もはっきりしないなにかに対して、むしょうに腹が立つ。

「なーんかさあ……」

そっぽを向いて、子どものように口をとがらせた。「タダでもらったものに、ケチつけないでほしいよねー」

「おい――」

ぴしゃりと言われ、にらまれた。

「ごめん……いまの嘘、冗談だから」

拗《す》ねた顔や声のまま、謝った。

お父さんは、やれやれ、とため息をついて、「子どもたちには先生のほうからなにか言ったのか？」と訊《き》いた。

「お礼の感想だけ。取り替えてほしいとか、そういうのは、いまは内緒にしておくって」

「そのほうがいいよ。せっかくがんばって送ったんだし」

「もうちょっと時間がたって、六年生になってから……卒業するときとか、とにかくもう少しみんな大きくなってから、必要だと思ったら話したいと思います、って」

保護者会でも、それで話がまとまった。現実の難しさや厳しさを思い知らせるよりも、いまは、困っているひとに手を差し伸べる優しさを持つことを肯定させたい。

「でもね、先生の話を聞いてたら、だんだん不安になってきちゃったのよ」

「なにが？」

「ウチのカレンダー、どんなひとがもらったんだろう。修正液でマークを消してるって、いかにもお古を送りましたってことじゃない？　バカにするなって怒るひともいるかもしれないよね」

お父さんはこわばった顔で、「でもなあ」と返した。

「俺たちだって手間暇かけて消したんだし、それを気に入らないなんて言われたら、麻衣の気持ちまで踏みにじられたようなものだから、俺、許さないぞ」

さっきとは立場が逆になった。お父さんもすぐにそれに気づいて、⑤きまり悪そうに笑いながら、「親切っていうのは、ほんとに難しいよなあ」と、しみじみ言った。

（重松清「記念日」による）

問1　波線部a～cの漢字の読みをひらがなで答えなさい。

問2　二重傍線部A「渋い顔」・B「うなだれた」の語句の本文中の意味として最も適当なものを、次のそれぞれのア～エのうちから一つ選び、記号で答えなさい。

A　渋い顔
ア　寂しげな表情
イ　怒ったような表情
ウ　悲しげな表情
エ　気が進まないような表情

B　うなだれた
ア　驚いて顔をそむけた
イ　がっかりして下を向いた
ウ　はっとして目を見開いた
エ　納得してうなずいた

問3　本文中の［X］・［Y］に当てはまる言葉として最も適当なものを、次のそれぞれのア～エのうちから一つ選び、記号で答えなさい。

X　ア　きょとんと　イ　どきっと　ウ　にやりと　エ　はっと
Y　ア　ふむふむ　イ　やれやれ　ウ　まあまあ　エ　こらこら

問4　傍線部①「『そういうひとのところにウチのカレンダーが行くと、ちょっとマズくないか？』」とあるが、それはなぜか。次の文章の〔 i 〕・〔 ii 〕に当てはまる言葉を、【Ⅰ】の本文中からそれぞれ五字程度で抜き出して答えなさい。

〔 i 〕ひとのところに〔 ii 〕が書き込まれたカレンダーが送られてしまうと、かえって相手に嫌な思いをさせて傷つけてしまうから。

問5　傍線部②「子どもたちにはなにも伝えていないので、と何度も念を押してから」とあるが、「先生」はなぜこのように念押ししたのか。次の文章の〔 i 〕に【Ⅲ】の本文中の言葉を二十五字以内で抜き出して埋め、〔 ii 〕に当てはまるものとして最も適当なものを、後のア～エのうちから一つ選び、記号で答えなさい。

今は子どもたちが〔 i 〕の大切さを学んでくれればそれでいいと考え、そのために〔 ii 〕と

考える方が、ずっと[B]である。だから、雑草は踏まれながらも、最大限のエネルギーを使って、花を咲かせ、確実に種子を残すのである。まさに「変えてはいけないもの」がわかっているのだろう。努力の方向を間違えることはないのだ。

踏まれても踏まれても立ち上がるという根性論よりも、②雑草の生き方はずっとしたたかなのである。

注　※1　可塑性——たやすく変化できる性質。

【文章Ⅱ】

植物にとってもっとも重要なことは何だろう。それは、花を咲かせて種子を残すことである。雑草は、ここがぶれない。どんな環境であっても、花を咲かせて、種子を結ぶのである。

種子を生産するという目的は明確だから、目的までの道すじは自由に選ぶことができる。だからこそ雑草は、サイズを変化させたり、ライフサイクルを変化させたり、伸び方も自由に変化させることができるのである。

これは人生にも※2示唆《しさ》的である。生きていく上で「変えてよいもの」と「変えてはいけないもの」がある。変えてよいものに※3固執《こしつ》して、無駄なエネルギーを使うよりも、変えてはいけない大切なものを守って行けば良いのだ。

中江丑吉《うしきち》（一八八九—一九四二）という思想家は「人間はそれぞれ守るべき原則をひとつかふたつ持てばそれでいい。他のことはさっさと妥協《だきょう》してしまえ」と言っていたという。「妥協してしまえ」というのは、乱暴にも聞こえるが、裏を返せば[Y]ということでもある。

あるいは※4禅の言葉に、「随処《ずいしょ》に主と作《な》れば、立処皆真《りっしょみなしん》なり」という言葉がある。

自分の置かれたどこであっても、自らの真実の姿に巡り合える、という意味である。

大きくても、小さくても、どちらもそれが雑草の姿である。そして、どんな場所であっても、必ず種子を残すのである。変えられない環境に文句を言っても仕方がないのだ。

注　※2　示唆——それとなく気づかせること。
　　※3　固執——自分の意見などをかたく主張してまげないこと。
　　※4　禅——仏教の一派。禅宗。

問1　【文章Ⅰ】中の[A]・[B]に当てはまる言葉として最も適当なものを、次のア～オのうちからそれぞれ一つずつ選び、記号で答えなさい。

ア　合理的　　イ　画期的　　ウ　具体的　　エ　好意的　　オ　一般的

問2　傍線部①「植物は動物に比べて可塑性が大きい」とあるが、それはなぜか。六十字以内で説明しなさい。

問3　【文章Ⅰ】中の[X]に当てはまる言葉を、【文章Ⅰ】の本文中から五字以内で抜き出して答えなさい。

問4　傍線部②「雑草の生き方はずっとしたたかなのである」とあるが、この表現からうかがえる筆者の考えとして最も適当なものを、次のア～エのうちから一つ選び、記号で答えなさい。

ア　雑草は踏まれても踏まれても負けずに立ち上がって花を咲かせようと努力しており、困難な環境の中でも決して諦めようとしない雑草の想像以上にしぶとい生き方に驚いている。

イ　雑草は踏まれ続けると立ち上がらなくなるが、それは変えてはいけない目的に最大限エネルギーを使うためであり、努力する方向を見失わない雑草のしっかりした生き方に感心している。

ウ　何度踏まれても立ち上がると思われていた雑草は、実はエネルギーを節約するためにわざと立ち上がらないのであり、努力する過程よりも結果を優先する雑草の生き方を打算的だと批判している。

エ　雑草は何度も何度も踏まれると横たわったまま自らの目的を達成しようとするので、そのような最小の努力で最大の成果を出そうとする雑草の生き方を無駄がなくかしこいと評価している。

問5　【文章Ⅱ】中の[Y]に当てはまる表現として最も適当なものを、次のア～エのうちから一つ選び、記号で答えなさい。

ア　守り通せそうにない原則ならば妥協してもよい

イ　社会の一員として守るべき原則は妥協するな

ウ　いくつもの原則を守ることは不可能だ

エ　守るべき原則だけをしっかり守れ

問6　【文章Ⅰ】と【文章Ⅱ】についての説明として最も適当なものを、次のア～エのうちから一つ選び、記号で答えなさい。

ア　【文章Ⅰ】では、動けない植物が持つ変化する力や、重要なことを変化させない生き方について説明している。また【文章Ⅱ】では、そのような雑草の生き方はエネルギー効率の良いものだと補足したうえで、植物のように効率的に人生をおくるために役立つ思想家や宗教の考えを示している。

イ　【文章Ⅰ】では、ある面では植物が動物より大きな可能性を持っていることを述べている。また【文章Ⅱ】では、

(8)　AB = 8 cm，BC = 16 cm の長方形 ABCD があり、曲線は BC を直径とする円の半分です。アの部分の面積とウの部分の面積の和が、イの部分の面積と等しいとき、CE の長さは［　　］cm です。

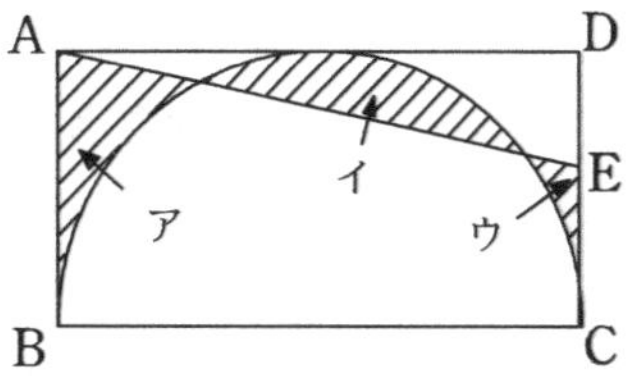

(9)　右の図は、1 辺が 1 cm の正方形をアルファベットの K のように並べたものです。これを、直線㋐を軸《じく》として 1 回転したときにできる立体の体積は［　　］cm^3 です。

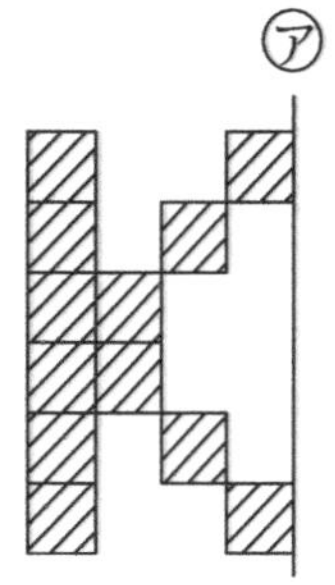

(10)　A，B，C，D，E の袋《ふくろ》に飲み物が 3 本ずつ入っています。それぞれの袋が弘さん，学さん，花子さん，お父さん，お母さんのだれかのものになっていて、
弘さんの袋には「オレンジジュース」
学さんの袋には「りんごジュース」
花子さんの袋には「ぶどうジュース」
お父さんの袋には「コーヒー」
お母さんの袋には「お茶」　がそれぞれ入っていることが分かっています。

A の袋には「お茶，りんごジュース，オレンジジュース」
B の袋には「オレンジジュース 2 本とぶどうジュース」
C の袋には「オレンジジュース，お茶，コーヒー」
D の袋には「りんごジュース 2 本とオレンジジュース」
E の袋には「ぶどうジュース 2 本とりんごジュース」　がそれぞれ入っています。

このとき、お母さんの袋は A，B，C，D，E のうち［（ア）］の袋です。また、E の袋が学さんのものだとすると、弘さんの袋は［（イ）］の袋です。

2 次の問いに答えなさい。

(1) 12 % の食塩水 300 g を容器に入れ、水を蒸発させて 20 % の食塩水にします。このとき、蒸発させる水の量は何 g か求めなさい。

(2) 12 % の食塩水 300 g と 7 % の食塩水 200 g を容器に入れてよくかき混ぜます。このとき、容器に入っている食塩水は何 % か求めなさい。

(3) 12 % の食塩水 50 g と 7 % の食塩水 200 g を容器 A に入れてよくかき混ぜます。次に、容器 A から取り出した食塩水 50 g と18 % の食塩水 200 g を容器 B に入れてよくかき混ぜます。最後に、容器 B から取り出した食塩水 80 g と12 % の食塩水 240 g を容器 C に入れてよくかき混ぜます。このとき、容器 C の食塩水は何 % か求めなさい。

5　図1のようなAB＝10 cm，BC＝7 cm，AE＝15 cmの直方体の容器が机の上に置かれていて、容器の中には高さ9 cmまで水が入っています。

(1)　図2のように面BCGFが机に接するように置いたとき、水の高さは何cmか求めなさい。

(2)　図3のように辺EHだけが机に接するように、容器を45°かたむけたところ、水面の位置は図3のIJとなりました。このとき、AIの長さは何cmか求めなさい。

(3)　図1において、底面が、縦2.5 cm、横1 cmの長方形で高さが20 cmの直方体のおもりを、底面が容器の底にぴったりくっつくように、1個ずつ入れていきます。おもりを何個入れたら、水面が3 cmあがるか求めなさい。

図1

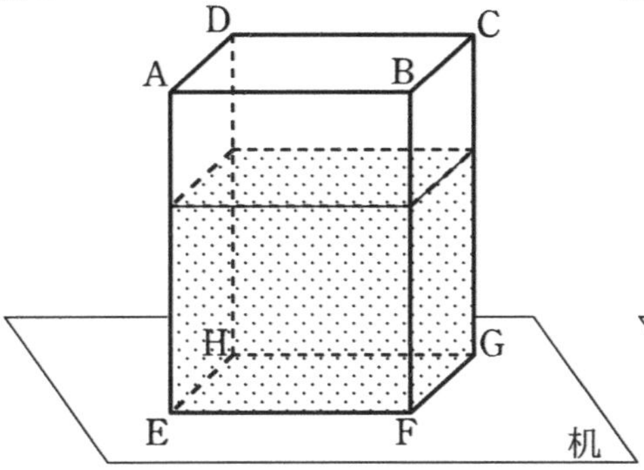

図2

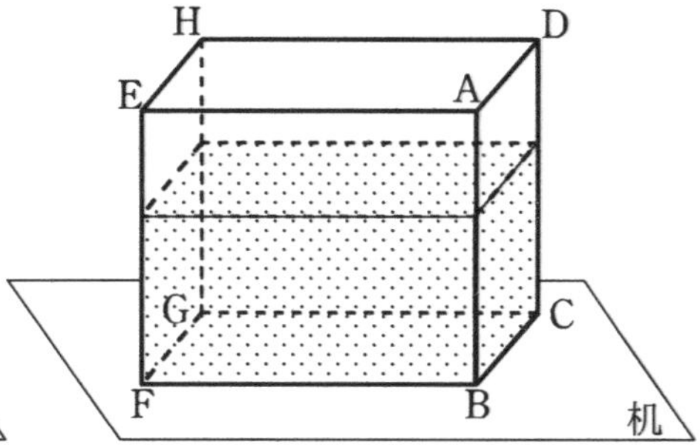

図3

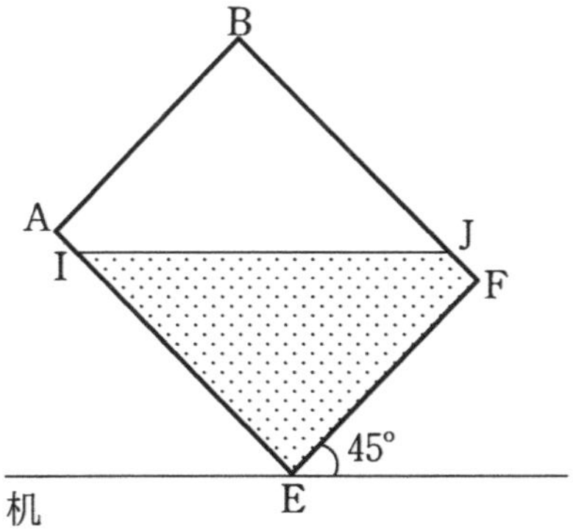

はさみは(　⑤　)道具で，厚い紙を切るときは，刃の(　⑥　)のほうがよく切れます。ピンセットは(　⑦　)道具で，(　⑧　)にかえることができます。

【⑤，⑦の選択肢】（A，B，C は，図1の A，B，C を表しています。）

ア　A と B の間に C がある　　**イ**　A と C の間に B がある　　**ウ**　B と C の間に A がある

【⑥の選択肢】

エ　先　　**オ**　根元

【⑧の選択肢】

カ　大きい動きを小さい動き　　**キ**　小さい動きを大きい動き

図3は，まん中に支点がある実験用のてこを表したものです。左右の長さは同じで，おもりをつるさないときは水平になってつりあいます。また，同じ間かくで穴があいていて，おもりをつるすことができるようになっています。穴の位置を左から A，B，C …とします。

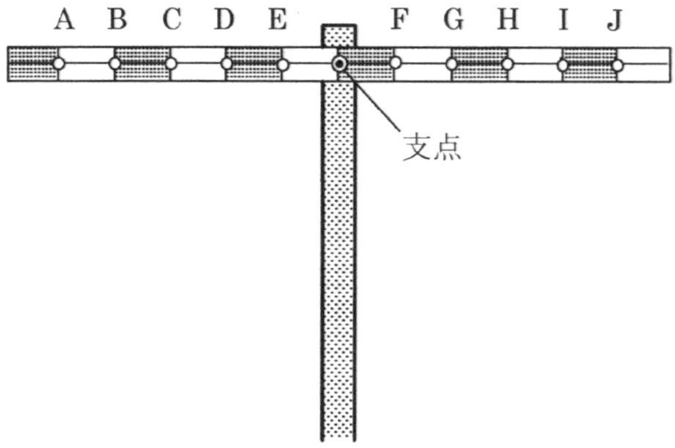

図　3

問3　**図4**のように，30g のおもりを B につるし，H におもりをつるして，てこが水平になるようにしました。H につるしたおもりの重さは何 g ですか。

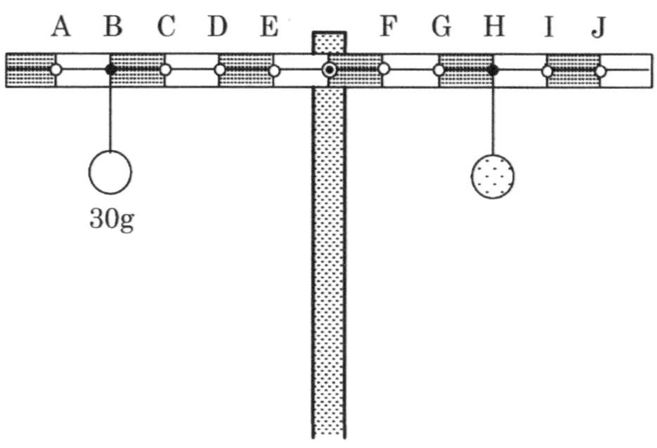

図　4

問4　30g のおもりを B につるし，他に 10g のおもりを 3 個つるして，てこが水平になるようにします。10g のおもりをどの穴に何個つるせばよいですか。考えられる答えを，次の表の**ア～シ**から**すべて選び**，記号で答えなさい。ただし，一つの穴に複数のおもりをつるすことができます。

	ア	イ	ウ	エ	オ	カ	キ	ク	ケ	コ	サ	シ
G			1			1			1	1	1	
H	3			1			1		1	1		1
I		3	2	2	2			1	1		1	1
J					1	2	2	2		1	1	1

図5のように，おもりとひもと棒を組み合わせてつりあうようにしました。ひもと棒の重さは考えなくてよいです。

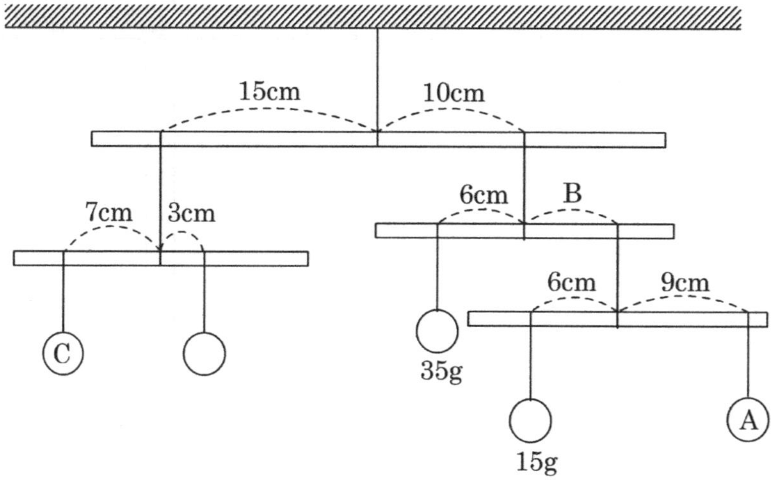

図　5

問5　おもり A の重さは何 g ですか

問6　B の長さは何 cm ですか。

問7　おもり C の重さは何 g ですか。

問8　星の見える高さは，**図5**のように，観察する地点と星を結んだ直線と地面とのなす角度で表します。次の(1)～(3)に答えなさい。ただし，星は地球からたいへん遠い場所にあるので，星からの光は，**図6**のように地球上のどの地点にも平行にあたるものとします。

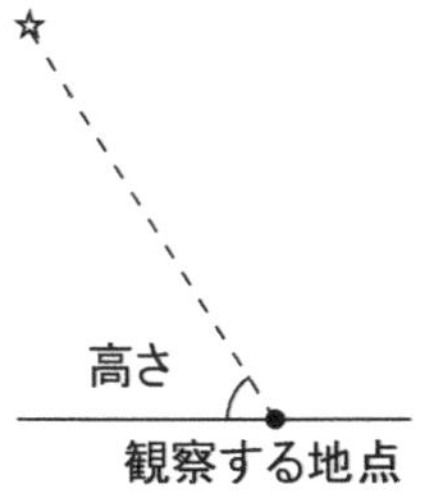

図　5

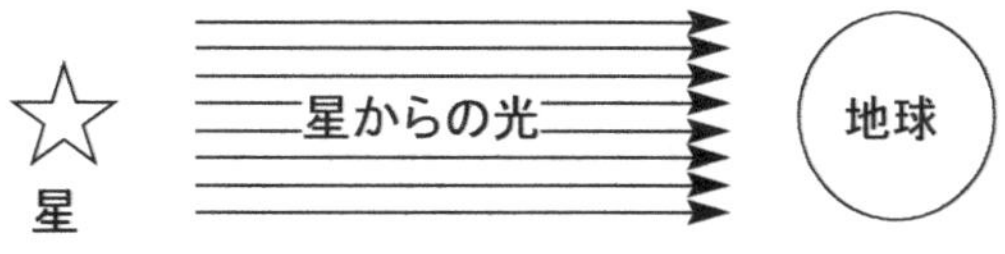

図　6

(1)　**図7**は真横から見た地球上の北緯 33° の位置に人が立っているようすを表したものです。北緯 33° の地点では星 X の高さは何度になりますか。整数で答えなさい。

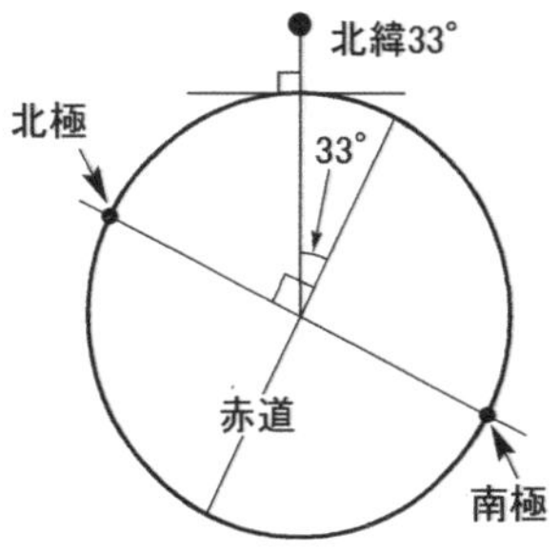

図　7

(2)　(1)の地点から真北の方向へ 100km 移動して星 X の高さを調べると，高さが 0.9° 変わりました。この地点では，星 X の高さは北緯 33° の地点より〔**ア**．高くなった〕か〔**イ**．低くなった〕か，**ア**，**イ**の記号で答えなさい。

(3)　(2)をもとにすると，地球の一周の長さを求めることができます。北極と南極を通る地球の一周の長さ(km)を整数で求めなさい。ただし，地球は完全な球であるものとします。

3 石灰石に，ある一定のこさの塩酸を加え，気体を発生させて【**実験Ⅰ**】と【**実験Ⅱ**】の 2 つの実験を行いました。このことについて，あとの問いに答えなさい。

【**実験Ⅰ**】 発生した気体の性質を調べる実験

・操作 1　発生した気体を石灰水に通しました。

・結果1　白くにごるようすが観察されました。

・操作 2　発生した気体を緑色に調整した BTB 溶液に通しました。

・結果2　BTB 溶液の色は(　①　)。

【**実験Ⅱ**】 加えた塩酸の体積(cm^3)と発生した気体の体積(cm^3)との関係を調べる実験

・操作 3　A ～ E の 5 個のビーカーを準備して，それぞれに 5g ずつ石灰石を入れました。

・操作 4　ある一定のこさの塩酸を，20cm^3，40cm^3，60cm^3，80cm^3，100cm^3 ずつはかりとったものを準備しました。

・操作 5　操作 4 で準備したある一定のこさの塩酸を，A ～ E のそれぞれに加え，A ～ E のそれぞれから発生する気体の体積(cm^3)を調べました。

・結果3　操作 5 の結果は，以下の表のようになりました。

表

	A	B	C	D	E
塩酸の体積(cm^3)	20	40	60	80	100
気体の体積(cm^3)	400	800	1000	1000	1000

問1　石灰石の主成分であるものを，次の**ア～オ**から 1 つ選び，記号で答えなさい。

ア　塩化ナトリウム　　**イ**　水酸化ナトリウム　　**ウ**　炭酸カルシウム

エ　酸化マグネシウム　　**オ**　二酸化マンガン

問2　**結果1**から，この実験で発生したと考えられる気体の名前を答えなさい。

問3　この実験で発生した気体が関係していると考えられている環境問題を何といいますか。

は似ていないのに，骨を調べてみると，骨の形は違うものの，その数や並びはよく似ているんだ。これも，同じ祖先《そせん》から別の種類に別れていったことの証拠《しょうこ》だと考えられているんだよ。

リョウ：へぇーおもしろい，でもどんなしくみで分かれていくんだろう？

ケンジ：進化のしくみについて考えた人はたくさんいるけど，その中で一番有名な人はダーウィンだよ。彼は 200 年ほど前にイギリスで生まれた。子どもの頃から植物や貝や昆虫《こんちゅう》，石などの採集が好きだったらしい。その頃は進化なんて考え方はなく，生物はそれぞれ神様によって作られたものだと考えられていたんだ。そんな時代の中，大学を卒業したダーウィンは「ビーグル号」という船で世界をまわり，いろいろな地域にいる生物を調べた。帰国後，それらを研究する中で，今生きている多くの種類の生物は，それぞれが別々に作られたものではなく，同じ生物から分かれてできたんじゃないか，という考えを思いついたんだ。そして， 50 歳のころ，彼は「種《しゅ》の起源《きげん》」という本の中で，進化について自分の考えを発表した。その内容を簡単にまとめてみよう。

1．ある種類の生物から生まれた子は，同じ親から生まれた子であっても，生まれつき形や性質(これを形質《けいしつ》という)の違いをそれぞれもっている。

2．生まれつきもっている形質《けいしつ》は，親から子に伝わる。これを遺伝《いでん》という。

3．生まれた子のもっている形質《けいしつ》が暮《く》らしている環境に合った場合，その個体は生き残り子を生む。生まれつきもっている形質《けいしつ》は子に遺伝《いでん》するので，結果として同じ形質《けいしつ》をもつ子孫が増える。しかし形質《けいしつ》が環境に合わなかった場合，数を減らしていったり，絶滅《ぜつめつ》したりする。

ケンジ：長い時間をかけて，地球上のいろいろな場所でこのようなことが起こっていったため，たくさんの種ができたんだ。これって，まるで自然環境《しぜんかんきょう》がそこに暮《く》らす生物の形質《けいしつ》を選んで進化させているように見えるよね。なのでこの考え方は「自然選択説《しぜんせんたくせつ》」ってよばれているんだ。

タクヤ：これを 150 年以上前に？ ダーウィンってすごい。天才だ！

リョウ：じゃあ，今はどのくらいの種類の生物がいるの？

ケンジ：地球上にいる生物で，名前が付けられているものがざっと 200 万種，まだ付けられていないものまで含めると…，わからない(笑)。とにかく，たくさんの種類の生物がいるのは，進化の結果なんだ。何より，生物のことを知るためには，進化を理解する必要があるみたいだね。そういう意味で，今の高校生物の教科書は進化の内容から始まっているんだよ。

タクヤ：進化っておもしろいね。もっと知りたくなった。

ケンジ：高校に入ったら生物を選択してごらん。授業でもっとくわしく教えてもらえるよ。

問1　(　a　)に入る適当な語句を，漢字 2 文字で答えなさい。

問2　下線部(b)について，右図は昔水中で暮《く》らしていたある動物から現在生きている 5 種類のせきつい動物(背骨《せぼね》のある動物)が進化してきたみちすじを表したものです。また，**表1**は， 5 種類のせきつい動物と，それらがもつ呼吸器官《こきゅうきかん》，および生まれ方について表したものです。右図の①を魚類《ぎょるい》，⑤を鳥類《ちょうるい》とすると，両生類《りょうせいるい》，爬虫類《はちゅうるい》，哺乳類《ほにゅうるい》は②，③，④のどれに当てはまると考えられますか。**表1を参考にして**それぞれ番号で答えなさい。ただし，呼吸器官《こきゅうきかん》や生まれ方の変化が起こったのは 1 回だけで，一度変化したものが元に戻ることはないものとし，また 2 つの変化が同時に起こることはないと考えます。

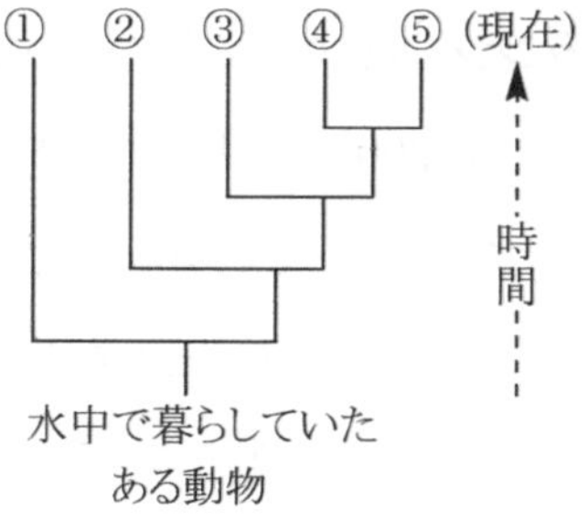

表　1

種類	魚類《ぎょるい》	両生類《りょうせいるい》	爬虫類《はちゅうるい》	鳥類《ちょうるい》	哺乳類《ほにゅうるい》
例	コイ・マグロ	カエル・イモリ	トカゲ・カメ	ハト・ツバメ	ヒト・イヌ
呼吸器官《こきゅうきかん》	えら	えら(子)・肺(親)	肺	肺	肺
生まれ方	卵	卵	卵	卵	子

問3　下線部(c)について，昆虫《こんちゅう》の図鑑《ずかん》では「トンボのなかま」，「カブトムシのなかま」，「チョウのなかま」などのように，形質《けいしつ》の似た昆虫《こんちゅう》をまとめてグループ分けしています。2 種類の生物をくらべたときの形《けい》質《しつ》の違いと，進化してきた時間との間にはどのような関係があると考えられますか。次の**ア**～**エ**から正しいものを 1 つ選び，記号で答えなさい。

ア　2 種類の生物が，同じ祖先《そせん》から分かれてからの時間が長いほど，その 2 種類の生物は祖先《そせん》と同じ形質《けいしつ》を多く持っているので，互いによく似ている。

イ　2 種類の生物が，同じ祖先《そせん》から分かれてからの時間が短いほど，その 2 種類の生物は祖先《そせん》と同じ形質《けいしつ》を多く持っているので，互いによく似ている。

ウ　2 種類の生物に分かれる前の祖先《そせん》が栄えていた時間が長いほど，その 2 種類の生物は祖先《そせん》と同じ形質《けいしつ》を多く持っているので，互いによく似ている。

エ　2 種類の生物に分かれる前の祖先《そせん》が栄えていた時間が短いほど，その 2 種類の生物は祖先《そせん》と同じ形質《けいしつ》を多く持っているので，互いによく似ている。

（3）　鎌倉時代から室町時代にかけて、農業の技術が進歩しました。土を深く耕すため、（　⑥　）製のすきを牛馬に引かせたり、（　⑦　）を肥料として用いたり、⑧米を収穫した後の田に麦を植えたりして、農民たちは、収穫を増やしました。生産力が高まってくると、［　　⑨　　］

問5　空欄（　⑥　）・（　⑦　）に入る語句の組み合わせとして正しいものを、次のア～エより一つ選びなさい。

ア　⑥－青銅　⑦－草や木の灰　　イ　⑥－青銅　⑦－ほしか・油かす
ウ　⑥－鉄　　⑦－草や木の灰　　エ　⑥－鉄　　⑦－ほしか・油かす

問6　下線部⑧について、このような農地の利用のしかたを何とよびますか。漢字で答えなさい。

問7　空欄［　⑨　］に入る文として**適当でないもの**を次のア～エより一つ選びなさい。

ア　特産物の生産もさかんになり、それらを取り引きする市も、月に3回開かれるなど、回数が増えた。
イ　農産物を原材料とする手工業も発達し、和紙、布、漆器などが商品として生産された。
ウ　農民たちは、自分たちの生活を守るために団結し、共同で作業を行ったり、領主に抵抗したりするようになった。
エ　裕福な農民の中には、東海道の旅や神社への参拝、寄席、歌舞伎などの娯楽を楽しむ人々も現れた。

（4）　江戸時代には、農業技術がいっそう進歩しました。備中ぐわや⑩千歯こきなどの農具が発明され、新田開発によって⑪耕地面積も増加しました。これによって、幕府や藩の年貢収入は増えましたが、貨幣を用いる経済の発達により支出は収入以上に増え、⑫財政は苦しくなっていきました。

問8　下線部⑩について、これは何をするための道具ですか。簡潔に答えなさい。（意味が正しければ、ひらがなを使ってもよい）

問9　下線部⑪について、江戸時代の初めに約160万町歩《ちょうぶ》だった耕地面積は、およそ100年後の江戸時代中ごろには、どのくらいに増えましたか。次のア～エより一つ選びなさい。（1町歩はおよそ1ヘクタールと考えてよい）

ア　約200万町歩　　イ　約300万町歩　　ウ　約400万町歩　　エ　約500万町歩

問10　下線部⑫について、幕府や藩の財政が苦しくなったことへの対策に関係の深い出来事を、次の年表中のア～カより**二つ選びなさい**。

1600年	
	ア　ポルトガル船の来航が禁止され、「鎖国」政策が完成する
	イ　将軍徳川綱吉が、「生類《しょうるい》憐《あわ》れみの令」とよばれる極端な動物愛護令を出す
1700年	
	ウ　将軍徳川吉宗が、享保の改革を行い、きびしい倹約《けんやく》（節約）を命じる
	エ　杉田玄白・前野良沢らが、オランダ語の医学書を翻訳《ほんやく》した『解体新書』を出版する
	オ　佐賀藩の弘道館《こうどうかん》など、諸藩で藩校の設立がさかんになる
1800年	
	カ　伊能忠敬が全国の海岸線を測量し、正確な日本地図を作成する

２　あとの各問いに答えなさい。

問１　次のア～オのグラフは、下の地図に示した５つの地点における気温と降水量のうち、最も平均降水量の多い月と少ない月（棒グラフ）と、最も平均気温の高い月と低い月（黒点）だけを示したものです。岡山と酒田にあてはまるグラフを、ア～オより一つずつ選びなさい。

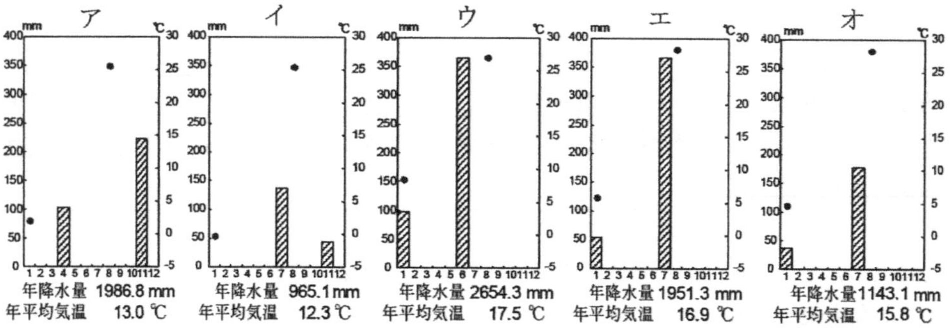

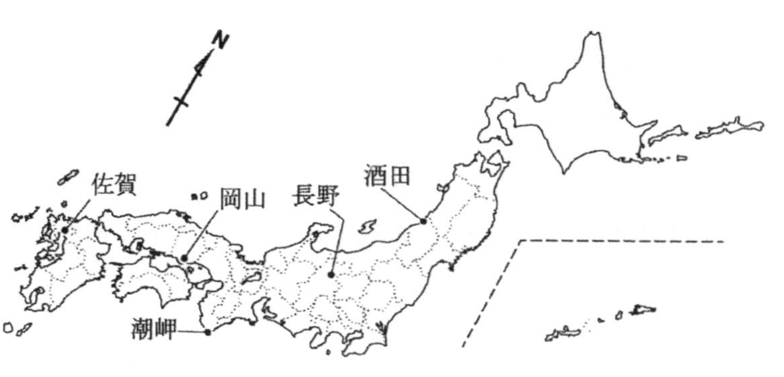

（3）下線部③について、LRT が開通することで期待できる効果として**適当でないもの**を、次のア～エより一つ選びなさい。

ア　天候や、時間帯による渋滞などに左右されず、ほぼ正確な時刻で移動が可能である。
イ　駅前と郊外とを移動する他の移動手段に比べて、地球環境への影響を少なくできる。
ウ　自分の好きな時間に出発し、目的地に直接行ったり、荷物を届けることができる。
エ　駅前をおとずれる人が増え、中心市街地の商店や飲食店などの売り上げが増える。

問5　福岡市では現在、「天神ビッグバン」という再開発が進んでいます。かつてIMS（イムズ）というビルがあった跡地では、外壁に木材を利用した20階建ての高層ビルの建設が進んでいます。これに関連して書かれた次の文を読み、あとの（1）～（3）に答えなさい。

日本では高度経済成長期まではさかんに植林が行われたが、その後、後継者の不足などで［①］などの手入れが不十分な森林が増え、山が荒廃し、②災害の心配も増加している。しかし近年、［①］によって出た小さな木材を加工して強度や耐火性を高め、ビルの外壁や家屋、家具などへ利用する技術が発達し、東京でも高さ100mの「木造ビル」の建設が始まるなど、森林の環境の再生や、国産材の利用の促進がはかられている。

（1）［①］に入る語句を、漢字またはかな交じりで答えなさい。

（2）下線部②について、手入れが不十分で、森林が荒廃すると、気象によっては災害が発生しやすくなる場合があります。どのような災害が発生すると考えられますか。簡潔に答えなさい。

（3）次のグラフは、日本で利用される木材について、国産材と外材（輸入材）のいずれかの量の推移を示しています。国産材は、ア・イのどちらか答えなさい。

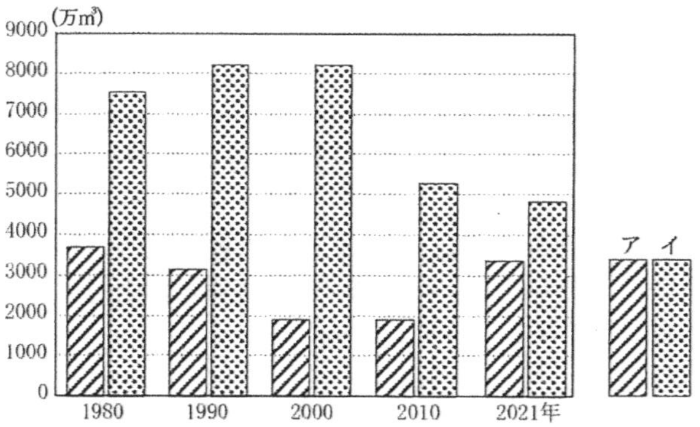

（『日本国勢図会 2023/24』より作成）

問6　次の地形図をみて、あとの（1）～（3）に答えなさい。

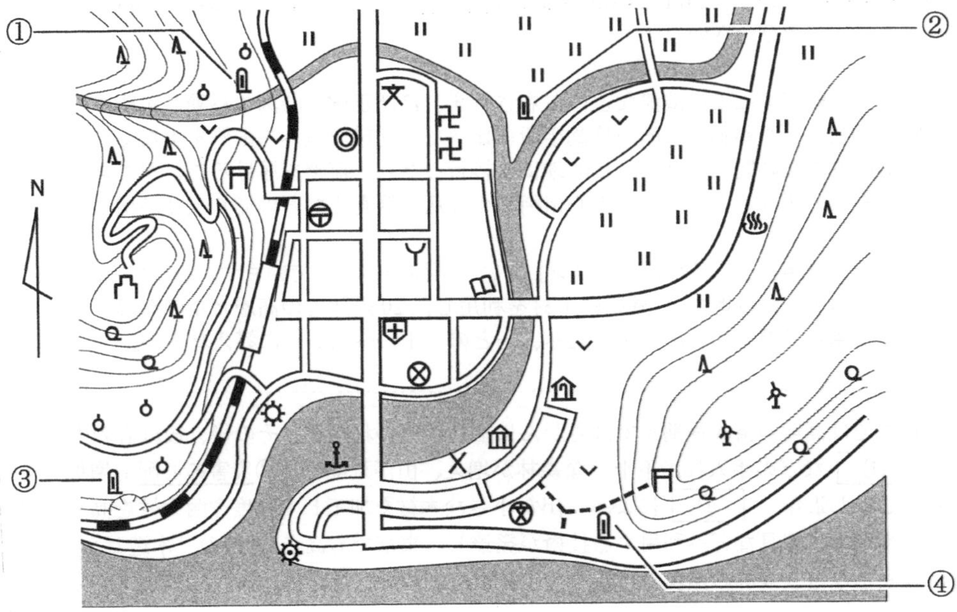

（実在の都市ではなく、この問題のために作った地形図であり、
以下の問いの災害や施設も、この地形図にもとづいた設定である）

（1）最近あらたに作られた地図記号に「自然災害伝承碑」があります。次のア～エは、地形図中の①～④いずれかの自然災害伝承碑に記された内容を示したものです。②の位置にある碑の内容として最も適当と考えられるものを、ア～エより一つ選びなさい。

ア　明治26年8月に上流の山に厚い雲がかかり、とつぜんはげしい音とともに山から土石流が流れてきて、扇状地に広がるミカン畑や野菜畑が土砂でうまった。

イ　大正12年の6月に大雨が降り続き、川の水位が上がって、降った雨水が川に流れずに逆流し、農作物が泥水にしずんだり、住宅地が床上まで浸水するなどの被害が出た。

ウ　昭和8年1月6日の昼に大地震があり、地震の30分後に海面が大きく盛り上がって、陸をおそい、海岸の家々が流された。村の人々は裏山の神社に避難して助かった。

エ　昭和8年1月6日の大地震で斜面がくずれ、家々が土砂に埋まった。ミカン畑で働いていた人たちは、その日の夜は畑にとどまり、翌朝波が静まってから村に降りた。

（2）次のア～エは、この地形図にみられるいずれかの施設について、施設まで行く道をたずねられた4人がどう説明したかをのべています。警察署と消防署について説明したものを、ア～エより一つずつ選びなさい。

ア　小学校の前で道をきかれたケンジさんは、東にすすんで角を曲がり、お寺を見ながら南に進んで、三つ目の交差点を東に曲がったところです、と説明しました。

イ　駅前で道をきかれたユウイチロウさんは、駅からの大通りを進んで二つ目の交差点を南へ曲がり、橋の手前で東に曲がった道にそって行って下さい、と説明しました。

ウ　市役所前で道をきかれたトシアキさんは、南へ進んで病院の角を曲がり、橋を渡り、しばらく大通りを行くと見えますが、遠いのでバスで行くと良いですよ、といいました。

エ　老人ホームの前で道をきかれたフミヒコさんは、北に進んでから、西に向かって大通りの橋を渡り、三つ目の交差点を曲がって北に進むと左に見えますよ、と答えました。

加えられていますが、激動の時代に、自分らしさをつらぬいて生きた人物として描かれています。ヒロシさんが女性を主人公にして大河ドラマをつくるとしたら、誰を選びますか。
ヒロシ：　（　A　）を主人公にしたいです。それは、（　B　）人《ひと》だからです。
先　生：　それはいい作品ができそうですね。

問１　下線部①について、この人物が活躍したころの貴族の暮らしや文化について述べた文として、正しいものの組み合わせを、下のア～エより一つ選びなさい。

a　たたみ、障子、ふすまなどを使った日本独自の建築様式が完成した。貴族は、茶の湯、生け花などを楽しみ、能、狂言などの芸能を鑑賞した。
b　貴族は、寝殿造りとよばれる広い屋敷に住み、和歌の他、囲碁やけまりなどを楽しんだ。儀式や年中行事を先例どおりに行うことが重んじられた。
c　仏教の力で人々の不安を取り除き、国家の安定をはかろうとする思想から、都には大仏が造立された。
d　社会の不安から逃れるため、貴族たちは阿弥陀仏にすがって極楽浄土に行くことを求め、阿弥陀堂を建立した。

ア　aとc　　イ　aとd　　ウ　bとc　　エ　bとd

問２　下線部②について、この人物は、武士として初めて権力の頂点に立ちましたが、どちらかというと、貴族である①の人物との共通点が注目されます。その共通点について述べた文として、正しいものの組み合わせを、下のア～エより一つ選びなさい。

a　政治的な争いは、武士団の実力ですべて解決した。
b　高い位や朝廷内での重要な役職を一族で独占した。
c　娘を天皇のきさきとし、生まれた子を次の天皇にして、天皇の親戚となった。
d　裁判の基準となる法をつくり、武士の領地に関する権利を守った。

ア　aとc　　イ　aとd　　ウ　bとc　　エ　bとd

問３　下線部③について、この人物には多くの業績がありますが、その一つを述べた次の文の［ I ］に入る適当な語句を答えなさい。

日本で初めての［ I ］として、第一国立［ I ］を設立した。

問４　下線部④について、この人物の業績として**誤っているもの**を、次のア～エより一つ選びなさい。

ア　岩倉具視らとともにアメリカ・ヨーロッパを視察した。
イ　日本で初めての政党をつくった。
ウ　初代の内閣総理大臣をつとめた。
エ　大日本帝国憲法をつくる中心人物となった。

問５　下線部⑤について、この作品は昭和の「戦後」までを描いています。日本では、一般に第二次世界大戦で昭和天皇が日本の降伏をラジオ放送で国民に伝えた日を「終戦」の日とし、その後の時代を「戦後」とよびます。「終戦」は、西暦何年何月何日ですか。

問６　下線部⑥について、次のa～cは、各人物について述べています。正しい文（正）か、誤っている文（誤）か、組み合わせとして正しいものを、下のア～カより一つ選びなさい。

a　織田信長は、キリスト教を禁止し、したがわない大名を次々にほろぼした。
b　豊臣秀吉は、検地と刀狩りで、武士と農民の身分を明確に分けようとした。
c　徳川家康は、関ヶ原の戦いに勝利した後、征夷大将軍の地位についた。

ア　a－正　b－正　c－誤　　イ　a－正　b－誤　c－正　　ウ　a－正　b－誤　c－誤
エ　a－誤　b－正　c－正　　オ　a－誤　b－正　c－誤　　カ　a－誤　b－誤　c－正

問７　下線部⑦について、次のa～cは、この間に起こった出来事です。年代の古い順に正しく並べたものはどれですか、下のア～カより一つ選びなさい。

a　薩長連合（薩長同盟）が結ばれる
b　下田と函館の二港が開港される
c　日本がアメリカに治外法権を与える

ア　a→b→c　イ　a→c→b　ウ　b→a→c　エ　b→c→a　オ　c→a→b　カ　c→b→a

問８　【削除】

5　次の表は、国民の祝日の一部を示したものです。これを読んで、あとの問いに答えなさい。

1月1日	元日	新しい一年の始めを祝う
1月の第2月曜日	成人の日	大人になったことを自覚し、みずから生き抜こうとする青年を祝いはげます
2月11日	建国記念の日	国がつくられた昔を思い、国を愛する心を養う
2月23日	①天皇誕生日	天皇の誕生日を祝う
3月21日ごろ	春分の日	自然をたたえ、生物をいつくしむ
〔　②　〕	憲法記念日	③日本国憲法の施行を記念し、国の成長を願う
9月の第3月曜日	敬老の日	長い間社会につくしてきた老人を敬愛し、長生きを祝う
9月23日ごろ	秋分の日	祖先をうやまい、なくなった人を思い出す
11月23日	④勤労感謝の日	勤労を尊び、生産を祝い、国民がたがいに感謝しあう

問1　下線部①について、次のa～dのうち、天皇の主な仕事（国事行為）として正しいものは**いくつありますか**。下のア～エより一つ選びなさい。

a　外国と条約を結ぶ。　　　　b　衆議院の解散を決める。
c　国会を召集する。　　　　　d　内閣総理大臣を指名する。

ア　1つ　　　イ　2つ　　　ウ　3つ　　　エ　4つ

問2　〔　②　〕にあてはまる日付を、解答らんに合うように答えなさい。

問3　下線部③について、次の文は、日本国憲法前文（要旨）です。[あ]・[い]に入る語句を、それぞれ漢字2字で答えなさい。

わたしたちは、世界がいつまでも平和であることを、心から願います。わたしたちは平和と[あ]を愛する世界の人々の心を信頼して、平和を守っていきたいと思います。
わたしたちは平和を守り、[い]で明るい生活を築こうと努力している国際社会のなかで、名誉ある国民になることをちかいます。わたしたちは、全世界の人々が、みな[い]に、恐怖や欠乏もなく、平和な状態で生きていくことができる権利をもっていることを、確認します。

問4　下線部④について、日本国憲法では「仕事について働く義務（勤労の義務）」をはじめ、国民に対し三つの義務を定めています。**あとの二つ**を次のア～オより選びなさい。

ア　働く人が団結すること。
イ　政治に参加すること。
ウ　税金を納めること。
エ　健康で文化的な生活を営むこと。
オ　子どもに教育を受けさせること。

受験番号

令和六年度　弘学館入学試験

中学校　国語解答用紙

合計

※100点満点
（配点非公表）

一

問1
a
b
c
d
e
しい

問2
X
Y
Z

問3

問4

問5

問6

問7

小計

二

問1
a
b
c

問2
A
B

問3
X
Y

問4
i

小計

4

(1)	枚	(2)	
(3)			

5

(1)	cm	(2)	cm	(3)	個

得点
※100点満点 （配点非公表）

受験番号

令和 6 年度　弘学館入学試験

中学校　理科解答用紙

1

問 1				問 2			
①	②	③	④	⑤	⑥	⑦	⑧

問 3	問 4	問 5	問 6	問 7
g		g	cm	g

2

問 1	問 2	問 3		問 4	問 5
		(1)	(2)		
(　　)→(　　)→(　　)					

問 6		問 7	問 8		
①	②		(1)	(2)	(3)
			°		km

3

受 験 番 号

令和６年度　弘学館入学試験

中学校　社会解答用紙

1

問 1	問 2	問 3	問 4	問 5	問 6
	時代				

問 7	問 8	問 9	問 10	

2

問 1		問 2		問3	
岡山	酒田	b	d	（1）	（2）

問 4		
（1）	（2）	（3）

問 5		
（1）	（2）	（3）

問 6				問 7			
（1）	（2）		（3）	（1）	（2）		
	警察署	消防署			①	②	③

3

問　1	問　2	問　3	問　4	問　5	問　6	問　7
				年　　月　　日		

問　8	問　9

問　10	
A	B

※問８は削除

4

問　1		問　2	問　3	問　4

問　5		
（１）		（２）
あ	い	

5

問　1	問　2	問　3		問　4	
		あ	い		
	月　　日				

合　計　得　点
※50点満点 （配点非公表）

2024(R6) 弘学館中
K 教英出版　解答用紙4の4

問　4	問　5	問　6
	性	右の図にかきこむこと

問　7	問　8	
cm^3	塩酸の体積：　cm^3	気体の体積：　cm^3

問　9	
(　　　　)が(　　　　)余る。	気体の体積：　cm^3

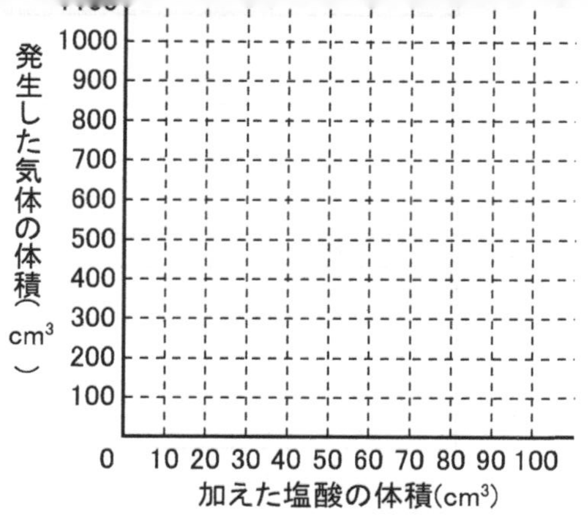

4

問　1	問　2			問　3	問　4	
	両生類	爬虫類	哺乳類		A	B

問　5	問　6

得　　点
※50点満点 （配点非公表）

K 教英出版　解答用紙4の3

受験番号

令和６年度　弘学館入学試験

中学校 算数解答用紙

1

(1)		(2)				
(3)		(4)				
(5)		(6)				
(7)		(8)				
(9)		(10)	(ア)		(イ)	

2

(1)	g	(2)	%	(3)	%

3

(1)	時速　　　km	(2)	午前　　時　　分	(3)	午前　　時　　分

問5

ⅰ

ⅱ

問6

問7

問8

三

問1

A

B

問2

問3

問4

問5

問6

小計

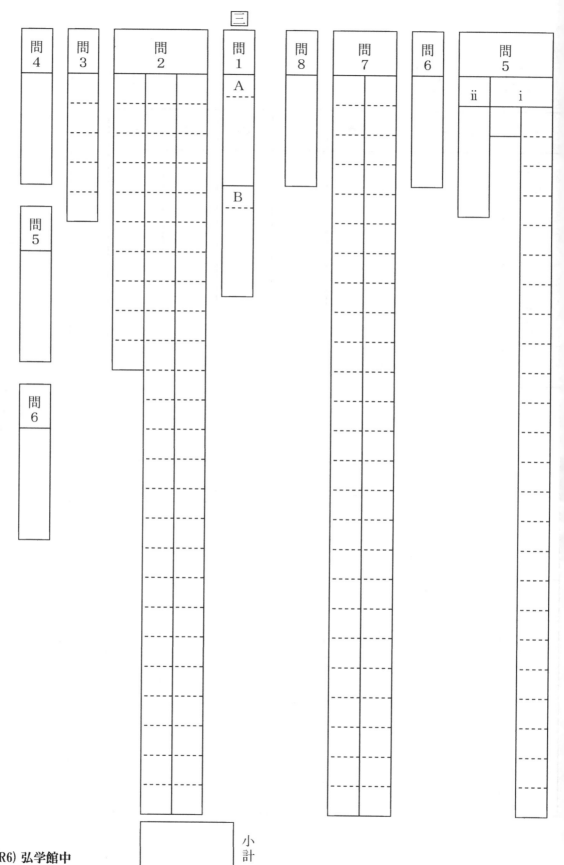

問２　下線部②について、空爆などで家を失い、自分の国や地域にいられなくなり、ほかの国などに逃げなければならなくなった人のことを何といいますか。漢字２字で答えなさい。

問３　下線部③について、国際協力の分野で活躍する人々に関して述べたaとbの正誤の組合せとして正しいものを、次のア～エより一つ選びなさい。

a　政府による国際協力の活動をODA（政府開発援助）といい、青年海外協力隊がその一例で、教育や医療、農業などの分野で知識や技術をもった人たちが活躍している。

b　国連や各国の政府から独立して活動する民間の団体をNGO（非政府組織）といい、ユニセフがその一例で、その活動は、主に募金や寄付金、ボランティアなどで支えられている。

ア　a－正　b－正　　　イ　a－正　b－誤

ウ　a－誤　b－正　　　エ　a－誤　b－誤

問４　下線部④について、次の写真のできごとの原因と考えられるものを、次のア～エより一つ選びなさい。

ア　地球温暖化

イ　水や大気の汚染

ウ　熱帯雨林の減少

エ　砂漠化や酸性雨

＜大潮の日に海水で浸水するツバルの首都フナフティ＞

（出典：NHKアーカイブス）

問５　下線部⑤に関する次の文を読み、各問いに答えなさい。

> 国連は、豊かな生活と環境とのバランスをとりながら［あ］な社会を実現するため、さまざまな取り組みをおこなってきた。2015年（平成27年）に開いた、国連気候変動枠組条約を結んだ国々の会議では、地球温暖化の対策についての話し合いがおこなわれ、［い］ガスの削減を定めた。
> また、同じ2015年に開いた「［あ］な開発サミット」では、2030年までの行動計画が立てられ、「［あ］な開発目標（SDGs）」がその中心となった。

（１）［あ］・［い］に入る語句を、それぞれ漢字４字で答えなさい。

（２）国連に関して述べた文として**誤っているもの**を、次のア～エより一つ選びなさい。

ア　世界の平和と安全を守るため、51カ国で発足した。

イ　本部は、アメリカ合衆国のニューヨーク市にある。

ウ　日本は唯一の戦争被爆国として、軍備の縮小を訴えている。

エ　日本の自衛隊は、平和維持活動に参加したことはない。

問９　下線部⑨について、源頼朝と主従関係を結び、この政権をささえた武士たちを何と呼びますか。漢字で答えなさい。

問10　（　Ａ　）に入る人物を、次のア・イより一人選び、（　Ｂ　）に入る業績や行動を10字以上20字以内で書きなさい。（ア・イのどちらを選んでもかまいません）

ア　与謝野晶子　　イ　平塚らいてう

４　次の文は、小学６年生のテツヤさんとナオミさんの間の、学校の社会科の授業で学んだ世界の各地で起こる紛争の単元についての会話の一部です。これを読んであとの問いに答えなさい。

テツヤ：　紛争って言葉、これまで聞いたことはあったけど、国と国が何らかの理由で対立して起こる争いだと思ってた。でも、勉強してみると、その理由にもいろいろとあって、国どうしだけでなく、一つの国内で起こっている紛争もあるんだね。

ナオミ：　政治的・経済的な理由だけでなく、民族や①宗教の問題などから、国や勢力が対立して争っている状態を紛争というって習ったわね。そして、その多くで武力が用いられていることもね。

テツヤ：　地図帳で調べてみたけど、紛争は世界のさまざまな地域で起きているんだね。こうした紛争で多くの人の命が失われたり、②それまでの生活を奪われた人たちがいるんだ。どうしたら、こうした紛争をなくすことができるんだろう。

ナオミ：　紛争が起こる前の話し合いや、③平和を守るために協力し合うことが大切ね。こうした紛争のほかにも世界にはたくさんの課題があるわ。テツヤさんはどんな課題が思い浮かぶかしら？

テツヤ：　まずは④環境問題かな。あとは、貧困の問題とかね。

ナオミ：　そうした問題の解決のために⑤国際連合（国連）がはたす役割は大きいわ。もちろん、私たち日本人も問題解決のためにかかわっているのよ。

問１　下線部①に関して、イスラム教について述べた文として**誤っているもの**を、次のア～オより**二つ選びなさい**。

ア　１日に５回、聖地メッカに向かって祈りをささげる。
イ　男女が同席することや女性の行動が制限されている。
ウ　中国の孔子という人物が広めた教えで、上下関係や伝統などを重視する。
エ　ハロウィンや感謝祭など、宗教に関係する季節の行事がある。
オ　豚肉を食べてはいけないなど、飲食に関するきまりがある。

[3] 家族でNHK大河ドラマを見ているヒロシさんは、過去20年間の作品について、登場するおもな歴史上の人物を調べ、時代順に並べて表を作りました。この表およびヒロシさんと先生の会話について、あとの問いに答えなさい。

表　　　　　　　　　　　　　　　　※時代順は、主人公の生まれた年（推定を含む）の順

題　名	登場するおもな歴史上の人物	放送年
光る君《きみ》へ	紫式部、清少納言、①藤原道長	2024年
平清盛	②平清盛、後白河法皇、源頼朝	2012年
義経《よしつね》	源義経、源頼朝、後白河法皇	2005年
鎌倉殿《かまくらどの》の13人	源頼朝、北条政子、北条義時	2022年
風林火山《ふうりんかざん》	武田信玄、上杉謙信	2007年
麒麟《きりん》がくる	明智光秀、織田信長、豊臣秀吉	2020年
おんな城主 直虎《なおとら》	武田信玄、徳川家康、織田信長	2017年
どうする家康	徳川家康、豊臣秀吉、織田信長	2023年
軍師官兵衛《ぐんしかんべえ》	豊臣秀吉、織田信長、徳川家康	2014年
功名《こうみょう》が辻《つじ》	織田信長、明智光秀、豊臣秀吉	2006年
天地人《てんちじん》	豊臣秀吉、石田三成、徳川家康	2009年
真田丸《さなだまる》	豊臣秀吉、徳川家康、石田三成	2016年
江《ごう》～姫たちの戦国～	徳川家康、織田信長、明智光秀	2011年
西《せ》郷《ご》どん	西郷隆盛、大久保利通、木戸孝允	2018年
龍馬伝《りょうまでん》	坂本龍馬、岩崎弥太郎、後藤象二郎	2010年
篤姫《あつひめ》	西郷隆盛、大久保利通、徳川慶喜	2008年
青天を衝《つ》け	③渋沢栄一、徳川慶喜、大隈重信	2021年
花燃《はなも》ゆ	吉田松陰、井伊直弼、④伊藤博文	2015年
八《や》重《え》の桜	西郷隆盛、大久保利通、板垣退助	2013年
⑤いだてん～東京オリムピック噺《ばなし》～	大隈重信、犬養毅、高橋是清	2019年

（NHKのホームページを参考に作成）

ヒロシさんと先生との会話

ヒロシ：　調べてみると、舞台となっている時代にかたよりがありますね。

先　生：　戦国時代は人気がありますから。とくに、⑥織田信長が登場してから豊臣秀吉、そして徳川家康までのドラマは、天下統一をめざして戦う各人物を俳優さんたちが個性的に演じていて、どれも見ごたえがあります。

ヒロシ：　次に多いのは幕末かな。

先　生：　⑦近代の幕が開け江戸幕府が倒されるまでの時代そのものに関心を持つ人は多いですし、なにより、この時代は⑧坂本龍馬や西郷隆盛などの魅力あふれる人物がたくさん出てきますからね。

ヒロシ：　源頼朝もよく登場しています。

先　生：　彼は、⑨初めての本格的な武家政権をつくったすぐれた指導者ですが、むほん人とされた弟の義経のほうが、悲劇のヒーローとして人気があります。

ヒロシ：　しかし、女性の登場人物は少ないですね。

先　生：　大事な視点ですよ。女性を主人公とする作品はいくつかあります。もちろん創作が

（3）地形図中の等高線は、海面からの高さ 20mごとに引かれています。お城跡がある山と、風力発電所がある山の高さの差に最も近いものを、次のア～エより一つ選びなさい。

ア　40m　　イ　60m　　ウ　80m　　エ　120m

問７　次の世界地図をみて、次の（1）・（2）に答えなさい。

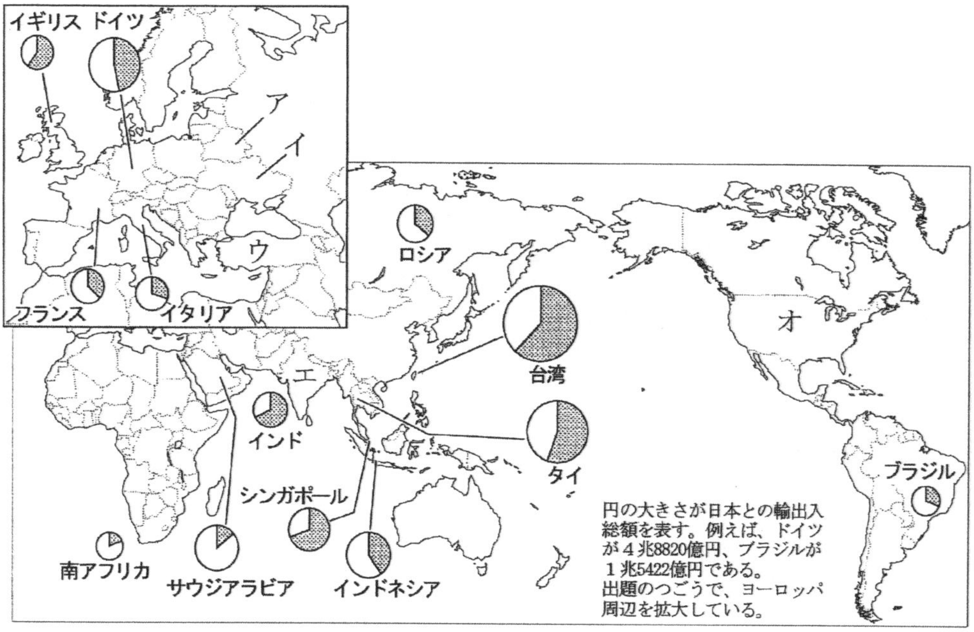

（1）地図中のグラフは、日本と世界の国・地域との貿易について、輸出入総額（億円）を円の大きさであらわし、着色部分が日本からの輸出額、白い部分が日本への輸入額を示しています。次のア～オは、このうちアメリカ、オーストラリア、韓国、中国、ベトナムのいずれかのグラフを抜き出したものです。韓国にあてはまるグラフをア～オより一つ選びなさい。

ア　イ　ウ　エ　オ

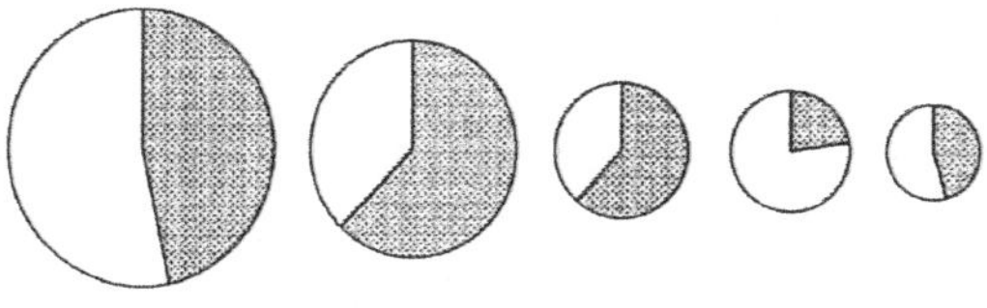

（2）次の①～③は、世界地図中に示したア～オのいずれかの国について書かれたものです。①～③にあてはまる国を、ア～オより一つずつ選びなさい。

① 2024 年はこの国で４年に一度の大統領選挙が行われる。民主党の現大統領は再選をねらい、対抗する共和党からは、前回選挙で敗戦した前大統領も立候補を表明している。

② 2023 年９月、この国で G20 サミットが開かれた。この国のモディ首相は G7 広島サミットにも招待され、「グローバル・サウス」と呼ばれる国々を代表する役割を果たしている。

③ 2022 年２月 24 日、隣国からの攻撃を受け、戦争が続いている。ゼレンスキー大統領は欧米や日本に広く支援を呼びかけ、また穀物価格が高騰するなど世界的な影響も大きい。

問３　熊本県で建設中の台湾のT社の大規模な工場が、今年から生産を開始します。この工場で生産される工業製品は、1980年代に九州で製造がさかんになりましたが、他国との競争が激しく、今回の工場建設が、九州の経済活性化につながるのではと期待されています。このことに関連して、あとの（１）・（２）に答えなさい。

（１）あとのア～エの文は、次の①～④のいずれかの製品について、工場の立地の特ちょうを説明したものです。T社と同じ製品にあてはまる説明を、ア～エより一つ選びなさい。

①　輸送用機械器具　　②　食料品　　③　電子部品・回路等　　④　石油化学工業

ア　関連部品の工場から近く、部品を工場に運んだり、完成品を都市に輸送するさいに、高速道路等が利用しやすい場所に工場が設置されることが多い。
イ　製造工程できれいな水や空気が必要で、また製品は航空機やトラックで一度に大量に輸送できるため、都市から離れた地方にも工場が進出しやすい。
ウ　原料をほぼ海外からの輸入にたよっており、また作られた製品が他の工業で材料として利用されることが多く、関係する工場が一か所に集まることが多い。
エ　原料の保存が難しいことが多いため、その場合は原料産地の近くで加工される。トラックや鉄道、船などで温度を管理しながら都市圏に輸送される。

（２）次の表のア～エは、熊本県、岡山県、群馬県、山形県、北海道について、（１）の①～④のいずれかの製品の出荷額が、各道県の工業（製造業）製品の出荷額全体に占める割合を示したものです。熊本県に進出するT社と同じ製品にあてはまる数値をア～エから一つ選びなさい。

	岡山	群馬	山形	北海道	熊本
ア	7.2%	9.5%	11.5%	36.6%	13.7%
イ	30.0%	8.8%	9.6%	16.2%	5.1%
ウ	3.6%	2.3%	17.7%	3.5%	12.0%
エ	13.1%	37.3%	4.5%	6.4%	13.7%

（統計年次は2019年。『データブック・オブ・ザ・ワールド 2023』をもとに作成）

問４　昨年、栃木県宇都宮市で新しいLRT（路面電車の一種）が営業を開始しました。今まで線路がなかった場所に新たな路面電車の線路が建設されるのは、日本では75年ぶりのことです。これに関して書かれた次の文について、あとの（１）～（３）に答えなさい。

人々が［　①　］を持つようになると、多くの都市で路面電車が廃止され、他の公共交通機関でも廃止や減便が進んだ。しかし、今後［　①　］での移動が困難な［　②　］が人口にしめる割合が年々増加することを予測し、それ以外にも③様々な効果があることを期待して、JR宇都宮駅前から約15km先の工業団地を結ぶLRTが新たに建設された。

（１）［　①　］にあてはまる語句を、漢字４字で答えなさい。

（２）［　②　］にあてはまるのは、どのような人々と考えられるか答えなさい。

問２　次のa～dの文は、米、野菜、果実、畜産のいずれかの生産地の特ちょうを説明したものです。また、あとのア～エの地図は、米、野菜、果実、畜産のいずれかについて、各都道府県の農畜産物の総産出額に占める割合が、全国平均の割合を超えている都道府県を着色したものです。b・dの農畜産物にあてはまる地図を、ア～エより一つずつ選びなさい。

a　大規模な用地を確保しやすい地域で、また地層が火山灰で出来ている場所や、あるいは高原や台地など、やせ地であったり、水はけがよいところで生産されることが多い。

b　温暖な気候、あるいは寒冷な気候を利用して、他の地域と時期をずらして出荷ができる地域、または生産物を新鮮なうちに消費者にとどけられる地域などで生産される。

c　河川の流域に大きな盆地や平野が広がり、その中でも機械化のための大規模な土地の整備が進んだ地域で生産がさかんである。また夏の高温や日照が生育に大きく関係する。

d　斜面や台地、扇状地などの地形を利用して、日射にめぐまれた場所を好む品種や、寒暖差の大きい場所を好む品種など、その品種にあった気候の地域で生産される。

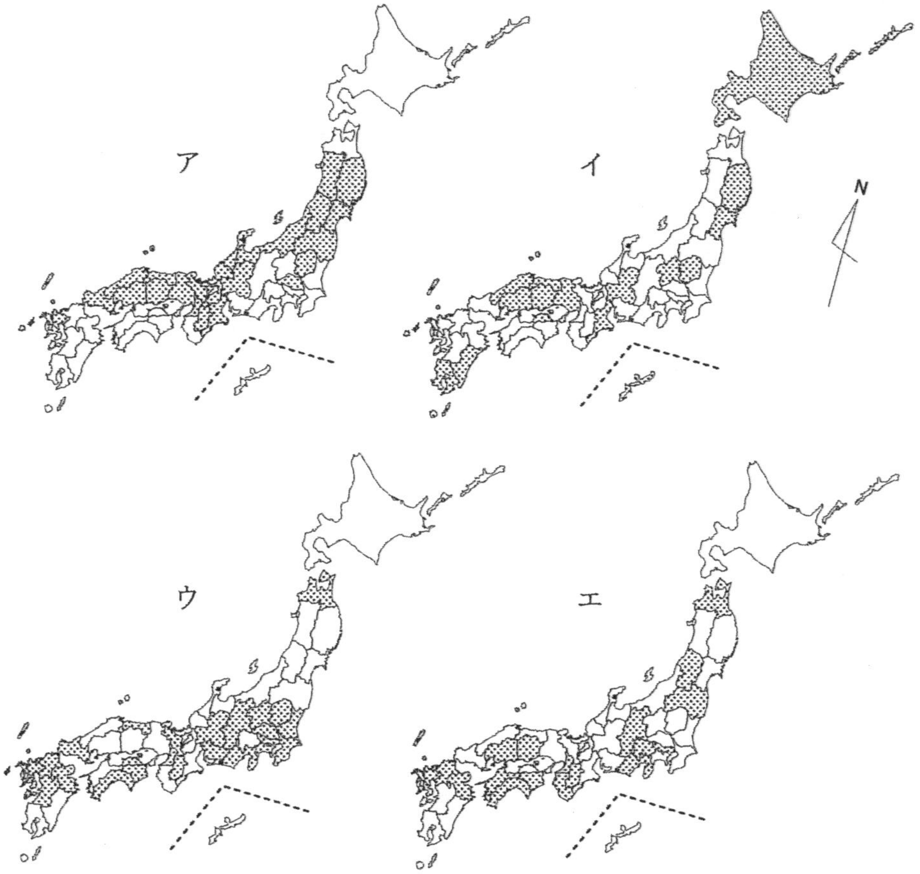

全国平均　米 18.5%　野菜 25.7%　果実 9.8%　畜産 36.0%　その他10.0%

（統計年次は2021年。『データブック・オブ・ザ・ワールド 2023』より作成）

令和６年度　弘学館入学試験

中学校　社会問題　（50分）

1　次の各文を読んで、あとの問いに答えなさい。

（１）　福岡県の板付遺跡では、今から約（　①　）年前の稲作のあとが見つかっています。狩りや漁を中心とする暮らしをいとなんだ（　②　）時代が終わり、稲作により安定した暮らしが出来るようになった弥生時代に入るのは、このころだと考えられています。なお、近年では、弥生時代の始まりは、さらに数百年さかのぼるという説も出てきています。

問１　空欄（　①　）に入る数として適当なものを、次のア～エより一つ選びなさい。

ア　5,300　　イ　4,300　　ウ　3,300　　エ　2,300

問２　空欄（　②　）に入る適当な語句を、漢字で答えなさい。

（２）　奈良時代の農民は、政府から割り当てられた田を耕し、③稲の収穫の約３％を地方政府に納め、④地方の特産物を中央政府に納めました。この他にも、労役の負担や兵役の負担があり、⑤農民の生活は苦しいものでした。

問３　下線部③・④について、それぞれの負担を何とよびますか。組み合わせとして正しいものを、次のア～カより一つ選びなさい。

ア　③－租　④－庸　　イ　③－租　④－調　　ウ　③－庸　④－調
エ　③－庸　④－租　　オ　③－調　④－租　　カ　③－調　④－庸

問４　下線部⑤について、次の二つは、きびしい税に苦しむ農民の暮らしを思いやった貴族の歌と、故郷を遠く離れて兵役についた東国の農民の歌です。これらの作品を収めた和歌集の名を漢字で答えなさい。

・天地《あめつち》は　広《ひろ》しといへど　吾《わ》が為《ため》は　狭《さ》くやなりぬる
日月《にちげつ》は　明《あか》しといへど　吾が為は　照りや給《たま》はぬ
（天地は広いというが、私にとっては狭くなってしまった。日月は明るいというが、私のためには照ってはくれない。）

・父母《ちちはは》が　頭《かしら》かきなで　幸《さ》くあれて　いひし言葉《ことば》ぜ　忘《わす》れかねつる
（父母が、私の頭をかきなでて「無事に･･･」と言った言葉が忘れられない）

問4　下線部(d)の化石について，地層から発見された化石を調べることによって，その生物が生きていたときの自然環境《しぜんかんきょう》を知ることができるものがあります。化石からそれらのことを知るためには，その生物にどのような条件が必要であると考えられますか。次の文の{ A }，{ B }から正しいものをそれぞれ 1 つずつ選び，記号で答えなさい。

その生物が，{ A　**ア**　どんな自然環境《しぜんかんきょう》でも，　**イ**　限られた自然環境《しぜんかんきょう》のみで }生きていける性質をもっており，その生物や近いなかまが{ B　**ウ**　昔のある期間だけ栄えていた，　**エ**　現在も生きている }という条件が必要である。

問5　次の**ア**～**エ**に表されている現象《げんしょう》の中で，ダーウィンの考えた自然選択説《しぜんせんたくせつ》に**あてはまらないもの**を 1 つ選び，記号で答えなさい。

ア　大陸から離れた島にある種の小鳥が暮《く》らしており，くちばしの大きさは様々《さまざま》であった。ある年に島で日照《ひで》りがおき，小型の種子をつける植物が大きな被害を受けた。数年後，島に暮《く》らすその小鳥のくちばしの大きさを調べたところ，大型の種子を食べるのに適した太いくちばしをもつものがほとんどであった。

イ　暖かい場所で春に種子をまいて育てると，背が高く育ち秋に開花し実をつける植物がある。この植物を，寒い場所で春に種子をまいて育てると，背が低いまま秋に開花し実をつけた。

ウ　ある地域に暮《く》らしているガの一種は，はねの色が白っぽいものが多く，黒っぽいものはわずかだった。その地域に工場ができ，町全体がすすでよごれて黒っぽくなると，はねの白っぽいガは天敵《てんてき》の小鳥に食べられることが多くなり，数年後，その地域では，はねが黒っぽいガの割合が多くなった。

エ　ある種のカミキリムシは毒をもっていないが，毒をもつハチによく似た黄色と黒のしまもようをしているので，鳥などの天敵《てんてき》に襲《おそ》われにくい。

問6　「進化」という言葉の意味について，次の文の〔　　〕に入る適当な語句を，会話文中の語句を使って 15 字以内で答えなさい。

ポケモンや大谷選手に使われている「進化」と生物学でいう「進化」は，どちらも生物の形質《けいしつ》に変化が表れるという点では同じであるが，生物学でいう「進化」は，生物の形質《けいしつ》に表れる変化が〔　　〕ということが，ポケモンや大谷選手に使われる「進化」と異なっている。

4 次の会話文を読み，あとの問いに答えなさい。

タクヤ：今年の大谷選手の活躍はすごいよね。

リョウ：本当に。大谷選手って毎年進化《しんか》してない？

タクヤ：そうだね。ところで，いま「進化」って言ったよね。進化といえばポケモン！

リョウ：そうそう，ポケモンも進化するよね。でも，これって同じ意味なのかな？

タクヤ：ポケモンってさ，卵から生まれて **2** 回くらい進化するやついるよね。

リョウ：でも，それって昆虫《こんちゅう》が卵から生まれて幼虫《ようちゅう》→さなぎ→成虫《せいちゅう》って変化するのと同じじゃない？

タクヤ：そうか，ならポケモンの進化って，（　a　）と同じ意味になっちゃうね。

リョウ：確かに。じゃあ大谷選手みたいな「進化」って何だろう？ 進化って言葉にはいろいろな使い方があるようだけど，理科の図鑑《ずかん》なんかには，「(b)陸上の動物は，水中の動物から進化した」って書いてあった。でもさっきの **2** つとは進化の意味が違う気がする。

タクヤ：僕も何となくもやもやする。そういえば，ケンジ兄ちゃんが学校で進化について習ったって言ってた。聞いてみよう。ケンジ兄ちゃん！進化について教えて。

ケンジ：進化について？ 授業で，「進化とは，生物のからだに起こった変化が，親から子，子から孫へと世代《せだい》をこえて受《う》け継《つ》がれていくうちに，祖先《そせん》と異なったものへと変化していくこと」って習ったよ。(c)ずっと昔に最初の生物が生まれ，しだいに数が増えていった。あるとき，その群れの中の **1** 匹に変化が起こり，その変化を受《う》け継《つ》いだ子孫《しそん》が新しい種類へと進化した。その後，別の **1** 匹に変化が起こって…。そういった進化がくり返された結果，たくさんの種類の生物ができたと考えられている。図鑑《ずかん》で見かける生物のなかま分けは，進化のみちすじに沿《そ》ってなされているんだ。

リョウ：でもさ，それって大昔のことだから，実験できないじゃない？ 本当にあったことなのかな。

ケンジ：確かに実験はできないね。だから進化はあくまでも「説」なんだ。でも，確からしいことを示す証拠《しょうこ》はたくさんある。たとえば(d)化石。死んだ生物のからだや骨，貝がらなどが石に変わったものだ。三葉《さんよう》虫《ちゅう》やアンモナイトの化石は見たことあるんじゃない。しかも今ではそれらの生物が何年前ごろに生きていたかまで調べることができるんだって。たとえば，三葉虫《さんようちゅう》は **5** 億 **4** 千万年前から **2** 億 **5** 千万年前にかけて，およそ **3** 億年ものあいだ栄えていたことがわかっているよ。今は絶滅《ぜつめつ》してしまったけど，現在のカブトガニやサソリ，クモなどの共通の祖先《そせん》だと考えられている。

タクヤ：ほかにも何かある？

ケンジ：うん，たとえば哺乳類《ほにゅうるい》の前あし。ヒトの手と腕《うで》には，ものをつかむはたらきがあるよね。コウモリの翼《つばさ》は空を飛ぶためのものだし，クジラの胸《むな》びれは水中を泳ぐためのものだ。ところが，形やはたらき

問4　**結果2**の(　①　)にあてはまると考えられることを，次の**ア**～**オ**から 1 つ選び，記号で答えなさい。

ア　変化しなかった　　　**イ**　青色になった　　　**ウ**　赤色になった

エ　黄色になった　　　**オ**　無色透明になった

問5　**結果2**から，発生した気体が水にとけてできた水溶液は，何性を示しているとわかりますか。酸性・中性・アルカリ性のいずれかで答えなさい。

問6　「発生した気体の体積(cm^3)」を縦軸，「加えた塩酸の体積(cm^3)」を横軸として，この 2 つの関係をグラフに示しなさい。

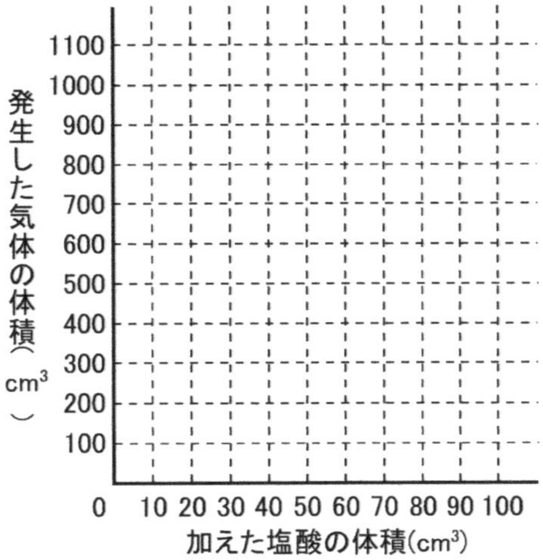

問7　5g の石灰石と，余りも不足もなく反応する塩酸の体積は何 cm^3 と考えられますか。

問8　**【実験Ⅱ】**で使った塩酸と同じこさの塩酸を用いて，15g の石灰石と余りも不足もなく反応させたいとき，塩酸は何 cm^3 準備したらよいですか。また，そのとき発生する気体の体積は何 cm^3 になると考えられますか。

問9　**【実験Ⅱ】**で使った塩酸と同じこさの塩酸 100cm^3 を用いて，15g の石灰石と反応させたとき，塩酸と石灰石のどちらがどれだけ余りますか。また，そのとき発生する気体の体積は何 cm^3 になると考えられますか。

Ⅱ　**図3**は，日本のある地点(北緯 33°)から夜空にカメラを向けて，シャッターを長い時間あけて写した写真です。星のほとんどは並びを変えずに動いていましたが，星 X はほとんど位置を変えませんでした。次の問いに答えなさい。

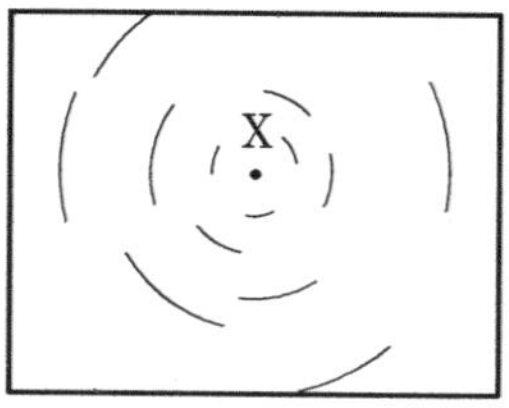

図　3

問4　**図3**の星 X の名前を，漢字で書きなさい。

問5　**図4**は**図3**と同じ方角の空を表したものです。星 Y の位置は時間とともにどのように変わりますか。次の**ア**～**エ**から最も正しいものを 1 つ選び，記号で答えなさい。

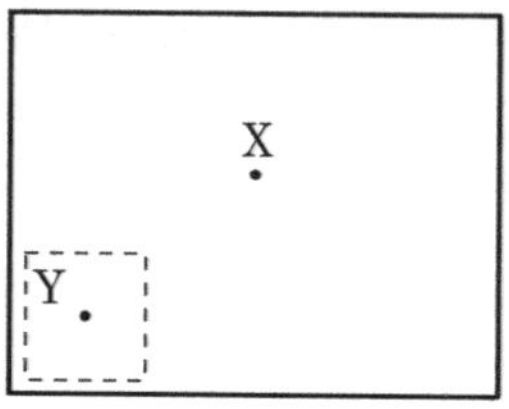

図　4

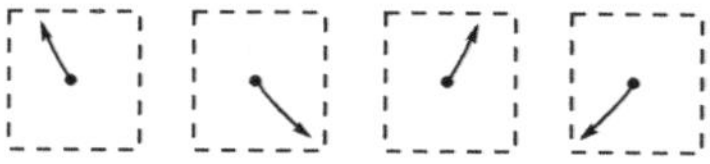

ア　　**イ**　　**ウ**　　**エ**

問6　**問5**のように星が動く理由を述べた次の文の(　①　)，(　②　)にあてはまる方角を，**東**・**西**・**南**・**北**で答えなさい。

地球は，北極と南極を結んだ線を軸として，(　①　)から(　②　)の方向に向かって 1 日に 1 回，こまのように回転しているからです。

問7　地球は球形であるため，同じ星を同じ時刻に観察しても，観察する地点によって見える高さが違ったり，まったく見えなかったりします。星 X をオーストラリアのある地点(南緯 33°)から観察すると，どの位置に見えると考えられますか。次の**ア**～**エ**から最も正しいものを 1 つ選び，記号で答えなさい。

ア　**図3**と同じ位置に見える。

イ　真上の空に見える。

ウ　真北の地平線のあたりに見える。

エ　見えない。

2　次のⅠ，Ⅱに答えなさい。

Ⅰ　夜空を見上げると，たくさんの星がかがやいています。太陽や月も星のなかまで，空に浮かんでいるのを見ることができます。また，地球も同じく宇宙に浮かぶ星の一つです。これらの星について，次の問いに答えなさい。

問1　星の明るさや色には違いがありますが，これは星によって表面の温度が違うからです。次の**ア**～**ウ**の星を，表面の温度が高い順に記号で並べなさい。

ア　太陽(黄色)　　**イ**　こと座のベガ(白色)　　**ウ**　さそり座のアンタレス(赤色)

問2　ある日の夕方，**図1**のように，球形のガスタンクと月(矢印の○の位置)が同時に見えました。このときの月はどのような形であったと考えられますか。次の**ア**～**キ**から最も近いものを 1 つ選び，記号で答えなさい。

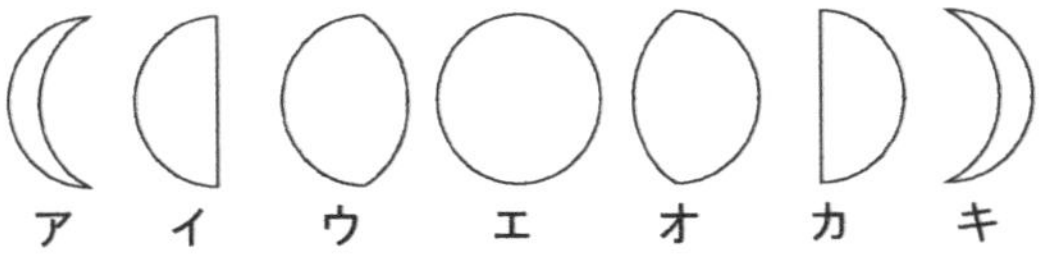

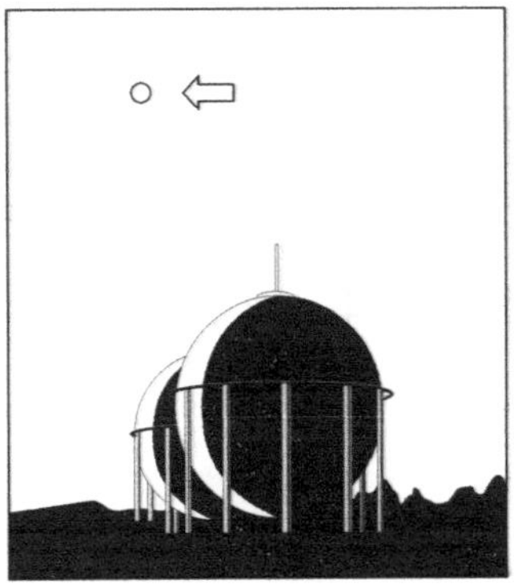

図　1

問3　私たちがすんでいる地球は，大きな球の形をしています。しかし，とても大きいので，私たちは水平な地面の上にすんでいるように感じています。**図2**は地球上の北半球にある**A地点**と南半球にある**B地点**に，それぞれ人が立っているようすを表したものです。次の(1)，(2)に答えなさい

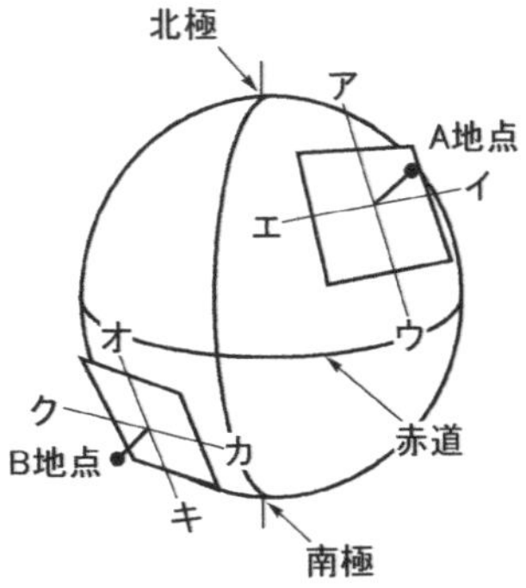

図　2

(1)　**A地点**における西の方角はどれですか。**図2**の**ア**～**エ**から正しいものを 1 つ選び，記号で答えなさい。

(2)　**B地点**における北の方角はどれですか。**図2**の**オ**～**ク**から正しいものを 1 つ選び，記号で答えなさい。

令和6年度　弘学館入学試験

中学校　理科問題　(50分)

1　生活の中で使用している道具には，「てこの原理」を使った道具がたくさんあります。この原理について，次の問いに答えなさい。なお，答えが小数になる場合は，小数第二位を四捨五入して，小数第一位まで答えなさい。

問1　次の文の(　①　)～(　④　)にあてはまる語を入れなさい。

「てこの原理」を使うと，(　①　)力で重いものを持ち上げることができます。

図1のような「てこ」では，ぼうを支えているBを支点，ぼうに力を加えているCを(　②　)，ぼうがものにふれて力をはたらかせているAを(　③　)といいます。より(　①　)力で持ち上げるためには，Cを**図1**の(　④　)の矢じるしの向きに動かします。

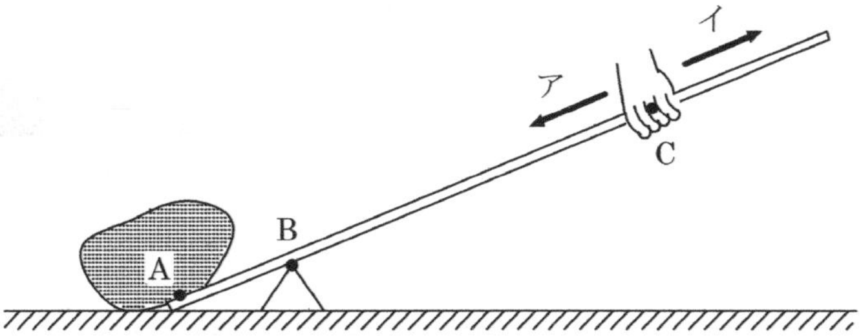

図　1

問2　**図2**のaははさみを，bはピンセットを表しています。これらの道具について説明した以下の文の(　⑤　)～(　⑧　)にあてはまるものを，右ページの**ア**～**キ**から1つずつ選び，記号で答えなさい。

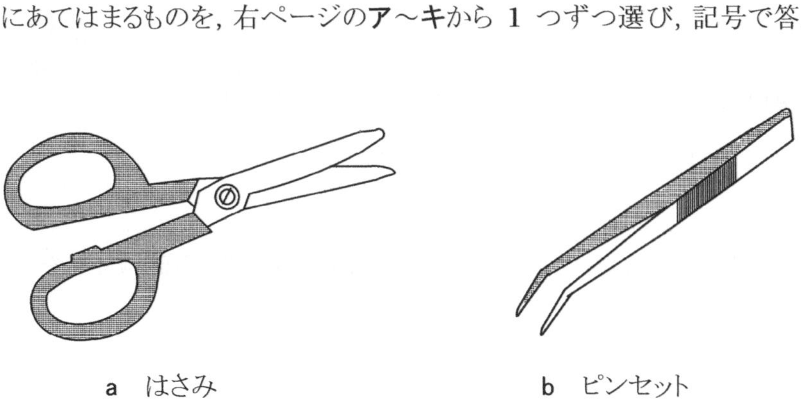

a　はさみ　　　　b　ピンセット

図　2

4　投入されたコインの枚数によって、ある規則でランプが点灯する機械があります。下の図は、コインを何枚か入れたときに点灯した部分を斜線《しゃせん》で表したものです。このとき、次の問いに答えなさい。

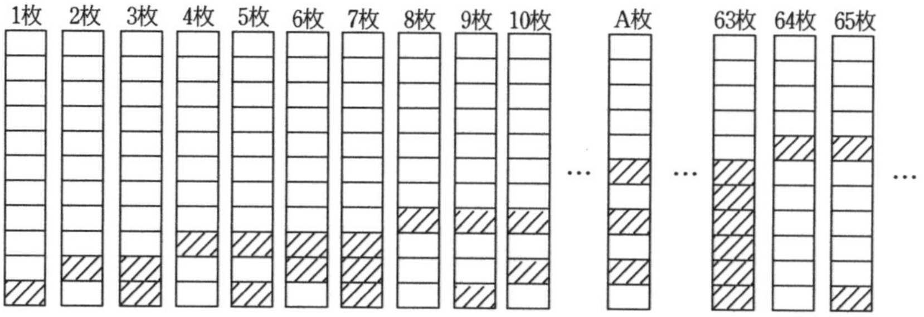

(1)　下から8段目のランプが初めて点灯するのは、コインを何枚入れたときか求めなさい。

(2)　コインをA枚入れると図のように点灯しました。Aに当てはまる数を求めなさい。

(3)　コインを2024枚入れたとき、ランプが点灯する部分をぬりなさい。

3　14.4 km はなれている 2 つの町 A，B があります。バスは A 町を午前 9 時に出発し、A 町と B 町の間を片道 20 分で往復し、それぞれの町で 5 分間停車します。弘さんは午前 9 時 5 分に A 町を自転車で出発し、午前 10 時 25 分に B 町に着きました。このとき、次の問いに答えなさい。

(1)　弘さんの自転車の速さは時速何 km か求めなさい。

(2)　弘さんとバスが最初にすれちがったのは午前何時何分か求めなさい。

(3)　弘さんがバスに追いこされるのは午前何時何分か求めなさい。

令和 6 年度　弘学館入学試験

中学校 算数問題 （70分）

1　次の□にあてはまる数か文字を答えなさい。ただし、円周率は 3.14 とします。

(1)　$73-\{71-52\div4+4\times(56\div7-6)\}=\square$

(2)　$\dfrac{2}{3}-\dfrac{1}{8}\div\left(\dfrac{2}{5}-\square\right)=\dfrac{1}{6}$

(3)　$1.6\times3.14+3.14\times2.4-0.2\times5.86+4.2\times5.86=\square$

(4)　1 個 60 円のみかんと 1 個 80 円のりんごをあわせて 30 個買う予定でしたが、買う個数を逆にしたため予定より 120 円高くなりました。このとき、最初にみかんを□個買う予定でした。

(5)　ある中学校 1 年生 108 人全員が受験したテストの平均点は 68 点です。このうち、男子の平均点は 66 点、女子の平均点は 70.5 点でした。この中学校 1 年生の男子の人数は□人です。

(6)　品物 300 個を 1 個 1200 円で仕入れ、仕入れ値の 3 割増しの定価で売ったところ、□個売れ残りました。この売れ残った品物すべてを定価の 1 割引きで売ったので、利益は全部で 100200 円になりました。

(7)　右の図のような二等辺三角形があり、● は同じ角度を表しています。このとき、角アの大きさは□度です。

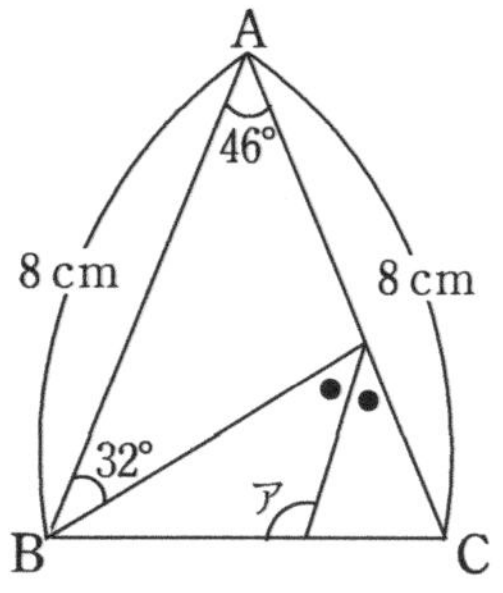

ウ　【文章Ⅰ】では、植物が大きい可塑性を持つ理由を明らかにしながら雑草のしたたかな生き方について説明している。また【文章Ⅱ】では、変えてはいけないものを大切にする雑草の生き方について再び確認した上で、人間の生き方にもそれに重なる部分があるとして、思想家や宗教の言葉を紹介している。

エ　【文章Ⅰ】では、どんな環境であっても植物が最大限の努力をして生きていることを述べている。また【文章Ⅱ】では、植物は明確な目的を持っているからこそさまざまな工夫や努力ができることに注目し、人間もそのような植物の姿を見習うべきだという思想家や宗教の教えを紹介している。

三　次の【文章Ⅰ】は稲垣栄洋『植物はなぜ動かないのか』、【文章Ⅱ】は、文章Ⅰの続編『雑草はなぜそこに生えているのか』の一部である。それぞれの文章を読んで、後の問いに答えなさい。

【文章Ⅰ】

①植物は動物に比べて※1可塑《かそ》性が大きい。それは、どうしてだろうか。

動物は自由に動くことができるので、エサやねぐらを求めて移動することができる。しかし、植物は、動くことができない。そのため、生息する環境を選ぶことができないのだ。その環境が生存や生育に適さないとしても文句を言うこともできないし、逃げることもできない。その環境を受け入れるしかないのだ。

そして、環境が変えられないとすれば、どうすれば良いのだろうか。環境が変えられないのであれば、環境に合わせて、自分自身が変化するしかない。だから、植物は動物に比べて「変化する力」が大きいのである。

植物の中でも雑草は可塑性が大きく、自由自在に変化することができる。この「変化する力」にとって、もっとも重要なことは何だろうか。

それは「変化しないことである」と私は思う。

植物にとって重要なことは、花を咲かせて種子を残すことにある。ここはぶれることはない。種子を生産するという目的は明確だから、目的までの行き方は自由に選ぶことができる。だからこそ雑草は、サイズを変化させたり、ライフサイクルを変化させたり、伸び方も変化させることができるのである。

つまり、生きていく上で「変えてよいもの」と「変えてはいけないもの」がある。

環境は変化していくのであれば、雑草はまた変化し続けなければならない。しかし、変化しなければならないとすれば、それだけ「　X　もの」が大切になるのである。

踏まれても踏まれても立ち上がる。

これが、多くの人が雑草に対して抱く　A　なイメージだろう。人々は、踏まれても負けずに立ち上がる雑草の生き方に、自らの人生を重ね合わせて、勇気付けられる。

しかし、実際には違う。雑草は踏まれたら立ち上がらない。確かに一度や二度、踏まれたくらいなら、雑草は立ちあがってくるが、何度も踏まれれば、雑草はやがて立ち上がらなくなるのである。

雑草魂というには、あまりにも情けないと思うかもしれないが、そうではない。

そもそも、どうして立ち上がらなければならないのだろうか。

ア　カレンダーのその後の件について保護者から意見を聞きたい
イ　カレンダーのその後の件を保護者から子どもたちに伝えてほしい
ウ　カレンダーのその後の件を保護者も子どもたちに黙っていてほしい
エ　カレンダーのその後の件を子どもたちに伝えるかどうかを保護者に任せたい

問６　傍線部③「あわてて腰を浮かせてなにか言いかけた細野さんは、結局言葉を出せないまま、ため息をついて椅子にまた座り直した」とあるが、この時の「細野さん」の説明として最も適当なものを、次のア～エのうちから一つ選び、記号で答えなさい。

ア　東京の小学生の支援の気持ちが被災者たちの心を癒せていない現実に打ちのめされている先生を見て、励まそうとしたものの、ボランティアとして現地を訪れない限りは支援にならない現実を知らされて衝撃を受けている。
イ　被災者に対して細かい配慮を重ねていた先生が自分の過ちを認めてひどく落ち込んでいるのを目にし、慰めの言葉をかけようとしたものの、自分もその過ちに気付いていなかったことに思い至り、何も言えなくなっている。
ウ　いつも思慮深く子どもたちと接している先生につらい記憶を思い出させて泣かせてしまい、急いでその場を取りつくろおうとしたものの、何を言っても先生の後悔を深めてしまうだけだと悟り、あえて無言を貫こうとしている。
エ　学級会で一生懸命考えてカレンダーを送ったにもかかわらず被災者を傷つけてしまったと後悔する子どもたちと先生がかわいそうで、なんとか元気づけようとしたものの、自分も配慮が足りなかったと気づき、言葉を失っている。

問７　傍線部④「ざらついた苦いものが、胸にある」とあるが、この時の「お母さん」の気持ちを五十字以内で説明しなさい。

問８　傍線部⑤「きまり悪そうに笑いながら、『親切っていうのは、ほんとに難しいよなあ』と、しみじみ言った」とあるが、この時の「お父さん」の説明として最も適当なものを、次のア～エのうちから一つ選び、記号で答えなさい。

ア　妻だけではなく自分も、麻衣が一生懸命に参加した支援活動が否定されたようで納得がいかず、感情的になっていたことに気づき、親として子どもと一緒に支援活動をすることの難しさを噛みしめている。
イ　妻だけではなく自分も、被災者のために労力を惜しまなかった自分たちの誠実さが否定されたことが悔しく、被災者たちの自分勝手さにいらだっていたことに気づき、冷静に被災者の求めに応じていく支援の難しさを実感している。
ウ　被災者それぞれの求めに応じた支援を心がけていたつもりが、妻と同じようにいつの間にかお古の余り物を被災地に押しつける支援となっていたことに気づき、被災者の要望をかなえる支援の難しさを噛みしめている。
エ　親身になって被災者の心情に寄り添っていたつもりが、妻と同じようにいつの間にか支援する側の都合や気持ちを優先した考え方になっていたことに気づき、支援者としての心の持ちようの難しさを実感している。

ＰＴＡ委員の細野さんが、みんなを代表して「どんなふうに間違ってたんですか？」と言った。「いまお話をうかがってると、先生の考え、正しいと思いましたけど」

先生は、ありがとうございます、と寂しそうに微笑《ほほえ》んで、「でも」と返した。「よーい、どん、で新しい毎日が始まるわけじゃない、って言われました。前だけを向いて走るのって無理なんだ、って……ときどき後ろを振り向きながらじゃないと、もたない、って……」

未来の日付しかないカレンダーを受け取ったひとたちは、東京の小学生たちの厚意に感謝しながらも、みな、複雑な表情を浮かべていたという。それも、三月十一日につらい目に遭《あ》ったひとほど、表情の陰影《いんえい》が濃く、深かった。

「わたしが勝手に、三月十一日以前を『なかった』ことにしちゃったんです。でも、ほんとうは、『あった』んですよね、あたりまえですよね、あの日までみんな、ふつうに、あんなことが起きるなんて夢にも思わずに生きてて、暮らしてたわけで、それを『なかった』ことにしちゃうのって、ひどいですよね、ほんと、ひどいんです……」

先生の声は途中からくぐもって、低く沈んだ。

「四月だって、みんな生きることに必死で、なにがなんだかわからないまま、とにかく必死で生きるしかなくて、だから日付が欲しいのに、自分がいつなにをやっていたのか確かめるための目盛りみたいなのが必要なのに、わたしが勝手に四月を『なかった』ことにしちゃったんです。せっかく皆さんがカレンダーを持って来てくださったのに、ほんとうにすみません、ごめんなさい、申し訳ありませんでした……」

最後のほうは涙交じりの声になってしまった。

③あわてて腰を浮かせてなにか言いかけた細野さんは、結局言葉を出せないまま、ため息をついて椅子にまた座り直した。麻衣のお母さんも、慰めや励ましの言葉を探したが見つからない。それ以前に、お母さん自身、なんともいえない苦い思いに包まれていた。

ほかの出席者も同じだったのだろう、教室はしんと静まりかえってしまった。

【Ⅲ】

会社から帰宅してその話を聞いたお父さんは、「なるほどなあ……」とうなずいた。

「確かに、三月十一日までの生活を否定されちゃうのってつらいかもな。そこは、俺にもちょっとわかる気がする」

「でも、こっちは否定するつもりなんてないわけで、よかれと思ってやったことなんだから」

納得のいかない声で言い返すお母さんを、［Y］、となだめてつづける。

「世の中って、そういうものだって。四月までのページを残して送ると、今度は逆に『せっかく忘れようとしてるのに』って言うひとが出てくるんだよ、どうせ

年間カレンダーはいくつか集まっていたが、地震と津波の起きた三月十一日の日付をずっと見るのはキツいんじゃないか、ということで送るのを取りやめた。同じ理屈で、まっさらなカレンダーも、四月までのページは切り取ってから送ることになった。いまは五月なので、どちらにしても四月までのカレンダーは用済みのはずなのだし。

海の写真のカレンダーもa自粛した。犬や猫の写真のカレンダーも、ペットと離ればなれになったひとがたくさんいるというニュースをテレビで観た子がいたので、学級会で話し合った結果、送らないことにした。

松下先生は保護者宛《あ》てのプリントで〈万が一にも被災者の方々のお気持ちを傷つけることのないように、と考えました。なにとぞご理解くださいませ〉と書いていた。

保護者の中には「せっかくのb厚意を無にされた」と不満を漏らすひともいないわけではなかったが、麻衣の両親は「それでいいんだよ」「自己満足で相手を傷つけるのって最低だもんね」と先生の判断を支持した。

とにかくc万全を期したのだ。振り返ってみても、どこにも間違っているところはないはずだった。

ところが、カレンダーを送ったあとしばらくたって、窓口になったボランティア団体から松下先生に連絡が来た。

三月十一日以前のカレンダーが欲しいんです——。

もっと細かく言うなら。

四月までのページを送ってもらえませんか——。

松下先生は一学期の終わりの保護者会でその件を報告して、②子どもたちにはなにも伝えていないので、と何度も念を押してから、深々と頭を下げた。

「わたしの配慮が足りなかったんです」

避難所にいるひとたちは三月十一日を振り返りたくないんだ、と決めつけていた。あの日以前の「ごくあたりまえ」だった日々を思いだすと悲しさがつのるだけじゃないか、とも思い込んでいた。

送ったカレンダーには未来の日付しかない。それでいい。悲しみから立ち直って前に進んでいくために、その道しるべとして使ってほしい、と願っていた。

「でも、それ、全然間違っていました……」

先生はひどく落ち込んでいた。申し訳なさそうだった。

保護者会に出席していた麻衣のお母さんは、［X］して、まわりのひとたちと目を見交わした。どこが間違っているのだろう。さっぱりわからない。

問1　波線部a～eのカタカナを漢字に直しなさい。ただし、楷書《かいしょ》で大きくていねいに書くこと。

問2　本文中の［X］～［Z］に当てはまる言葉として最も適当なものを、次のア～カのうちからそれぞれ一つずつ選び、記号で答えなさい。

ア　いきなり　　イ　さらに　　ウ　しかし　　エ　たしかに　　オ　たとえば　　カ　だから

問3　傍線部①「こういった意見もよく耳にする」とあるが、「こういった意見」の内容の説明として最も適当なものを、次のア～エのうちから一つ選び、記号で答えなさい。

ア　今の時代、パソコンやネット検索にはさまざまな問題があるので、十分な理解を心がけながら情報を暗記することが大切だ。

イ　必要な情報を探す時に、パソコンやネット検索の方が便利な場合と暗記の方が良い場合とがあるので、うまく使い分けるべきだ。

ウ　情報を脳のなかに貯めこんでいるだけならばネットやパソコンと同じなので、情報の暗記に多くの労力を注がなくてもよい。

エ　ネットやパソコンで欲しい情報を検索をする方が、暗記しておくよりも正確で最新の情報が取り出せるので、暗記に意味はない。

問4　傍線部②「暗記した情報のように、時とともに『整理』されはしない。『整理』されるためには、情報を蓄えたチップを脳内に埋めこまなければならないだろう」とあるが、「暗記」と脳に埋め込む「チップ」は、どのような点で共通しているのか。四十字以内で説明しなさい。

問5　傍線部③「健常者にそのような危険なことを行うのはいかがなものであろうか」とあるが、なぜ「危険」だと言うのか。五十字以内で説明しなさい。

問6　傍線部④「『ドラえもん』に「アンキパン」が出てくる」とあるが、『ドラえもん』の「アンキパン」の例は、本文でどのような働きをしているのか。その説明として最も適当なものを、次のア～エのうちから一つ選び、記号で答えなさい。

ア　技術の進歩によって暗記することの大変さから人々が解放されて楽になる時代がいずれやって来るだろうということを、読者が想像しやすくなっている。

イ　技術の進歩によって生活は便利になる一方で、古き良き時代の記憶が失われていくという事態が起こりうるということを、読者が想像しやすくなっている。

ウ　技術の進歩によって倫理的な問題が解消するというのは夢物語で、実は危険な情報が広がりやすくなるということを、読者が想像しやすくなっている。

[illegible]に蓄えられた情報をすぐ取り出せるようになるだろう。

しかし、そうなっても、コンピュータのなかの情報はただ蓄えられているだけで、②暗記した情報のように、時とともに「整理」されはしない。「整理」されるためには、情報を蓄えたチップを脳内に埋《う》めこまなければならないだろう。そうすれば、チップ内の情報どうしや、チップ内の情報と脳内の情報とのあいだに何らかのつながりが生まれてくるだろう。そうなれば、チップ内の情報は「整理」され、暗記した情報と同じように、理解に至る助けとなろう。

ただし、脳内に情報チップを埋めこむことには、※1倫理《りんり》的な懸念《けねん》がある。膨大《ぼうだい》な情報をいわば暗記できるからといって、健常者に情報チップを埋めこんでもよいのだろうか。それは脳（それゆえ心）に取り返しのつかない損傷を与えることになるかもしれない。dシンコクな記憶障害のある患者にたいしてなら、ひとつの治療法として情報チップを埋めこむことも許されるかもしれないが、③健常者にそのような危険なことを行うのはいかがなものであろうか。

このような倫理的懸念はあるものの、情報チップの研究は進められており、いずれ倫理的な懸念も克服《こくふく》されて、脳に情報チップを埋めこむ時代がやってくるかもしれない。そうなれば、ようやく私たちは暗記の苦役から解放されることになろう。④『ドラえもん』に「アンキパン」が出てくるが、これはノートや本のページに食パンを押しつけて、その内容を写しとり、それを食べると、書かれた内容を暗記できるという便利な小道具だ。この小道具のように、情報チップを脳に埋めこめば、その情報を覚えられるという夢のような時代がやってくるかもしれない。もっとも、暗記が趣味の人にとっては、暗記の価値がほとんどなくなって、いささか寂《さび》しい時代になるかもしれないが。

このような夢の時代がやってくるのは、まだもっと先のことである。技術の進歩がeイチジルしい昨今《さっこん》にあっては、何百年も先のことではないかもしれないが、少なくとも数十年は先であろう。それまでは、やはり暗記をせざるをえない。電卓が普及《ふきゅう》するまえは、筆算やそろばんで計算をせざるをえなかったが、それと同じように、情報チップの埋めこみが可能になるまでは、暗記は不可欠であろう。暗記の苦役は続くが、暗記の喜びを見つけることも可能だ。円周率の小数展開を何万ケタまで覚えている人がいるが、膨大な数の並びを一挙に脳裏に思い浮かべることができるのは、さぞ爽快《そうかい》なことであろう。※2嬉々《きき》として暗記できるようになれば、それは人生の潤《うるお》いのひとつとなる。

（信原幸弘『「覚える」と「わかる」』による）

注　※1　倫理的な懸念――道徳的な基準がおびやかされることへの心配。
　　※2　嬉々として――「喜々として」と同じ。

令和五年度　弘学館入学試験

中学校　国語問題

（60分）

一　次の文章を読んで、後の問いに答えなさい（設問の都合上、本文を省略した箇所がある）。

自己を語るのは、相手に自分のことをわかってほしいからだ。それなら、その語りは他の人にとってもわかりやすいものでなければならない。人が理解しやすいのは、意味をもったまとまりだ。

ある出来事があって、その結果ある事態が生じた、自分の中にある変化が生じたというようなわかりやすい流れがなければならない。そうした流れのaエンチョウに今の自分があるのだということがbセットク力をもって語られなければならない。

このように自己はひとつの物語として語られる。そして、自己理解というのも、そのような語りを通して深まっていく。

そこで、僕は、自己物語の心理学を提唱してきた。

「自己物語の心理学とは、人はだれもが物語的cブンミヤクを生きており、その物語的ブンミヤクに沿って目の前の現実を解釈し、日々の行動のとり方を決定し、また自分の過去を回想し、自分の未来を予想するという立場をさす。」（榎本博明『〈ほんとうの自分〉のつくり方』）

自己物語とは、自分の行動や自分の身に降りかかった出来事に意味づけをし、諸経験の間に因果の連鎖をつくることで、現在の自己の成り立ちを説明する、自分を主人公とする物語のことを指す。

自己物語の形成にあたっては、僕が①自己物語化と名づけた解釈のプロセスが動いている。自己物語化とは、現在の自己の成り立ちを説明できるような自己物語を構築するために、時間的流れの中に因果の連鎖をつけながら各エピソードを位置づけていくことを指す。

人生の転機ということがよく言われるが、それは自己物語が※1破綻《はたん》し、機能dフゼンに陥ることを指している。

自己物語は、いわば自叙伝のようなもので、新たな経験を組み込みながら日々eコウシンされている。ただし、新たな経験は既存《きそん》の自己物語の枠組みに沿って解釈され、組み込まれるため、それほど大きな変化は生じない。かりに自己物語の枠組みにうまく収まらない経験、矛盾する出来事があったとしても、可能なかぎり無視されたり、都合よく歪《ゆが》められたりして、既存の自己物語に組み込まれる。

たとえば、優等生の自己物語を生きている人の場合、試験で悪い成績を取ったとしても、「　X　」とか「　Y　」などと都合よく解釈し、優等生の自己物語は維持される。

人生の危機だということ。

二　次の文章を読んで、後の問いに答えなさい。

一年のうちで、いちばん忙しい日。いちばん一生懸命で、充実感のある日。そしてちょっぴりさびしい日。
それが私のクリスマスだ。

二年まえの春、パティシエの道に飛びこんだ。

地元の大学を卒業、地方銀行の一般職に就職。何不自由ない実家暮らし。順風満帆《じゅんぷうまんぱん》、青空いっぱいの人生を歩み始めていた。

なのに突然、私はそのすべてを捨ててしまった。理由は明快だった。「人生で、ほんとうにやりたい、たったひとつのこと」に気づいてしまったのだ。

子供の頃から大好きだったお菓子づくり。どんなに残業があろうと、帰宅して夜十時から「さあ作るぞ」と取りかかる。「休みの日だけにすればいいのに」と母があきれてため息をついても、「お前の晩飯は、またシュークリームか」と父にA小言を言われても、お構いなし。だって、何より好きだから。

ケーキを作っているときが、いちばん自分に戻っている気がする。忙しくたって、ちょっと人間関係に疲れてたって、大丈夫。お菓子を作ってさえいれば、［X］元気がa湧いてくるんだから。

二年まえのクリスマスイブ。翌日のホームパーティーのために、私は特大のクリスマスケーキを作っていた。

真夜中の、静まり返ったキッチン。スポンジに生クリームを塗って、最後に真ん中に真っ赤なイチゴをぽつりと置いた瞬間、突然気づいてしまった。

どうしてこんなに好きなことがあるのに、私はそれを人生の真ん中に置こうとしないんだろう？

真っ赤なイチゴは、I私の心に灯った、ささやかだけれど確かな光だった。

今の仕事を辞めて東京へ出る、という私の決意に母は黙りこみ、父は猛反対だった。

父は、私が安定した生活を捨てること、家族の下《もと》から離れることにどうしても納得できないようだった。私は一晩中、父に語りかけた。どうしても、わかって欲しかった。父は［Y］と聞いていたが、やがて立ち上がると、後ろ姿で小さくつぶやいた。

「勝手に行ってしまえ」

いつも元気よく話し、大声で笑っている父。幼い私を広い背中におぶって、どこまでも歩いてくれた父。①その父の後ろ姿が、力なくドアの向こうへ消えていった。

ふるさとに一方的に別れを告げて、私はひとりで上京した。

憧《あこが》れのパティシエのアトリエのドアを何度も叩《たた》き、ようやくスタッフになった。朝三時起きで厨房《ちゅうぼう》の掃除。買い出しや店頭での販売をして、なかなかケーキ作りに参加できない。去年のクリスマスシーズン、ようやく下地づくりとトッピングを任された。

嬉しくて、必死になった。ルビーのように輝くイチゴを、ひとつひとつ、心をこめてのせていった。

このケーキが、全部売れますように。クリスマスの日、店頭に立って、汗をかきながら接客した。

結局売れ残ってしまったケーキを、パティシエが「来年は完売目指すぞ」と言いながら、渡してくれた。深夜に帰宅してケーキの箱を開け、ひとりぼっちのクリスマスをした。

みんな、どうしてるかな。

家族の顔が目に浮かぶ。一人前《いちにんまえ》にケーキを作れるようになるまで、帰らない。そう決めていたけど、ほんとうはさびしかった。

今年もクリスマスシーズンがやってきた。

「今年のショートケーキ、作ってみろ」

パティシエにそう言われて、一気に緊張した。初めて全部任されたのだ。

出せる力のすべてを注いで、作るんだ。そしてもし、完売したら。

ふるさとに帰ろう。そう決めた。

クリスマスの日、店頭に立った。ひとつ、ふたつ、私のケーキが売れていく。

「完売しそうだな」

パティシエが②私の肩を叩いた。

夕方、いちばん売れる時間。突然、私のケーキの売れ行きが止まった。

閉店時間が近づいてくる。私はｂ焦った。このままだと、売れ残ってしまう。あと十分。まだ十ピースも残っている。私は祈るような気持ちになった。

映像は本に比べて、はるかに大きな力で見る者をとりこにします。動くイメージ、音声、音楽などが一体となった力に抵抗するのは、大人でさえむずかしいのですから、子どもはなおさらです。しかも映像は、映像の側の時間の流れに、見る者を従わせます。ビデオなら早送りや巻きもどしもできないわけではありませんが、本を読むときのように自由に立ち止まったり、もとにもどってみたり、想像力が働きやすいスピードを選んだりというわけにはいきません。

①そんな映像を見ながら、物事を筋道立てて考えるというのは、ひじょうに困難です。たとえ気になることがあっても、考えようとするうちにも映像は先へ先へと進みますから、それも見ていなければならず、気になったこともじきに忘れてしまいます。ところが本の場合は、気になれば立ち止まって考えたり、前にもどってたしかめたりできます。その結果、物語に大きな矛盾が見つかると、せっかく想像力で作りつつあった世界が壊れてしまい、先を読む気が失せることもあります。あまりにひどい矛盾があるということは、作者がちゃんとその世界を構築せずに書いているということですから、そこで起こることに一喜一憂《いっきいちゆう》してもむなしいと感じるのです。

その点、映像なら、[X]ひどい矛盾があろうとも、ろくに気にする暇もなく先へ先へと進みますから、それなりに楽しみ続けられます。だったら映像のほうがいいかというと、そうではありません。物事の筋道が通っていないとき、それに気がついてきちんとたしかめられるというのは、人間にとって必要な能力です。本を読んでいると、要所要所でそれまでのことを整理してみる必要を感じ、筋道が通っていることを確認しては先へ進んでいくことになりますが、だからこそいいのです。雑に書かれていて読む気が失《う》せるような本は、読む価値がないのであって、本を書く人は、a粗雑さで読者をしらけさせないように、しっかりとその世界を構築しなくてはなりません。ファンタジーの場合は、その世界が独特な魅力にあふれていれば、たとえ少々の矛盾に気がついても、醒《さ》めた意識は片すみにしまっておけます。つまり、長く読み続けられてきた本というのは、数多くの読み手による試練を立派にくぐり抜けてきた本だと言えるわけです。

[Y]、最近子どもたちに人気があるという本には、いたるところ矛盾だらけのものが目立ちます。設定のあちこちに綻《ほころ》びがあっても、子どもたちはそれを気にせずに楽しんでいます。[Z]、あからさまな矛盾があろうと、少しも気づいていないようなのです。そんな本を読んでみて気がつくのは、それらが、b挿絵があろうとなかろうと、頭のなかに映像を思い浮かべて読むように作られているということです。

目の前にないものを思い浮かべるのが想像力なら、そこにない映像を思い浮かべるのも想像力の働きではあります。しかし、言葉を頼りに情景や人物を思い浮かべ、物語の世界に入りこむことと、作者が言葉によって描き出した映像を思い浮かべることとは、明らかにちがっています。最近の物語作者たちは、だれしも映像世代ですから、「ああ、この場面は映画のようだな」と感じさせられることがしばしばあります。カメラがまず風景をとらえ、それから横に移動していくと主人公が立っているのが見え、※1ショットが切り替わってアップになる、といった一連の映像が、自然に頭に浮かんでくるのです。それはつまり、作者自身が頭のなかに映画やアニメを作り、それを言葉に変換しているということであって、映画以前の文学作品にはそういう書き方はありませんでした。

②こういう書き方は意識的な文学技法として使われることもあり、それ自体が悪いわけではありません。しかし、最近の子どもの本での使われ方には、③いささか問題を感じます。頭のなかに映画やアニメを作るにしても、まず物語の世界を構築し、登場人物たちを作り、出来事を矛盾なく組み立てていって、それからどの場面をどう「映画化」するかを考えるのなら、それはそれでいいのです。しかし、いきなり頭のなかに映画やアニメを作りながら書くと、どうしても矛盾だらけになりやすいように思います。なぜなら、そんな書き方をする作者の想像力は、それまでに見た映画やアニメの印象的なショットに依存しがちで、こんなショットの次にはこんなショットが効果的、といったぐあいに考えてしまうと、世界として、人物として、出来事としての筋道や一貫性は、置き去りにされかねないからです。

そんなふうに書かれた物語を読んで、世界、人物、出来事を、ファンタジーならファンタジーなりにリアルなものとして想像しようとすると、たちまち矛盾にぶつかってc挫折します。しかし、映画なりアニメなりの映像を思い浮かべながら読むと、ショットからショットへとそれなりに巧みな流れが作られているのがわかります。子どもたちがそういうものを読んで、どんなに矛盾があろうと気にしないのは、そのせいではないでしょうか。しかしそれでは、たとえ文字を読んでいるように見えても、ほんとうに想像力や思考力を働かせて本を読んでいることにはなりません。つまり、④読書によって培われる力のトレーニングにはならないのです。こんな書き方の本は、今後ますます増えていきそうなだけに、子どもたちが本を読んでいさえすれば安心と、たかをくくらないでいただきたいと思います。

（脇明子『読む力は生きる力』岩波書店による）

注　※1　ショット――映画やテレビの撮影で、切れ目なく撮られた一続きの場面。

問1　波線部a～cの漢字の読みをひらがなで答えなさい。

問2　本文中の X ～ Z に当てはまる言葉として最も適当なものを、次のア～オのうちからそれぞれ一つずつ選び、記号で答えなさい。

ア　たとえば　　イ　つまり　　ウ　なぜなら　　エ　しかし　　オ　たとえ

問3　傍線部①「そんな映像」とあるが、それについての説明として適当なものを、次のア～オのうちから**二つ選び**、記号で答えなさい。

ア　映像の中に流れている時間に、見る者が強制的に従わされてしまう。

イ　音声や音楽などが作り出すイメージが、見る者を過度に興奮させる。

(8) 弘さん，学さん，館さんの 3 人が赤，青，黄のボールをそれぞれ 1 個ずつ持っています。
このとき、3 人は次のように言いました。
弘さん「私は、赤のボールを持っています。」
学さん「私は、黄のボールを持っています。」
館さん「私は、赤のボールを持っていません。」
ウソを言っている人が 1 人だけいるとすると、ウソを言っているのは □ さんです。

(9) 右の図は、正方形 ABCD の EB を折り目として重ねたものです。x の角度は (あ) 度で、y の角度は (い) 度です。

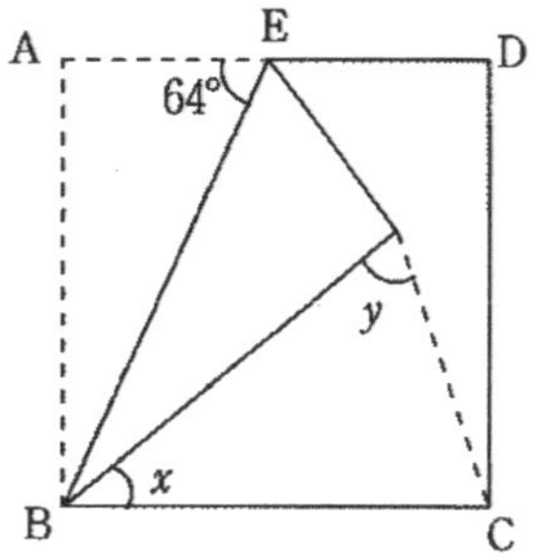

(10) 右の図は、長方形 ABCD の DE を折り目として重ねたものです。AB の長さが 35 cm のとき、FH の長さは (あ) cm、AD の長さは (い) cm です。

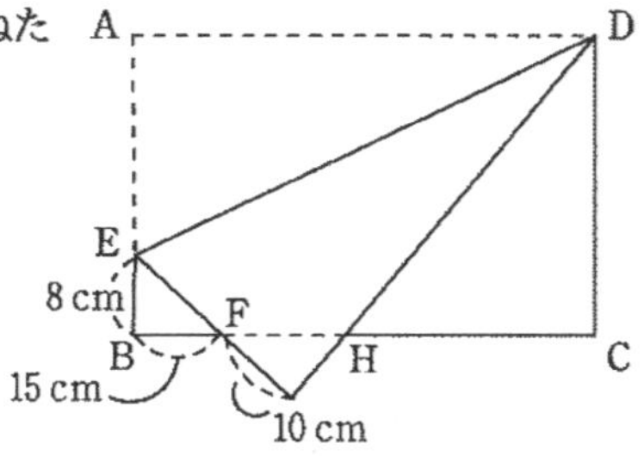

(11) 1 辺が 1 cm の立方体を 27 個はりあわせて、1 辺が 3 cm の立方体を作りました。右の図の色をつけた部分から、反対側までまっすぐくりぬいたとき、残る立体の体積は (あ) cm^3で、表面積は (い) cm^2です。

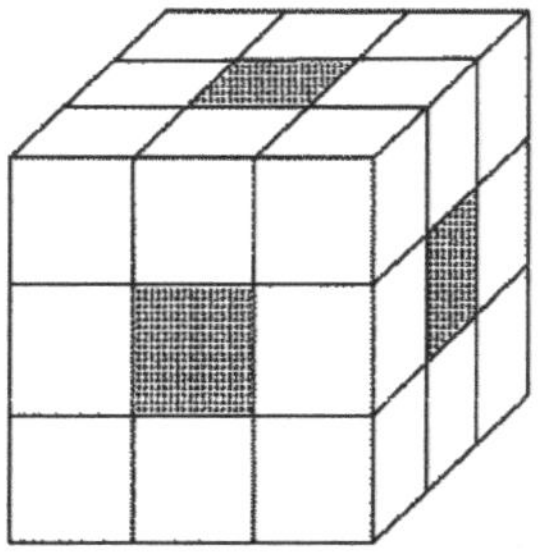

2 弘さんと学さんは、学校から駅まで向かいます。弘さんは学校を16時に出発して分速60 mで駅に向かっており、弘さんが出発した4分後に学さんが分速80 mで追いかけたところ、途中で弘さんに追いつきました。そこからは分速70 mでいっしょに歩いたところ、駅に着いたのは16時28分でした。このとき、次の問いに答えなさい。

(1) 学さんが弘さんに追いついたのは、学校から何mの地点か求めなさい。

(2) 学校から駅までの道のりは何mか求めなさい。

次の日、2人ともそれぞれ昨日と同じ時刻に学校を出発し、それぞれ昨日と同じ速さで駅に向かっていました。しかし、途中で弘さんが学校に忘れ物をしたことに気づき、その地点から分速100 mで学校まで戻って、そのままの速さで再び駅に向かいました。すると、駅まであと200 mの地点で駅に向かっている学さんに追いついたので、そこからは分速50 mでいっしょに駅まで向かいました。その結果、昨日と同じ時刻に駅に着きました。

(3) 弘さんが忘れ物に気づいたのは、学校から何mの地点か求めなさい。

5　下の図のように、ある規則にしたがって数がならんでいます。例えば、6 は上から 2 行目、左から 3 列目の数です。このとき、次の問いに答えなさい。

1	2	5	10	・・・	← 1 行目
4	3	6	11	・・・	← 2 行目
9	8	7	12	・・・	← 3 行目
16	15	14	13	・・・	← 4 行目
⋮	⋮	⋮	⋮		
↑	↑	↑	↑		
1	2	3	4		
列	列	列	列		
目	目	目	目		

(1)　上から 7 行目、左から 1 列目の数を求めなさい。

(2)　上から 1 行目、左から 9 列目の数を求めなさい。

(3)　上から 15 行目、左から 15 列目の数を求めなさい。

(4)　2023 は、上から何行目で左から何列目かを求めなさい。

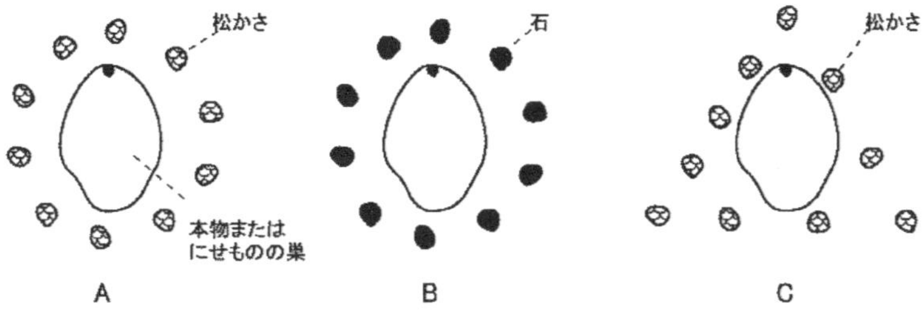

図 1

表

実験	最初の巣のまわり	並べかえたあとの巣のまわり		選ばれた巣
		本物の巣	にせものの巣	
1	A	何も置かない	A	にせものの巣
2	A	A	何も置かない	本物の巣
3	B	A	B	にせものの巣
4	B	B	A	本物の巣
5	C	A	C	にせものの巣
6	C	C	A	本物の巣
7	A	C	B	にせものの巣
8	A	B	C	本物の巣

問1　次の文章の(　ア　)～(　カ　)にはあてはまる実験の番号を，(　キ　)には「並べ方」または「素材」のどちらかを答えなさい。

実験1と**実験2**から，ツチスガリは巣のまわりに並べられた松かさを目印として巣の場所を覚えていることがわかります。次に，**実験**(　ア　)と**実験**(　イ　)から，ツチスガリは目印の並べ方の違いを見分けられることがわかります。また，**実験**(　ウ　)と**実験**(　エ　)から，ツチスガリは目印の素材(松かさであるか石であるか)の違いを見分けられることがわかります。**実験**(　オ　)と**実験**(　カ　)からは，目印の並べ方と素材がともに違った場合は，(　キ　)の方を選ぶことがわかります。

Ⅱ　ジガバチはえさ取りや子育てを自分だけで行いますが，たくさんのなかまと 1 つの社会をつくっているハチもいます。ミツバチは女王バチを中心として，多くの働きバチが花のみつを集めたり，幼虫を育てたりしています。自然のミツバチは，何枚もの板を垂直につり下げた巣を作ります。また，ミツバチを飼う場合，**図2**のような巣箱とよばれる，中に何枚もの板(これを巣板といいます)を立てた箱を使います。

ミツバチの働きバチは，花を見つけると，えさ(みつや花粉)をからだに積みこんで巣にもどります。帰り着いた働きバチは他の働きバチに，あたかも言葉をしゃべるように，えさのある場所(えさ場)を行動で説明するのです。動物学者のカール・フォン・フリッシュは，巣箱を使って，ミツバチがどのようにしてなかまにえさ場の位置を伝えるか調べました。

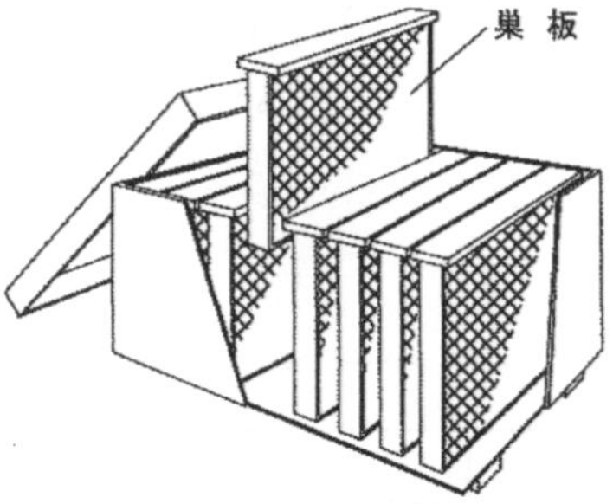

図　2

えさを積みこんで巣箱にもどってきた働きバチは，垂直な巣板の上を歩き回ります。フリッシュはこれを「ミツバチのダンス」と呼びました。驚くべきことに，このダンスは，巣箱からえさ場までの方向とおよその距離まで伝えることができるのです。

巣板上で働きバチは 8 の字に歩き回りますが，**図3**のように真ん中の直線の部分を，上向きの直線に対してある角度をもって歩きます。その角度(**図3**の x°)が巣箱から見た「何か」を基準とするえさ場の方角を表しているらしいのです。観察を続けていると，その行われるダンスの角度が 1 時間におよそ 15° ほどずれていくこと，また，雨やくもりのときにはミツバチがえさを探しに行かないことから，巣板の真上の方向を，基準となる(　ク　)の方向に見立ててダンスをすることがわかりました。

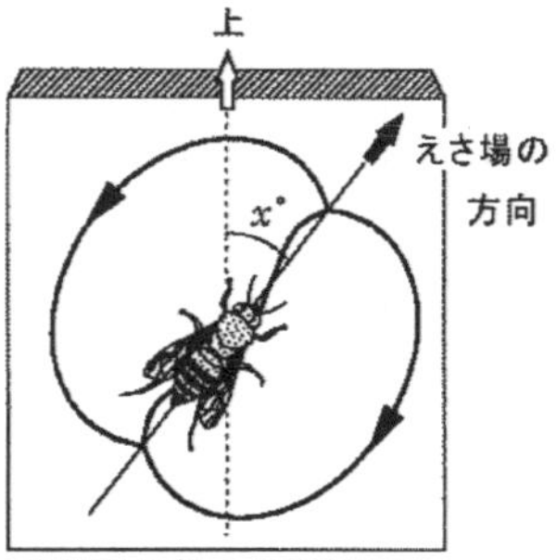

垂直な巣板上でのダンス

図　3

また，えさ場 X でみつを吸っている働きバチを花ごと暗い箱に入れ，すばやく別の場所 Y へと移動させたところ，帰ってきた働きバチから場所を伝えられた働きバチは，すべて Y の場所に飛んでいきました。このことから，ミツバチはえさ場までの方向を，(　ケ　)を使って決めていると考えられます。

さらに観察を続けると，働きバチは巣箱からえさ場までの距離が短いほど速くダンスをし，距離が長いほど，ゆっくりダンスをすることがわかりました。つまり，えさ場までの距離をダンスの速さで伝えているのです。距離のはかり方は次の実験から明らかになりました。

図4(右ページ)のように，風のある日に，巣箱から等しい距離にある風上のえさ場Mと風下のえさ場Nの場所を伝えるとき，えさ場Mまでの距離を伝えるときは，風がないときの同じ距離のダンスより遅く，え

問5　下線部②に関して，上流から流れてきた岩石や土砂を受け止め，貯まった土砂を少しずつ流すことにより，下流に流れる土砂の量を調節する構造物を何と呼びますか。最も適当なものを，次の**ア**～**エ**から 1 つ選び，記号で答えなさい。

ア　水門　　**イ**　砂防ダム　　**ウ**　てい防　　**エ**　水無川

問6　止まっているものに水を流すと，動き始めるために必要な水の速さは，ものの大きさによって異なります。さまざまな大きさのつぶを含んだ土砂に水を流したとき，つぶの大きさとつぶが動き出す水の速さとの関係をまとめると，**図4**のように表されます。

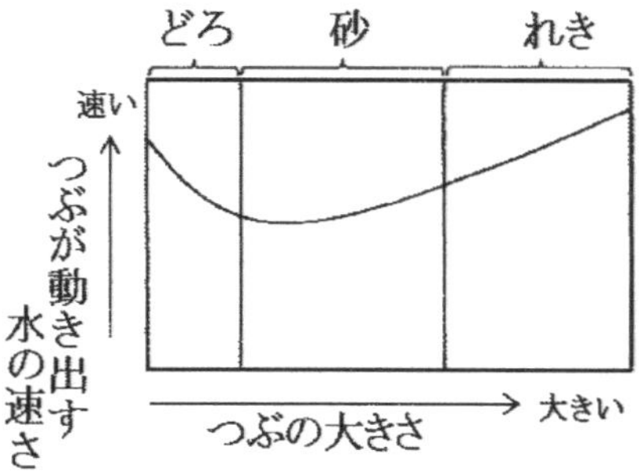

図　4

いま，ある大きさのれき，砂，どろを用意し，別々に平らに置きました。ここに弱い水流を与えたところ，どのつぶも動きませんでした。次に，この状態から水流を少しずつ強くして，つぶが動き始める順序を調べました。**図4**に基づいたとき，つぶの大きさの組み合わせ次第では起こり得る現象として最も適当なものを，次の**ア**～**ウ**から 1 つ選び，記号で答えなさい。

ア　れきのみが動き始める。

イ　れき，砂，どろの順序で動き始める。

ウ　砂，れき，どろの順序で動き始める。

問7　二枚貝の多くは死ぬと貝がらがわかれ，それぞれが川底や海底にたい積し，やがて化石となります。このとき，水のはたらきによって，貝がらがたい積する向きにかたよりが生じるため，二枚貝の化石は地層を調べる際に重要な情報となります。地層における二枚貝の化石の向きはどのようになりますか。最も適当なものを，次の**ア**～**ウ**から 1 つ選び，記号で答えなさい。ただし，断層やしゅう曲，そのほか地層の向きを変化させる現象は起こらなかったものとします。

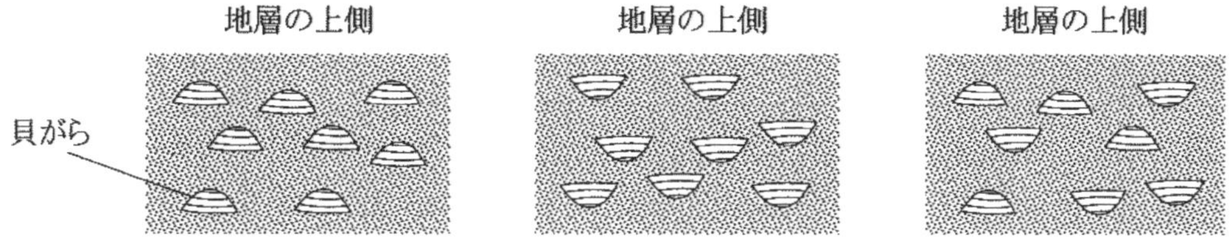

ア　　**イ**　　**ウ**

3 次の花子さんと太郎さんによる会話文を読み，あとの問いに答えなさい。

花子さん：教科書や参考書を読むと石灰石，石灰水，消石灰，そして生石灰というよく似たまぎらわしいことばが並んでいるわ。うーん，まぎらわしい…。ねえ太郎さん，そもそも石灰って何かしら。

太郎さん：「石灰」ということばを広辞苑でひくと，「生石灰，およびこれを水和して得る消石灰の通称。」と説明されているよ。

花子さん：私も辞書で生石灰と消石灰をさらに調べてみるね。生石灰は（　1　），消石灰は（　2　）というものだと書いてあるわ。

太郎さん：石灰水は消石灰の水よう液で，二酸化炭素を吹き込むと白くにごるよ。これは，消石灰と二酸化炭素がむすびついて，水にとけにくい（　3　）になるからだと先生が言っていたよ。

花子さん：学校での実験でさらに二酸化炭素を吹き込みつづけたら，白いにごりはとけてなくなり，無色透明の炭酸水素カルシウムの水よう液になったなあ。

太郎さん：（　3　）は石灰石や貝殻，チョークなどに多く含まれているよ。

花子さん：（　3　）から二酸化炭素を取り出すには，（　3　）に（　4　）を加えるといいのかな？

太郎さん：そうだよ。そして二酸化炭素は地球温暖化に関係しているね。大気中の水蒸気やメタンも地球温暖化に関係していると聞いたことがあるよ。メタンは都市ガスとして使われる身近な燃料として知られているね。

花子さん：二酸化炭素が水にとけたのが炭酸水だよね。ジュースにも入っているよね。

太郎さん：そういえば，「とける」という言葉もよく教科書にでてくるよね。「とける」ってどういう意味かな。

花子さん：広辞苑には「溶ける・融ける」などと書かれているわ。「溶ける」は「液体に他の物質がまざって均一な液体になる」こと，そして「融ける」は「融解する。固体・固形物が液状になる。」と書いてあるよ。

太郎さん：異なる漢字をあてて，意味を使い分けているようだね。そうすると砂糖や食塩が水にとけるのは「溶ける」で，氷がとけるは「融ける」という漢字を用いるといいのかな。

花子さん：そうみたいね。もうすぐ中学生になるし，わたしも辞書などできちんと調べながら勉強して，化学の言葉はきちんと使えるようにしておくわ。

問1　会話文中の（　1　）～（　4　）にあてはまるものを，次の**ア**～**ケ**からそれぞれ 1 つずつ選び，記号で答えなさい。

ア　塩化ナトリウム　　**イ**　塩化カルシウム　　**ウ**　水酸化ナトリウム

エ　水酸化カルシウム　　**オ**　炭酸カルシウム　　**カ**　酸化カルシウム

キ　うすい硫酸　　**ク**　うすい塩酸　　**ケ**　うすい水酸化ナトリウム水よう液

4 次のⅠ，Ⅱの問いに答えなさい。

Ⅰ　鉄しんに導線を何回も巻き，導線に電流を流すと電磁石をつくることができます。これについて次の問いに答えなさい。

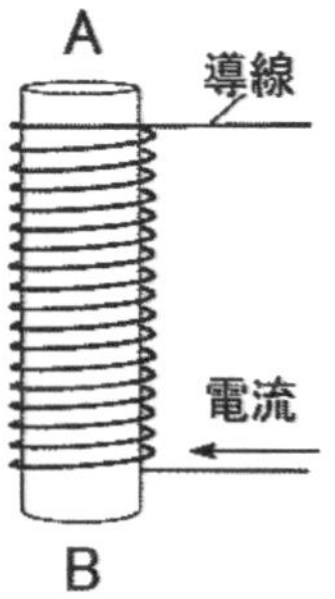

図　1

問1　図1のように，電磁石に図の矢印の向きに電流を流すと，電磁石のA側が N 極になりました。B側は磁石の何極になりますか。最も適当なものを，次のア～ウから１つ選び，記号で答えなさい。

ア　N 極になる。　　　イ　S 極になる。

ウ　N 極になることもあれば S 極になることもある。

問2　図2のように電磁石を乾電池につなぎ，電磁石の四方（東西南北）に方位磁針をおいたところ，電磁石の南側においた方位磁針の N 極（針の黒い方）は南を向きました。それ以外のC，D，Eにおいた方位磁針の N 極はどちらを向きますか。また，電池のF，Gのどちら側が＋極ですか。それらの組み合わせとして最も適当なものを，次のア～クから１つ選び，記号で答えなさい。ただし，鉄しんに巻いた導線の巻き方（巻く向き）は図1の導線の巻き方と同じです。

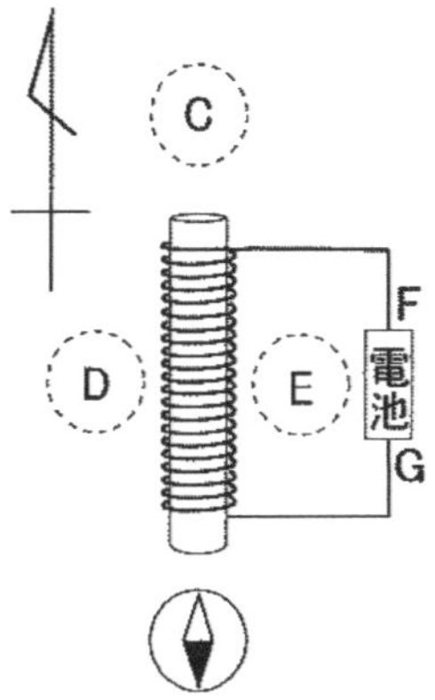

図　2

	C	D	E	＋極
ア	北	西	東	F
イ	南	東	西	F
ウ	北	南	南	F
エ	南	北	北	F
オ	北	西	東	G
カ	南	東	西	G
キ	北	南	南	G
ク	南	北	北	G

Ⅱ　次の先生と太郎さんの会話文を読んで，あとの問いに答えなさい。ただし，会話中の同じ記号の（　　）には同じ文が入ります。

～～～

先　　生：リニアモーターカー（以降，「リニア」といいます）の走るリニア新幹線が東京－名古屋間の2027年からの開通を予定しているみたいだね。その後，名古屋－大阪間も開通する予定みたいだね。

太郎さん：リニアは何がすごいんですか。

先　　生：今までの新幹線の電車よりも速いので，移動の時間が短くなるね。例えば，新幹線「のぞみ」の場合，東京－大阪間は約２時間半かかるんだ。でもリニアだと，約１時間で移動できちゃうんだ。

太郎さん：リニアって，車両が浮いて走るんですよね。

先　　生：そうだね。リニアは約10 cmほど浮いているんだよ。

太郎さん：じゃあ，リニアには車輪はついてないんですか。

先　　生：いや，リニアにも車輪はついているんだ。リニアが浮いているのは，時速150　km以上の高速走行しているときだけに限るけどね。それよりも遅いときは車輪で走っているよ。

太郎さん：なぜ浮く必要があるんですか。車輪のままじゃだめなんですか。どうやって浮いているんですか。浮いた状態でどうやって前に進むんですか。

先　　生：ちょっと待って，そんなに一度にたくさん聞かれても…。まず，車輪で走る場合，車両のスピードが速くなりすぎると，車輪がレールの上で空回りして，それ以上スピードを上げることができなくなるんだ。①それ以外にも環境面や乗り心地の面でいくつか問題点があるんだ。その点，リニアの場合は車両が浮いているから，空回りの心配もなくスピードを上げることができるし，それ以外の問題も解消することができるんだ。

太郎さん：なるほど，そういうことか。

先　　生：そして，リニアがどうやって浮いているのか，浮いた状態でどうやって走っているのかだね。電磁石のしくみを応用しているんだよ。**図3**（右ページ）を見てみて。リニアの車両を正面から見た断面図を簡単に示したものだよ。リニアの車両には超電導磁石《ちょうでんどうじしゃく》が乗せられていて，現在の電車のレールにあたるガイドウェイの内側を走るんだ。ガイドウェイには，浮上・案内コイルという車両を浮き上がらせるためのコイルと，推進コイルという車両を進めるためのコイルがうめこまれているんだ。

太郎さん：電磁石の応用ということは，浮上・案内コイルにも推進コイルにも電流が流れていて電磁石になっているということですね。

問3　会話文中の(　X　)と(　Y　)に入る，電磁石の磁力を大きくする方法をそれぞれ答えなさい。

問4　下線部①について，車輪で走る電車が，浮いて走るリニアと比べると，そのスピードが速くなるにつれて大きくなる問題点を 2 つ答えなさい。

問5　**図4**の 2 つの浮上・案内コイルの上のコイルを**コイルA**，下のコイルを**コイルB**とします。下線部②について，これらが電磁石になったとき，車体が浮くためには，電磁石となった**コイルA**と**コイルB**の車両側はそれぞれ何極になっていますか。最も適当なものを，次の**ア**～**エ**から 1 つ選び，記号で答えなさい。ただし，車両内に乗っている超電導磁石は，**図4**のように N 極が車両の外側を向いています。

ア　**コイルA**: N 極　**コイルB**: N 極　　**イ**　**コイルA**: N 極　**コイルB**: S 極

ウ　**コイルA**: S 極　**コイルB**: N 極　　**エ**　**コイルA**: S 極　**コイルB**: S 極

問6　下線部③について，**図5**のようにリニアが図の上向きに動いている瞬間，**コイルa**には図の矢印の向きにコイルに電流が流れていました。リニアを効率的に動かすためには，**コイルb**～**f**にはどちら向きに電流を流したらよいですか。それらの組み合わせとして最も適当なものを，次の**ア**～**カ**から 1 つ選び，記号で答えなさい。ただし，すべてのコイルは同じ向きに巻かれています。

	コイルb	コイルc	コイルd	コイルe	コイルf
ア	サ	ス	ソ	チ	テ
イ	シ	セ	タ	ツ	ト
ウ	サ	ス	タ	ツ	ト
エ	シ	ス	タ	チ	ト
オ	シ	ス	ソ	ツ	テ
カ	サ	セ	タ	チ	ト

問7　リニアを**図5**の向きに効率的に動かし続けたり，加速させたりするためには，ガイドウェイ内にある推進コイルにある工夫をして電流を流さないといけません。どのような工夫をしなければならないか，簡単に説明しなさい。

受験番号

令和五年度　弘学館入学試験

中学校　国語解答用紙

合計

※100点満点
（配点非公表）

一

問1
a
b
c
d
e

問2
Ⅰ
Ⅱ
Ⅲ

問3

問4

問5

問6

小計

二

問1
a （いて）
b （った）
c （らした）

問2
A
B

問3
X
Y
Z

問4

問5

小計

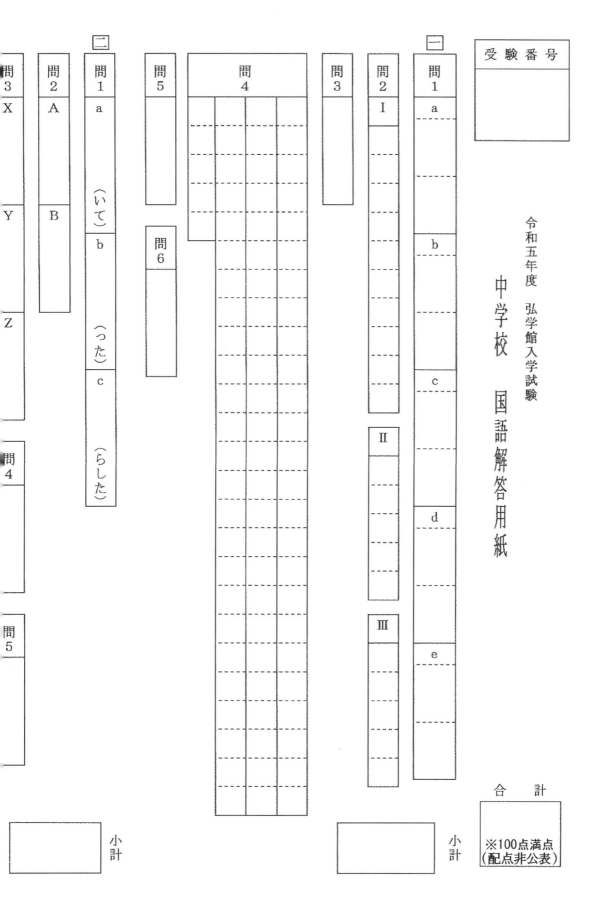

受験番号

令和5年度　弘学館入学試験

中学校 算数解答用紙

1

(1)			(2)	
(3)			(4)	
(5)	(あ)		(い)	
(6)	(あ)		(い)	
(7)			(8)	
(9)	(あ)		(い)	
(10)	(あ)		(い)	
(11)	(あ)		(い)	

受験番号

令和5年度　弘学館入学試験

中学校　理科解答用紙

1

問1						
ア	イ	ウ	エ	オ	カ	キ

問2		問3		問4	
(1)	(2)	ケ	コ	サ	シ

2

問1	問2	問3	問4	問5

問6	問7

3

問1				問2	問3
(1)	(2)	(3)	(4)		

4

問 1	問 2

問 3	
(X)	(Y)

問 4	

問 5	問 6	問 7

得 点
※50点満点 (配点非公表)

2

(1)	m	(2)	m	(3)	m

3

(1)	%	(2)	g	(3)	g

4

(1)	頂点	個	辺	本			
(2)	面	個	頂点	個	辺	本	

5

(1)		(2)		(3)	
(4)	上から	行目で左から	列目		

合計
※150点満点 （配点非公表）

問6

問7

三

問1

a

b

c

問2

X

Y

Z

問3

問4

というような書き方。

問5

問6

問7

小計

令和5年度　弘学館入学試験

中学校　理科問題　（50分）

1　次のⅠ，Ⅱの問いに答えなさい。

Ⅰ　動物の多くは，安全な場所として巣を作ります。しかし，巣にこもっているばかりでなく，巣から出てえさを探しに行き，確実に巣にもどってきます。なぜ巣の場所がわかるのでしょうか。

私たちが旅行で泊まっているホテルなどに帰るときも，近くにある目立つものを目印として覚えておくことが多いですね。昆虫にも，これと同じ方法で自分の巣に帰るものがいます。

ジガバチのなかまは，幼虫のえさにするため，他の昆虫を狩り，眠らせて巣に運び込みます。幼虫がさなぎになるまでに必要なえさを運ばなければならないので，えさを何度も探しに行き，確実に巣にもどらなければなりません。ジガバチは出かけるときに毎回巣のまわりを２～３回飛び回ってから飛び去っていきます。巣のまわりの目印を覚えているのではないか。そう考えた動物学者のニコ・ティンバーゲンは，ジガバチの一種であるツチスガリを使って，次のような実験をしました。ツチスガリの巣のまわりに，松かさ(松ぼっくり)を円をえがくように並べ，ツチスガリが巣を離れている間に，松かさの輪をずらしておきました。すると，狩りから帰ってきたツチスガリは，自分の巣ではなく松かさの輪の中心に着地しました。ティンバーゲンは他の個体についても実験を行いましたが，結果はいつも同じでした。この結果から，ツチスガリは巣のまわりの目立つものを，帰る目印としていることがわかりました。

では，巣のまわりのようすを，どのように覚えているのでしょうか。次のツチスガリを用いた実験をもとに，あとの問いに答えなさい。

実験　ツチスガリが巣にいる間に，巣の近くの目印として，松かさまたは石を巣のまわりに**図1**のA，B，Cのいずれかのように並べ，巣から出てきたツチスガリにその景色《けしき》を十分に覚えさせました。ツチスガリが飛び去ったあと，巣から 30cm 離れたところに「にせものの巣」をつくり，「にせものの巣」と「本物の巣」のまわりの松かさと石を**図1**のA，B，Cのいずれかのように並べかえ，もどってきたツチスガリがどちらの巣を選ぶか調べました。**表**は実験とその結果を表したものです。

さ場Nまでの距離を伝えるときは，風がないときの同じ距離のダンスより速くなりました。このように，追い風と向かい風で距離の示し方が変わることから，えさ場までの距離は，飛ぶときに使ったエネルギーの量ではかっているのではないかと考えられるようになりました。また，この実験から，ミツバチはえさ場までの距離をはかるときに，(　コ　)を使って決めていると考えられます。

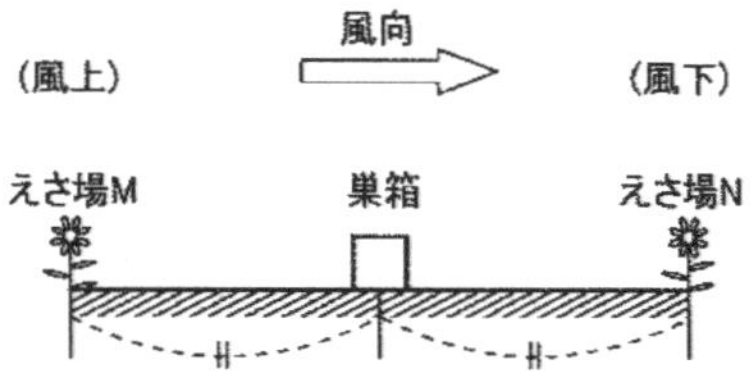

図　4

問2　下線部について，次の(1)，(2)に答えなさい。

(1)　(　ク　)に適当な語を入れなさい。

(2)　ミツバチのダンスを日本で観察すると，1 日の中で，えさ場の方向を示す真ん中の直線部分の角度は，時間が経つとどちらの方向にずれていくと考えられますか。図5のaまたはbで答えなさい。

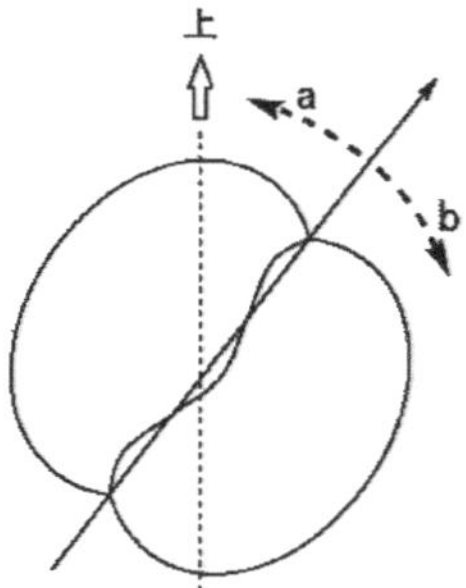

図　5

問3　(　ケ　)，(　コ　)にあてはまる文として最も適当なものを，次の①～④からそれぞれ 1 つずつ選び，記号で答えなさい。

①　巣箱からえさ場に行ったときの結果

②　えさ場から巣箱に帰ったときの結果

③　行きと帰りの結果の差

④　行きと帰りの両方の結果を合わせて判断した結果

問4　次の文は，えさ場までの方向や距離を決めるのに，問3で答えたものを使う理由を述べたものです。{　サ　}，{　シ　}から，それぞれあてはまるものを 1 つずつ選び，①～④の記号で答え，正しい文を完成させなさい。

ミツバチがなかまにえさ場までの方向を伝えるとき(　ケ　)を使うのは，時間による変化の少ない{サ　①　新しい　　②　古い　}情報を伝えた方が，正確な方向を伝えることができるからであると考えられます。また，えさ場までの距離を伝えるとき(　コ　)を使うのは，積みこんだえさの量の違いによる自分のからだの重さの変化が{シ　③　大きい　　④　小さい　}ときの情報を伝えると，正確にえさ場までの距離を示すことができなくなってしまうからであると考えられます。

2 次の川の水に関する文章を読み，あとの問いに答えなさい。

山に雨が降ると，水は地下にしみ込み，地下水となります。さらに多くの水がしみ込むと，やがて地下水は地上にあふれ，一本にまとまって川となります。川が流れる過程では，岩石や①土砂が水のはたらきを受けるため，さまざまな特ちょうをもった地形が形成されます。大雨が降るとこう水がおこるおそれのある地域では，②水や土砂の流れを調節する構造物を作って対策しています。

問1　図1は，山のふもとに流れるまっすぐな川の断面を表します。川底のつぶの大きさや場所を参考にすると，A（川のはし）とB（川の中央）を流れる水の速さについてどのようなことが言えますか。最も適当なものを，次のア～ウから１つ選び，記号で答えなさい。

ア　Aを流れる水は，Bを流れる水よりも流れが速い。
イ　Aを流れる水は，Bを流れる水よりも流れが遅い。
ウ　Aを流れる水と，Bを流れる水は流れの速さが等しい。

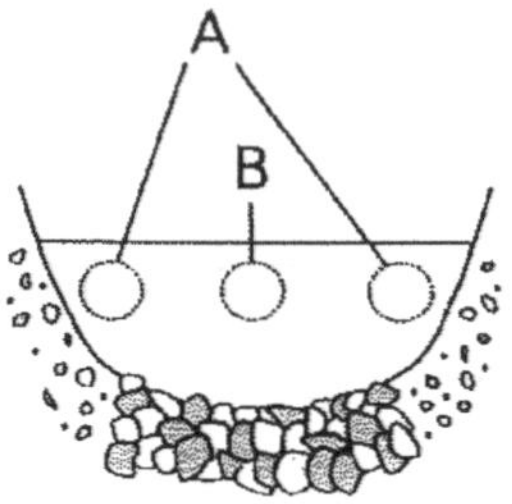

図　1

問2　図2は，平野に流れる曲がった川を表します。図2のC～Fのうち，水のはたらきによって土砂がたい積する場所はどこですか。その組み合わせとして，最も適当なものを，次のア～エから１つ選び，記号で答えなさい。

ア　CとE　　イ　CとF　　ウ　DとE　　エ　DとF

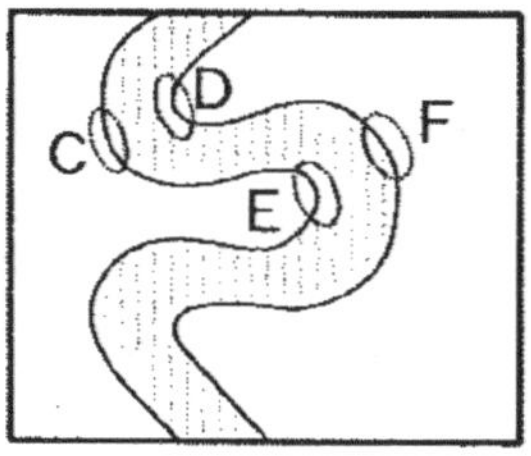

図　2

問3　図3は，図2の川が長い年月をかけて変化したものを表します。図中のGを何と呼びますか。漢字四字で答えなさい。

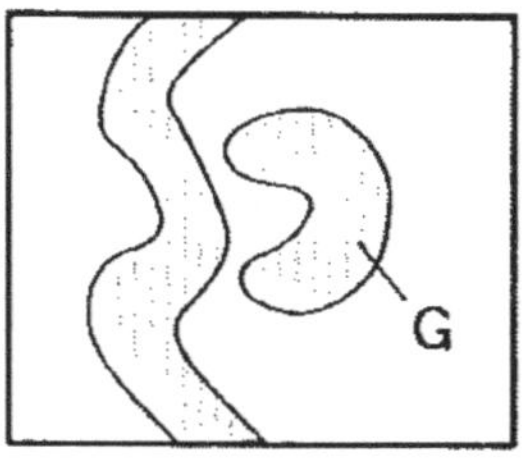

図　3

問4　下線部①に関して，水のはたらきを受けた土砂は，どのような特ちょうをもっていますか。最も適当なものを，次のア～エから１つ選び，記号で答えなさい。

ア　火山灰をふくんだつぶでできている。　イ　直径が２mm 以上のつぶでできている。
ウ　丸みを帯びたつぶでできている。　エ　角ばったつぶでできている。

問2　二酸化炭素が含まれている気体はどれですか。次の**ア**～**オ**からすべて選び，記号で答えなさい。

ア　過酸化水素水に二酸化マンガンを加えて出る気体

イ　重そうを加熱して得られる気体

ウ　ドライアイスを水に入れると発生する気体

エ　新聞紙を燃やしたときに出る気体

オ　塩化アンモニウムと水酸化カルシウムを混ぜた固体を加熱して得られる気体

問3　次の**ア**～**オ**の中で，白色のものをすべて選び，記号で答えなさい。

ア　石灰石　　**イ**　生石灰　　**ウ**　二酸化マンガン　　**エ**　重そう　　**オ**　砂鉄

問4　次の**ア**～**エ**の文の下線部について，「溶」の漢字を用いて書くのがふさわしいものをすべて選び，記号で答えなさい。

ア　チョコレートを食べると体温が伝わって口のなかでとけた。

イ　食塩は温度によって水にとける量はあまり変わらない。

ウ　ドライアイスを水に入れると，二酸化炭素がとけて炭酸水ができた。

エ　氷を水に浮かべた。しばらくすると，とけてなくなった。

問5　消石灰が水にとける量は次の表のようになります。消石灰を同じ量の水にできるだけ多くとかすには，水よう液をどうすればよいですか。最も適当なものを，次の**ア**～**エ**から 1 つ選び，記号で答えなさい。ただし部屋の温度は 25 ℃とします。

表　　水 100g にとける消石灰の重さ

温度（℃）	20	40	60	80
重さ（g）	0.16	0.13	0.11	0.09

ア　部屋の温度を変えずに，そのまま静かにおいておく。

イ　水よう液の温度を変えずに，かき混ぜる。

ウ　水よう液をあたためて，かき混ぜる。

エ　水よう液を冷やして，部屋の温度より低い温度にする。

問6　次のグラフは 1900 年から 2020 年にかけての佐賀県の平均気温の変化のグラフです。縦軸は年平均気温，横軸は年（西暦）です。

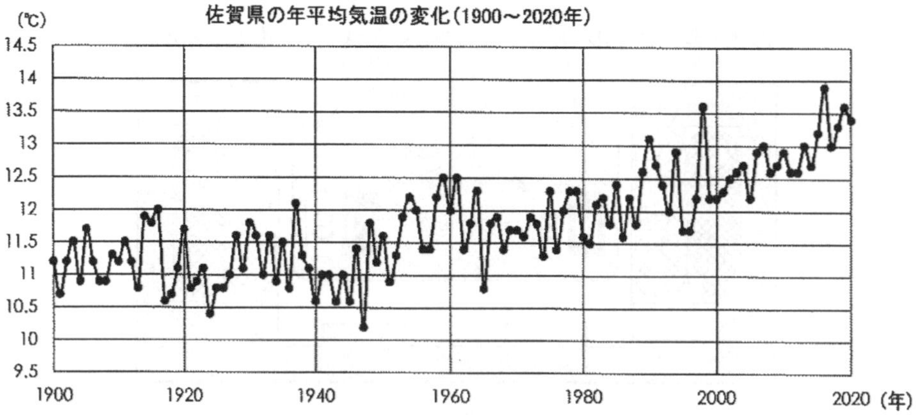

このグラフから読み取れることを，次の**ア**～**エ**から 1 つ選び，記号で答えなさい。

ア　二酸化炭素の増加によって，地球の平均気温が上昇している。

イ　地球の平均気温が高くなったので，海面の高さが年々上昇している。

ウ　1940 年から 2020 年にかけておよそ 3 ℃ほど，平均気温が上昇している。

エ　1930 年から 1940 年にかけて平均気温は上昇している。

問7　エネルギー資源として重要なメタンは，日本の海底の深いところに特別な状態で多量に埋まっていることが知られています。この状態のメタンは何とよばれていますか。最も適当なものを，次の**ア**～**エ**から 1 つ選び，記号で答えなさい。

ア　海洋メタン　　**イ**　シーメタン　　**ウ**　メタンハイドレート　　**エ**　リキッドメタン

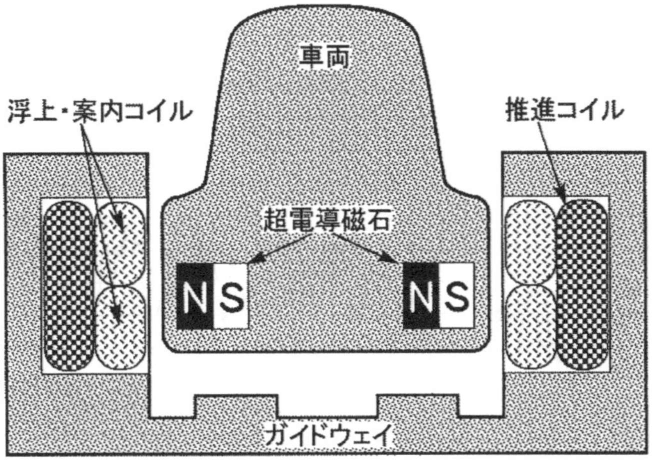

図 3

先　生：推進コイルは電源につないでコイルに電流を流しているけど，浮上・案内コイルは電源につないで電流を流しているわけではないんだ。電磁誘導《でんじゆうどう》という現象を利用して電磁石にしているんだ。電磁誘導については中学校で習うよ。

太郎さん：超電導磁石っていうのはなんですか？

先　生：超電導磁石っているのは，超伝導体というものを使った電磁石だよ。超電導磁石についてもあとでちょっとだけ話してあげるよ。

さて，まずリニアが浮くしくみを**図4**を見て考えてみよう。

図4は**図3**の浮上・案内コイルと車両内の超電導磁石の部分を拡大した図だ。②浮上・案内コイル（**コイルA，B**）は2つのコイルからできていて，車両（の中の超電導磁石）がこのコイルの横を通過する瞬間に磁石になるんだ。そのとき，超電導磁石との間の磁力を利用して，車両は浮くんだ。また，この浮上・案内コイルは，車両がガイドウェイの中心からずれると，磁力によって中心に戻し，ガイドウェイの壁《かべ》にぶつからないようにするはたらきもしているんだ。

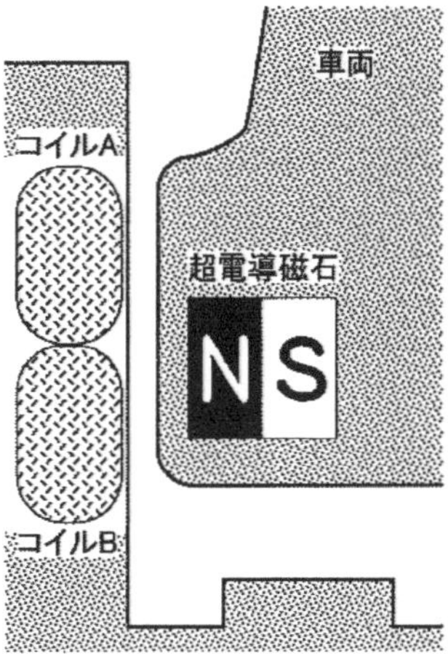

図 4

太郎さん：すごいですね。それでは，リニアが進むしくみを教えて下さい。

先　生：図5を見てくれるかな。これは車両とガイドウェイの中の推進コイルを上から見た断面図を簡単に示したものだよ。車両の中やガイドウェイの中にはたくさんの超電導磁石や推進コイルが並べられているよ。車両内の超電導磁石はＮ極とＳ極が交互に車両の外側を向くように配置してある。

　③この推進コイルと，車両内の超電導磁石の間にはたらく磁力によって，リニアは進んだり加速したりすることができるんだ。

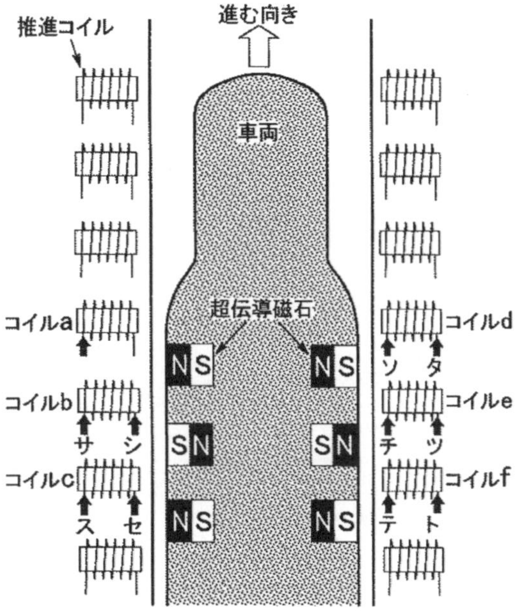

図　5

太郎さん：でも，あんなに大きいものを動かしたり止めたりするんだから，とても大きい磁力が必要ですよね。

先　生：そうだね。リニアは１つの車両が約25トン（25000 kg）あるんだ。そんな重いものを動かしたり止めたりするためには大きな磁力が必要になるね。電磁石の磁力を大きくするためにはどうすればよかったかな。

太郎さん：（　X　）方法と（　Y　）方法があります。

先　生：よく覚えていたね。でも（　X　）方法で電磁石の磁力を大きくしようとすると，その電磁石をリニアの車両に乗せたとき，車両が重くなってしまうね。車両が重くなると，車両が浮かなくなってしまう。そして，（　Y　）方法だと，コイルがとても熱くなってしまう。その熱さで電磁石が壊れてしまうおそれがあるんだよ。そこで登場するのが超伝導磁石。ある特別な金属を使用しているんだけど，その金属をマイナス269 ℃まで冷やすと，とても電流が流れやすくなるんだ。しかも，（　Y　）方法でもコイルは熱くならないし，（　X　）必要もなく，強力な電磁石にすることができるんだよ。しかも，一度電流を流すと半永久的に電流は流れつづけるんだよ。これが超電導磁石なんだ。超電導磁石は液体ちっ素と液体ヘリウムという2種類の液体で冷やしているよ。リニア新幹線のことが少しは分かったかな？

太郎さん：まだ，なんとなくだけど，わかった気がします。リニア，格好いいなぁ。先生，僕，将来リニアの運転士になります！

先　生：太郎さん，残念だけど，リニアの走行はリニアの外にある司令室でコントロールするから，運転士はいないし，運転席もないみたいだよ。

太郎さん：えっ！僕の将来の夢が…

〜〜

4 図のような正十二面体があります。このとき、次の問いに答えなさい。

(1) この立体の頂点の数を求めなさい。また、辺の数を求めなさい。

(2) 右の図のように、1つの頂点に集まる3辺のまん中の点を通る平面でかどを切り取ります。すべてのかどを切り取ったときにできる立体の面の数、頂点の数、辺の数をそれぞれ求めなさい。

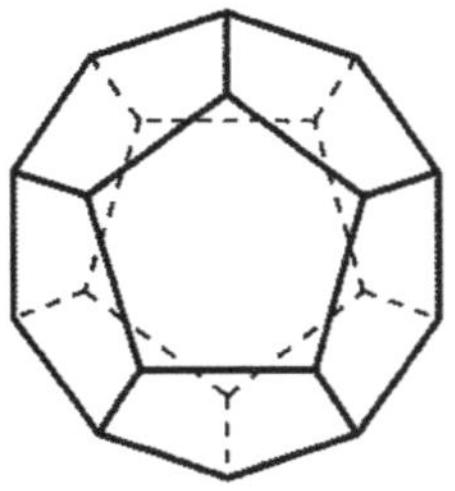

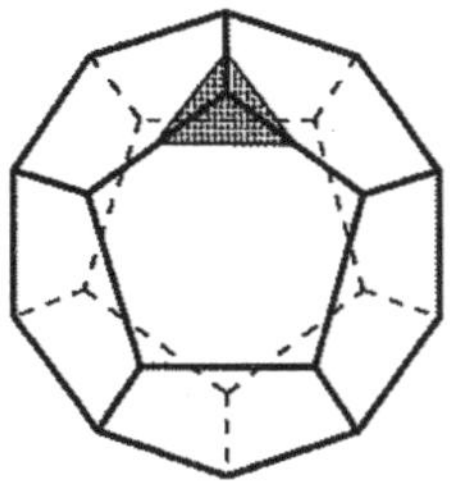

3　３％の食塩水と 11 ％の食塩水がたくさんあります。このとき、次の問いに答えなさい。

(1)　２つの食塩水から 100 g ずつ取り出して容器に移し、よくまぜると何 ％ の食塩水ができるか求めなさい。

次に、３％の食塩水を 320 g 取り出して A の容器に入れ、11 ％の食塩水を 960 g 取り出して B の容器に入れます。このあと、A と B から同じ量ずつ取り出して、それぞれ取り出したのとは逆の容器に入れかえてよくまぜます。

(2)　A の濃度《のうど》と B の濃度が等しくなるとき、何 g ずつ取り出したか求めなさい。

(3)　B の濃度が A の濃度より４％濃《こ》くなるとき、何 g ずつ取り出したか求めなさい。

令和 5 年度　弘学館入学試験

中学校 算数問題　(70分)

1　次の□にあてはまる数を求めなさい。

(1)　$\{3+8\times5-(9-4\div2)\}\div6+10\times7=$ □

(2)　$1.5+3\frac{1}{3}\times\left(2.4-\frac{2}{5}\right)-\frac{1}{6}=$ □

(3)　$\left(\square\times11-1.4\right)\div0.75=4$

(4)　長さ 70 cm のリボンを A，B，C の 3 つのリボンに分けました。A は B の 2 倍より 3 cm 長く、B は C の 3 倍より 1 cm 短くなりました。B の長さは□cm です。

(5)　同じ長さの竹ひごとねんど玉を使って、立方体をまっすぐつなぎあわせていきます。右の図は竹ひご 28 本とねんど玉 16 個を使って、立方体を 3 個つなぎあわせたものです。

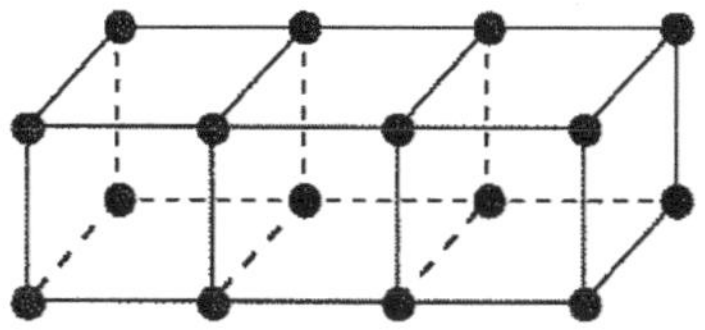

立方体を 12 個つなぎあわせたとき、竹ひごは (あ) 本、ねんど玉は (い) 個必要です。

(6)　学校にある長いすに、生徒が 4 人ずつすわると 16 人すわれません。また、5 人ずつすわると最後の 1 脚《きゃく》には 3 人すわり、長いすが 1 脚余りました。

このとき、長いすは (あ) 脚で、生徒は (い) 人です。

(7)　4 つの蛇口《じゃぐち》を使ってプールに水を入れると 8 時間でいっぱいになります。最初の 4 時間は 4 つの蛇口から水を入れていましたが、ここで 1 つの蛇口がこわれてしまったため、その後は 3 つの蛇口で水を入れたところ、水を入れ始めてから 8 時間後にはプールの容積の□% しか水がたまっていませんでした。

オ　映像の側の時間の流れが、子どもの自由な発想を奪ってしまう。

問4　傍線部②「こういう書き方」とあるが、その具体的な内容に相当する部分を、解答欄に合うように三十字以内で抜き出しなさい。

問5　傍線部③「いささか問題を感じます」とあるが、それはなぜか。その説明として最も適当なものを、次のア～エのうちから一つ選び、記号で答えなさい。

ア　作者が印象的なショットの組み合わせだけをひたすら追い求めてしまうと、物語の世界を構築して出来事を矛盾なく組み立てる能力の喪失につながるから。

イ　力のない作者が自分の頭の中で勝手に想像して映画やアニメをつくってしまうと、それを支える物語の論理性が全くなくなってしまう可能性があるから。

ウ　印象的なショットが作者によって意図的に連続して取り入れられてしまうと、物語の中の筋道や一貫性から読者が取り残されてしまうことがあるから。

エ　作者が今までに見たことがある印象的なショットに影響を受け頼りすぎてしまうと、作品の世界観や人物像などの一貫性が保てなくなる可能性があるから。

問6　傍線部④「読書によって培われる力」とあるが、これはどのような力だと考えられるか。本文全体を踏まえて五十五字以内で説明しなさい。

問7　この文章を読んだ生徒A～Dが次のア～エのようなやりとりをしていた。本文の内容を正しく理解した発言として最も適当なものをア～エのうちから一つ選び、記号で答えなさい。

ア　生徒A―筆者は映像と本を比べているけど、結局は本よりも映像の方が優れていると述べているんじゃないかな。映像はあからさまな矛盾があっても、それを気にせずに見ることができると書かれているし…。

イ　生徒B―そうかな。筆者は、映像の特性に注目しながら、子どもにとって本当に必要な本とはどのようなものかを示そうとしているんだと思うよ。読むべき本を読むことが大事だということを述べているんだ。

ウ　生徒C―確かに本を読みさえすれば安心というのは誤りだとは書いてあるけど、それは映像とは無関係なんじゃないかな。ファンタジーのような、リアルとはほど遠い本を読むべきではないと述べているんだよ。

エ　生徒D―それはちがうよ。映像も本も見るものであるという点で関係があり、両者の共通点を理解することが大切だと筆者は述べているんだ。共通点を踏まえて本を読むことで読書がよりよいものになるんだよ。

問4　傍線部①「その父の後ろ姿が、力なくドアの向こうへ消えていった」とあるが、ここでの「私」についての説明として最も適当なものを、次のア～エのうちから一つ選び、記号で答えなさい。

ア　自分がわがままを言ってしまったために、父からいつもの元気が感じられなくなり、もしかしたら体調を崩してしまうのではないかと思っている。

イ　家族に一方的に別れを告げてしまったために、父を激しく怒らせてしまい、もう二度と昔のような仲の良い家族に戻ることはできないと感じている。

ウ　自分の決意をうまく伝えることができなかったことで、父の理解を得ることができず、やさしかった父との関係をこじらせてしまったと思っている。

エ　自分の意志を貫こうとすることで、ずっと支えてきてくれた父をひどく落ち込ませてしまい、大切な父とのつながりを失ってしまったと感じている。

問5　傍線部②「私の肩を叩いた」とあるが、この時の「パティシエ」の気持ちの説明として最も適当なものを、次のア～エのうちから一つ選び、記号で答えなさい。

ア　うまくいきそうでよかったな、という気持ち。

イ　まだまだ気をゆるめるなよ、という気持ち。

ウ　少しぐらいなら休んでいいよ、という気持ち。

エ　あとはお前にまかせたぞ、という気持ち。

問6　傍線部③「胸がいっぱいになってくる」とあるが、「私」がこのようになったのはなぜか。七十字以内で説明しなさい。

問7　破線部Ⅰ「私の心に灯った、ささやかだけれど確かな光だった」・Ⅱ「私の心を灯すささやかな光になった」とあるが、それぞれの「光」が表すものについての説明として最も適当なものを、次のア～エのうちから一つ選び、記号で答えなさい。

ア　Ⅰの「光」は、自信を持って好きなことをやることができるという思いを表しており、Ⅱの「光」は、遠く離れている家族の元にできるだけ早く帰りたいという思いを表している。

イ　Ⅰの「光」は、やるべきことが見つかってこれから先の未来に期待する思いを表しており、Ⅱの「光」は、自分はちゃんと家族から支えられ認められているという思いを表している。

ウ　Ⅰの「光」は、思いがけず未来の目標が見つかった喜びに満ちた思いを表しており、Ⅱの「光」は、これからも自分の目標に向かって努力し続けていこうという思いを表している。

エ　Ⅰの「光」は、好きなことをやってうまくいくのだろうかという思いを表しており、Ⅱの「光」は、皆のおかげで着実に自分の人生を歩むことができているという思いを表している。

聞き覚えのある声がして、私は顔を上げた。

まぶしいショーケースの向こうに、父が立っていた。私と目が合うと、ひとつ咳払いをして、目をc逸らした。私はあわてて返した。

「どちらになさいますか」

父は、まぶしそうにケースを眺めていたが、やがてふっと笑顔になって言った。

「このイチゴのやつ、全部ください」

私は大きな箱に、十個のショートケーキを、ひとつひとつ、ていねいに並べる。③胸がいっぱいになってくる。ふと、父の声がした。

「ひとつだけ、別の箱に入れてくれますか」

大きな箱と、小さな箱。ふたつの箱を差し出すと、それを受け取った父は、小さな箱を私の目の前にBぶっきらぼうに突き出した。

「ほら、お前の分。いい加減に帰って来い」

ドアの向こう、暗い通りへ出て行く父の背中が、[Z]にじんで見えなくなった。

小さな箱の片隅に、ぽつんと座った、たったひとつのイチゴのショートケーキ。

その夜、Ⅱ私の心を灯すささやかな光になった。

（原田マハ「ささやかな光」による）

問１　波線部ａ～ｃの漢字の読みをひらがなで答えなさい。

問２　二重傍線部Ａ・Ｂの語句の本文中の意味として最も適当なものを、次のア～エのうちからそれぞれ一つずつ選び、記号で答えなさい。

Ａ　小言を言われても
ア　文句を付けられても
イ　悪口を浴びせられても
ウ　一言つぶやかれても
エ　静かにさとされても

Ｂ　ぶっきらぼうに
ア　要領を得ない感じで
イ　投げやりな感じで
ウ　そっけない様子で
エ　いらだった様子で

問３　本文中の[X]～[Z]に当てはまる言葉として最も適当なものを、次のア～カのうちからそれぞれ一つずつ選び、記号で答えなさい。

ア　ふんわり　イ　むっつり　ウ　じんわり　エ　きらきら　オ　むくむく　カ　ぞくぞく

問1　波線部a～eのカタカナを漢字に直しなさい。ただし、楷書《かいしょ》で大きくていねいに書くこと。

問2　傍線部①「自己物語化」とあるが、どうすることか。それを説明した次の文の空欄を指示に従って埋めなさい。

> 現在の自分がどういう人なのか、他人が聞いても［Ｉ：本文中より十字以内で抜き出し］になるように、これまでに自分が経験したことに［Ⅱ：本文中より五字以内で抜き出し］をし、［Ⅲ：本文中より五字以内で抜き出し］をつくりながら説明できるようにすること。

問3　本文中の［X］・［Y］に入る表現として**適当でないもの**を、次のア～エのうちから一つ選び、記号で答えなさい。

ア　たまたま苦手なところばかりでて運が悪かった
イ　今回はいろいろあって集中できなかった
ウ　周りの人がほんとうに勉強をし始めた
エ　前の夜に遅くまで頑張りすぎて眠たかった

問4　傍線部②「新たな状況にふさわしい新たな自己物語を再構築していく必要がある」とあるが、どのような形で再構築していくのか。八十字以内で説明しなさい。

問5　本文中の［A］・［B］には、それぞれ「ポジティブ」・「ネガティブ」のどちらかが入る。その組み合わせとして最も適当なものを、次のア～エのうちから一つ選び、記号で答えなさい。

ア　A　ポジティブ　　B　ネガティブ
イ　A　ネガティブ　　B　ポジティブ
ウ　A　ポジティブ　　B　ポジティブ
エ　A　ネガティブ　　B　ネガティブ

問6　傍線部③「人生の危機とは、現実の出来事そのものの危機というよりも、そうした出来事を意味づける自己物語の危機ということができる」とあるが、筆者はどのようなことを言いたかったのか。それを説明したものとして最も適当なものを、次のア～エのうちから一つ選び、記号で答えなさい。

ア　自分が慣れ親しんできた自己像を全く異なるものへと変化させなければいけない時期がきてもためらってしまうことが人生の危機だということ。
イ　自分自身がよりどころにしていた自己像を親しい人たちから否定されて立ち直ることができなくなってしまうことが人生の危機だということ。
ウ　自分が自信を持ち保ってきた自己像を周囲の人が期待するように作り直さないといけなくなってしまうことが人生

たとえば、これまではずっと良い成績が取れていたのに、このところ成績が伸び悩み、今度こそと頑張ったつもりなのにまた悪い成績を取ってしまう。そうなると、優等生の自己物語を維持するのは難しい。そこで、日々のコウシンとは別に、自己物語の大幅な改訂が必要となる。②新たな状況にふさわしい新たな自己物語を再構築していく必要がある。人生の転機というのは、このような自己物語の破綻を意味する。

そこでは、過去のさまざまな経験のもつ意味の再点検が行われ、新たな状況によりふさわしい自己物語の再構築が目ざされる。その際、自分にとって都合のよい解釈が可能な経験が拾い出され、わかりやすい流れのもとに位置づけられる。

僕たちは、過去に経験したことがらを抹消したり他の人の経験と交換したりすることはできないものの、個々の経験の重みづけや意味づけを変えることで、同じ過去経験の素材を背負いながらも、まったく趣《おもむき》の異なる自己物語を打ち立てることができる。

たとえば、受験に失敗したという事実は変えることはできないけれど、そうした事実に対して、「それまでの努力がまったく無駄に終わった。あれで自分の人生の軌道が狂った」みたいにネガティブな意味づけをすることもできれば、「あれがきっかけで将来について真剣に考えるようになった」というようにポジティブに意味づけることもできる。

スポーツの盛んな学校に転校したせいで、それまで部活で活躍していたのにレギュラーになれなくなったという事実は変えることはできないけれど、「そのために自信をなくし、のびのびした性格からいじけた性格になり、引っ込み思案で消極的になった」と［　A　］に意味づけることもできれば、「そのために自信をなくしていじけたこともあったけど、頑張ってもなかなか報われない人の気持ちがわかるようになったし、ちょっと消極的にはなったけど、人間的な深みが出たんじゃないかと思う」と［　B　］に意味づけることもできる。

このような自己物語の破綻と再構築をめぐる葛藤《かっとう》※2が、ときに個人を危機に追い込む。

青年期や中年期が危機となりやすいのも、それまでの生き方を再点検し、ときに大きな方向転換をしていく必要に迫られる、つまり自己物語の大幅な改訂が求められるからだ。そのような意味で、③人生の危機とは、現実の出来事そのものの危機というよりも、そうした出来事を意味づける自己物語の危機ということができる。

（榎本博明『〈自分らしさ〉って何だろう？ 自分と向き合う心理学』ちくまプリマー新書による）

注　※1　破綻――ものごとが成立しなくなること。
　　※2　葛藤――心の中で相反する欲求や感情がからみあい、そのいずれをとるか迷い悩むこと。

一　次の文章を読んで、後の問いに答えなさい。ただし作問の都合上、一部改変した部分があります。

今日、私たちは政治については、ひどく漠然とした概念しかもっていません。これに対し、古代ギリシアにおいては、「政治」のイメージははるかにaメイカクです。

※1ポリスの成立以前、この地域を支配したのは王たちですが、この王たちは※2官僚組織をもたず、貴族たちとの関係においても、相対的に優位に立つに過ぎませんでした。もともと王は戦士たちの組織の指導者であり、他の戦士から隔絶した存在ではなかったのです。しかも、この王たちはポリスの成立のbカテイで没落し、有力者たる貴族たちが共同して交易や防衛にあたるようになります。貴族たちは変動期の小集団のリーダーに起源をもっていますが、※3すでに触れたように、平民の大部分をcコウセイする農民と同じ経済基盤に立っていました。貴族といえども、農民たちとまったく別の存在ではなかったのです。

［A］、都市に集住した貴族たちは政治・軍事・司法の主導権を握りましたが、平民もただ黙って従う存在ではありませんでした。※4ホメロスの『イリアス』や『オデュッセイア』などを読んでいても、※5民会や裁判に一般の市民たちが集まっている様子が描かれています。彼らの声や雰囲気は、民会の決定や判決に少なからぬ影響を与えたでしょう。平民は貴族を批判し、その行動を制約することができたのです。

①このようなポリスのあり方から生まれてきたのが「政治」です。「政治」には、公共の場所において、人々が言葉を交わし、多様な議論を批判的に検討した上で決定を行うという含意があります。あるいは、それこそが「政治」の定義なのです。

現在、英語などで政治をあらわす言葉はポリティクス（politics）です。この言葉はもちろん、古代ギリシアのポリスに起源をもちます。［B］、なぜ、ポリスという古代ギリシアに特有な都市国家の形式が、政治をあらわす一般的な言葉となっているのでしょうか。明らかにポリスのあり方と政治の概念の間には、深い結びつきがあるのです。

※6アリストテレスは『政治学』において、同じく支配といっても多様な種類があり、その区別をすることが何よりも重要であると述べています。例えば王はその臣民を支配するし、家の主人はその奴隷を支配するでしょう。［C］、ポリスに

傍線部（[illegible]」とあるが、どういうことか。その説明として最も適切なものを次のア～エの中から選び、記号で答えなさい。

ア　自由で独立した人々が共同で統治する政治的支配は、権力者が弱者を力によって一方的に支配するようなものではないということ。

イ　人間が集まることで自然に行われるようになる政治的支配は、権力者が臣下や奴隷を暴力で統治するようなものではないということ。

ウ　王や主人が臣民や奴隷を上から支配する政治的支配は、自由で独立した人々がお互いを支配し合うようなものではないということ。

エ　自由で独立した人々の間で行われる政治的支配は、人間の集団において自然に生まれる支配関係のようなものではないということ。

問5　傍線部③「このような『政治』の成立」とあるが、筆者は「政治」についてどのように述べているか。次の説明文の空欄（Ⅰ：十字以内）（Ⅱ：二十字以内）（Ⅲ：十五字以内）（Ⅳ：十五字以内）に適切な表現を入れて答えなさい。

【説明文】

政治においては、まず、意思決定が（　Ⅰ　）によってではなく、（　Ⅱ　）でなされること、次に、その決定については、（　Ⅲ　）ので、（　Ⅳ　）ことが重要であり、このような政治のあり方は古代ギリシア人によって生み出されたものである。

二　次の文章を読んで、後の問いに答えなさい。

〔小学四年生の僕（ワタル）には、ヤンチャとノリオとハム太という、とても仲の良い友達がいた。ある日、ヤンチャが原因不明の病気で緊急入院をし、何とかしたいと思った僕（ワタル）たちは、タイムマシンを作って未来に行き、未来の医者にヤンチャの病気を治してもらう計画を立てた。〕

「あとはこれに、a頑丈なフタをつければ出来上がりかな」
おばさんが病室を出て行った隙に、ノリオはランドセルから前の日撮った写真を取り出して報告した。
「くそう、早く本物を見たいなあ」
ヤンチャは悔しそうに言った。
僕らから作業の経過を知らされるようになって以来、ヤンチャはずいぶん元気を取り戻したように見える。咳《せき》が出るのも、食欲がないのも、赤くて痛痒《いたがゆ》いポツポツが出てるのも相変わらずだったけれど、少なくとも気持ちだけはしゃんとしてきたみたいだ。
「いいなあ、オレも一緒に作りたかったなあ」
「治ったら、また何だって一緒にできるよ」
と僕が言うと、
「うん……」ヤンチャは窓に目をやった。「けど、いつになったら治るんだろうな」
b窓辺には、きれいに飾りつけられた小さなモミの木が置いてあった。もうすぐクリスマス・イヴ。ヤンチャの入院から、もう四か月がたとうとしている。
「さてはお前、オレたちを信用してないな?」①ノリオが、わざと怒ったようなふりをして言った。「タイムマシン、お前のために作ってやってるんだぞ。あれが完成してみろ、お前の病気なんかすぐ治る」
「うん。そうだよな」
ヤンチャがにっこりした。その時、
「タイムマシンか……」
聞き覚えのない声に、僕らは慌《あわ》ててふり返った。
さっきまで横になって寝ていたはずの隣のおじさんが、起きあがって僕らを見ていた。これまで僕らがここへ来た時、おじさんはたいてい待合室でたばこを吸っているか、ベッドにいても一言も話したことはなかったのに。
うちの父さんよりだいぶ年上のように見えるその人は、〈おじさん〉というより〈おっちゃん〉という感じの人だった。前にヤンチャから聞いたところによると、仕事は大工さんらしい。
でも、その人も今は、やっぱりガリガリにやせてしまっていた。額や胸に赤い発疹《ほっしん》があるのも、しょっちゅう咳をするの

もしもこの世に本物のタイムマシンがあって、せっかく未来に行けたとしても、未来の世界は今よりもっと汚くなってるんじゃないだろうか。ヤンチャのような病気だって、もっともっと沢山の人に広がってしまっていて、病気じゃない人を見つけるほうが難しいくらいなんじゃないだろうか……。

僕にはそれが、ただの〈クウソウヘキ〉だとは思えなかった。

（村山由佳「約束」）

※1　あの教授の話——テレビに出演していた教授が原因不明の病気について述べたもの。教授は「環境汚染が問題になっている地域の人々のほうが明らかに発病率が高く、乱暴な言い方かもしれないが、これは我々に対する自然からの罰なのかもしれない」という内容の話をテレビでしていた。

問1　波線部a～cの漢字の読みをひらがなで答えなさい。

問2　二重傍線部A・Bの語句の本文中の意味として最も適切なものを、次のア～エの中からそれぞれ選び、記号で答えなさい。

A　つっけんどんな口調
- ア　相手につっかかるような口調
- イ　怒りにまかせた激しい口調
- ウ　相手を見下したような口調
- エ　冷淡でとげとげしい口調

B　口をすべらせた
- ア　よどみなくなめらかにしゃべった
- イ　得意げに関係のないことを口にした
- ウ　言ってはならないことをつい口にした
- エ　聞き取れないほど早口でしゃべった

問3　本文中の［X］・［Y］にあてはまる最も適切な語句を、次のア～オの中からそれぞれ選び、記号で答えなさい。

ア　こそっと　イ　のっぺりと　ウ　ちらっと　エ　ぽつんと　オ　ひょいっと

問4　傍線部①「ノリオが、わざと怒ったようなふりをして言った」とあるが、この時のノリオの気持ちを四十五字以内で説明しなさい。

問5　傍線部②「みんな黙っている」とあるが、それはなぜか。七十字以内で説明しなさい。

問6　傍線部③「僕は思いきって訊いてみた」とあるが、それはなぜか。その説明として最も適切なものを、次のア〜エの中から選び、記号で答えなさい。

ア　おっちゃんがタイムマシンについて興味を持っていることが気になり、もしかしたらおっちゃんがタイムマシンについて何か情報を持っているのではないかと思ったから。

イ　おっちゃんがタイムマシンのことを真面目に受け止めているように感じられ、もしかしたらおっちゃんが自分たちと同じような考えを持っているのではないかと思ったから。

ウ　おっちゃんがタイムマシンに乗せてもらいたいとしつこく口にするのが不思議であり、おっちゃんがタイムマシンにこだわる理由を何とかして突き止めたいと思ったから。

エ　おっちゃんがタイムマシンに乗せて欲しいと何度も頼み込む理由がわからず、おっちゃんがタイムマシンで未来に行って何をしたいのかをまずは探ってみたいと思ったから。

問7　傍線部④「僕は口の中でつぶやいた」とあるが、この時の僕の説明として最も適切なものを、次のア〜エの中から選び、記号で答えなさい。

ア　おっちゃんの「尻拭い」という言葉とハム太の「不公平」という言葉が気になって、ヤンチャだけが過去の「尻拭い」のために「不公平」な目に遭わされているという許せない現実に対して強い憤りを感じ始めている。

イ　おっちゃんの「尻拭い」という言葉の意味が全く理解できずに困惑していたが、ハム太の「不公平」という言葉をきっかけにしてヤンチャの置かれているつらい状況を言い当てた言葉であることに気づき始めている。

ウ　おっちゃんの「尻拭い」という言葉を聞いてテレビで見た教授の話を思い出し、自然から人間に与えられた罰としての「尻拭い」のためにヤンチャが病気になってしまったのではないかという思いにとらわれ始めている。

エ　おっちゃんの「尻拭い」という言葉によってこの間耳にした教授の話が急に思い出され、ヤンチャも含めた自分たちが自然に対してよくないことをしてきたのが悪かったのではないかという後悔の念を抱き始めている。

問8　傍線部⑤「真冬だというのに、風はいつもよりなまぬるく、ドブの臭いがきつく感じられた」とあるが、この一文の本文中における働きについての説明として最も適切なものを、次のア〜エの中から選び、記号で答えなさい。

ア　僕が環境破壊の悲惨な現実を目の当たりにする様子を描いた表現であり、父が語っていた美しい自然とはあまりに

ウ　〈話し言葉〉が重視されていく中で、アナウンサーのように流暢に自分の思いを表現することができる子どもたちが増えるのではないかと期待している。

エ　〈話し言葉〉が重視されていく中で、自分の心の中の思いを正確に伝えるために欠かせない能力である書く力が低下してしまうのではないかと心配している。

問3　傍線部②「書き言葉」とあるが、筆者はこの文章で「書き言葉」をどのようなものと考えているか。解答欄に合うように、四十五字以内で説明しなさい。

問4　傍線部③「〈ひとり〉から〈ふたり〉にスイッチが入る」とあるが、これはどういうことか。その説明として最も適切なものを、次のア～エの中から選び、記号で答えなさい。

ア　主に自分のことにだけ興味が向いていたのが、ある時を境に他者との関わりに関心が向くようになるということ。

イ　以前は自分のしたいことにだけ夢中だったのが、急に相手の希望を最優先にして行動するようになるということ。

ウ　もともと自分以外の人にも関心を抱いていたのが、いつの間にか相手のことを第一に考えるようになるということ。

エ　自分ひとりで孤独に耐えていたのが、知らぬ間に誰かとともに過ごすことを求めるようになるということ。

問5　この文章を読んだ生徒A～Dが次のア～エのやりとりをしていた。本文の内容を正しく理解した発言として最も適切なものを、次のア～エの中から選び、記号で答えなさい。

ア　生徒A―私も、友達や家族といても「自分はひとりだな」と感じることがあるな。それは思春期の私達が自分のことを他人にうまく表現するための言葉を身につけることができていないからだよね。

イ　生徒B―そんな中で僕らも成長していずれ大人になっていくんだけど、思春期特有の「ひとり」を克服して大人になれることを思えば、「ひとり」も決して悪いことばかりではないという気がするね。

ウ　生徒C―そうかな。むしろ「ひとり」は思春期を過ぎて大人になった後に、強く意識される実感なんじゃないかな。自分が思っていることと集団が思っていることとの不一致からくる孤独感は大人の方が強いと思うよ。

エ　生徒D―「自分はひとりだな」と感じることはつらいことかもしれないけれど、それは自分以外の誰かを意識するようになったということであって、そんな思いは年齢に関係なく誰でも持つようになるような気がするな。

(8) 3つの容器A，B，Cに水が入っています。まずAに入っている水の$\frac{1}{5}$をBに移し、次にBに入っている水の$\frac{1}{5}$をCに移し、最後にCに入っている水の$\frac{1}{5}$をAに移したところ、A，B，Cに入っている水の量は80ℓずつになりました。
はじめにAに入っていた水の量は□ℓです。

(9) 右の図で、印をつけた部分のすべての角度の和は□度です。

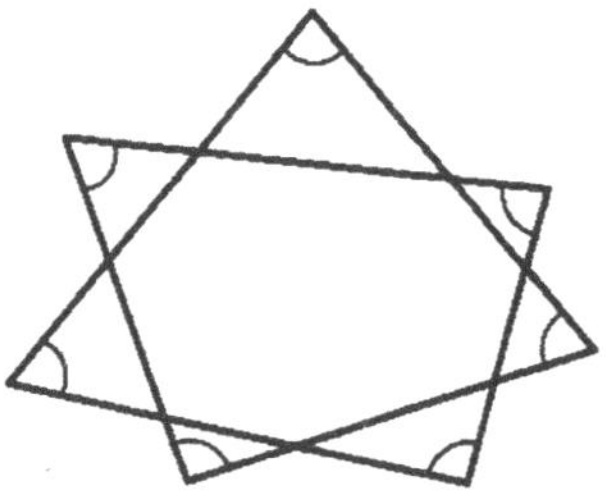

(10) 右の図は、AB＝6cm，BC＝10cm，CA＝8cmの直角三角形の辺AB，BC，CAをそれぞれ直径として、3つの半円をかいたものです。このとき、辺BCを直径とする半円は点Aを通りました。色をつけた部分の周りの長さは□cmであり、面積は□cm^2です。

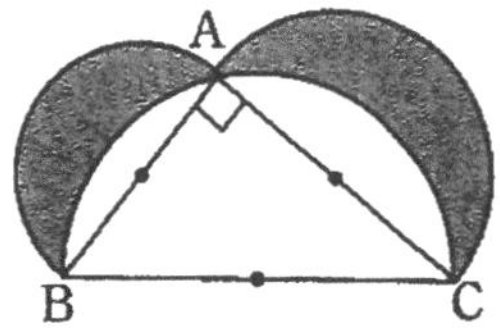

(11) 右の図は、大きな直方体です。この直方体から底面が正方形である直方体をくりぬくと、体積が147cm^3減り、表面積が84cm^2増えました。
くりぬいた直方体の高さは□cmです。

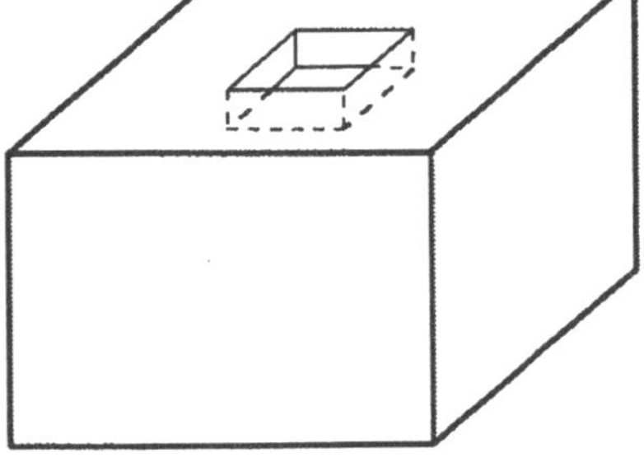

2　弘君、学君、館君の3人が学校のマラソン大会に参加しました。午前9時にスタートして、午前9時30分には弘君は学君より250 m先を、学君は館君より150 m先を走っていました。そして弘君は午前10時30分、学君は午前10時36分にゴールしました。3人ともそれぞれ一定の速さで走りました。このとき、次の問いに答えなさい。

(1)　学君の速さは時速何 km か求めなさい。

(2)　スタート地点からゴール地点までの道のりは何 km か求めなさい。

(3)　館君がゴールしたときの時刻を求めなさい。

5　１辺の長さが１cmの色のついた立方体を、積み重ねて立体を作ります。次の図は、

①：その立体を、正面を下にして真上から見たもの

②：その立体を、正面から見たもの

③：その立体を、右横から見たもの

です。このとき、次の問いに答えなさい。

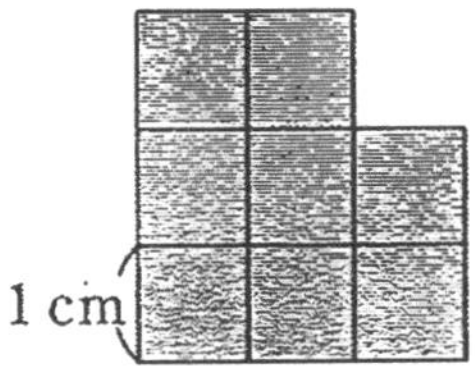

①

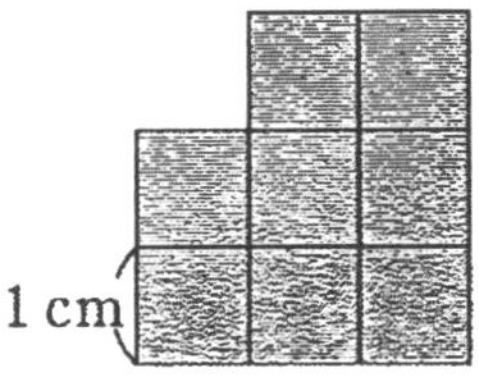

②

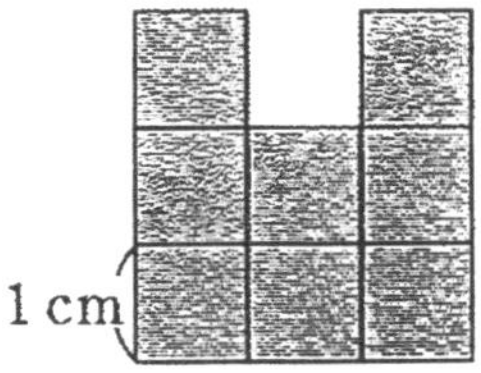

③

(1)　立方体の数が最も多いとき、その個数と表面積を求めなさい。

(2)　立方体の数が最も少ないとき、その個数と表面積を求めなさい。

問5　水よう液 B，D，E は酸性，中性，アルカリ性のどれですか。それぞれ答えなさい。

問6　水よう液 D の水を完全に蒸発させたところ，塩化ナトリウム(食塩)のみが残りました。次の**表2**は，**実験**で用いたものと同じ濃さの塩酸，水酸化ナトリウム水よう液を混ぜ合わせた水よう液 G ～ K について，アルミニウムを入れたときに気体が発生するかどうかと水を完全に蒸発させたときに得られる塩化ナトリウムの重さ〔g〕についてまとめたものです。

表2

	G	H	I	J	K
塩酸の体積〔cm^3〕	20	40	60	80	100
水酸化ナトリウム水よう液の体積〔cm^3〕	12	24	36	48	60
気体の発生	なし	なし	なし	なし	なし
得られる塩化ナトリウムの重さ〔g〕	0.7	1.4	2.1	2.8	3.5

(1)　**実験**で用いたものと同じ濃さの塩酸 30cm^3 と水酸化ナトリウム水よう液 30cm^3 を混ぜ合わせました。混ぜ合わせた水よう液を中性にするためにはどちらの水よう液を，さらに何 cm^3 加える必要がありますか。

(2)　水よう液 H の体積は 64cm^3 でした。水よう液 H の全体の重さ〔g〕に対する，水よう液 H の水を蒸発させて得られる塩化ナトリウムの重さ〔g〕の割合を百分率で表すと何%ですか。ただし，水よう液 H の 1cm^3 あたりの重さは 1g とし，答えが割り切れない場合は，小数第 2 位を四捨五入し小数第 1 位まで答えなさい。

(3)　塩酸 80cm^3 に水酸化ナトリウム水よう液を 40cm^3 加えたときに得られる塩化ナトリウムの重さは，何 g ですか。ただし，答えが割り切れない場合は，小数第 2 位を四捨五入し小数第 1 位まで答えなさい。

2 次の植物のはたらきについての文章を読んで，あとの問いに答えなさい。

動物は，えさを食べることで生きていくためのエネルギーや成長のための栄養を体内に取り入れています。一方，植物は，光が当たると〔　1　〕と〔　2　〕からデンプンをつくり出すことができます。このはたらきを光合成といいます。光合成のための〔　1　〕は，気孔という穴からとり入れます。一方，根から吸収された〔　2　〕は，植物の中を運ばれ，葉で蒸散が起こることで失われます。光合成によってつくられたデンプンは，植物が生きていくためのエネルギーや成長に使われたり，種子やその他の部分にたくわえられその次の世代の成長に使われたりします。

問1　文中の〔　1　〕，〔　2　〕にあてはまる物質の名称を答えなさい。ただし，同じ番号のところには，同じ物質が入ります。

問2　植物の蒸散のはたらきを調べるために，アジサイを用いて次の**実験1**を行いました。

実験1　**図1**のように，試験管を5本用意し，それぞれの試験管に水を 100.0cm^3 入れます。次に，葉の表面積の合計（ 500cm^2 ）が同じ4本の枝を用意し，くきの上部の切り口にワセリンをぬった。試験管1には葉のついた枝をそのままさし，試験管2には葉の表側にワセリンをぬった枝をさし，試験管3には葉の裏側にワセリンをぬった葉をさし，試験管4には葉をすべて切り取り，葉を切り取った切り口にワセリンをぬった枝をさします。試験管1～5に静かに少量の油を入れ液面に油を浮かせ，2時間後のそれぞれの試験管の水の体積を測定します。**表1**はその結果をまとめたものです。

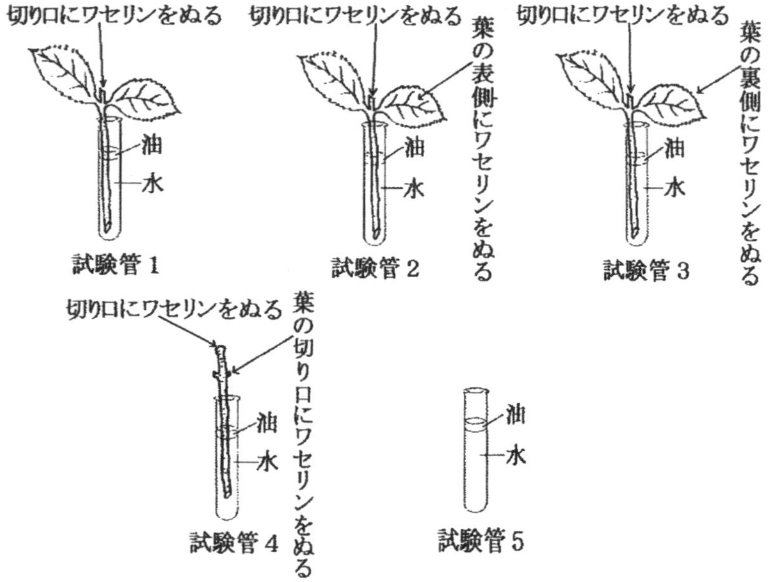

図 1

表3

塊　茎	g	h	i	j	k	l
塊茎の重さ〔g〕	36	3	5	28	6	24
葉Yと塊茎の位置	葉Yと同じ側		葉Yの反対側			
葉Yから運ばれたデンプンの割合	34	5	6	26	5	24

次の文は，**実験2**，**実験3**の結果を考察したものです。文中の〔　5　〕，〔　6　〕にあてはまる言葉を下の**ア**～**オ**のうちからそれぞれ1つずつ選び，記号で答えなさい。

> たくさんの葉があるときは，ある特定の葉でつくられたデンプンは〔　5　〕塊茎に多く運ばれています。また，葉が一枚しかないときは，その葉でつくられたデンプンは〔　6　〕塊茎に多く運ばれています。

ア　等しくすべての　　**イ**　その葉と同じ側の　　**ウ**　その葉と反対側の

エ　大きい　　**オ**　小さい

3 次のⅠ，Ⅱの問いに答えなさい。

Ⅰ　図1のように，糸の長さが 25cm で，50g のおもりをつけた振り子（これを「振り子 A 」とします）をつくります。いま，振り子の糸がたるまないように，糸が真下方向からおよそ 45°（この角度を「振れはば」といいます）になるようにおもりを持ち上げ，静かに手をはなしたところ，振り子は往復《おうふく》運動を始めました。振り子が 1 往復する時間をはかったところ，1 秒でした。

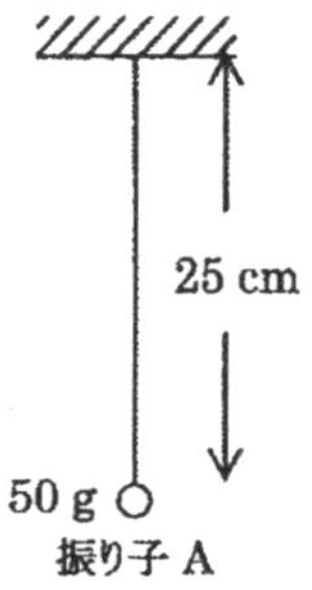

図1

問1　この振り子の運動の様子を※ストロボスコープを用いて撮影しました。その写真として最も適当な図を次のア～エのうちから1つ選び，記号で答えなさい。ただし，図は振り子が 2 分の 1 往復（手を離した位置から，反対側の最も高い位置に移動するまで）する様子を記録したものです。

※　ストロボスコープを用いて撮影した写真
…　同じ時間間かくで撮影し，振り子の一定時間ごとの位置が分かるようにしたもの。

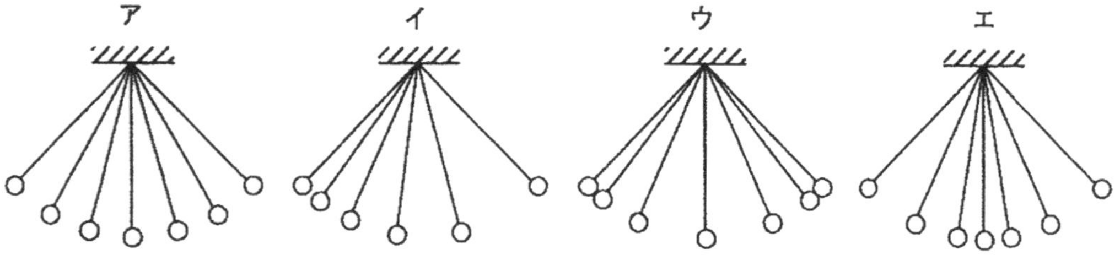

問2　振り子 A とは別に，糸の長さが 50cm，おもりの重さが 100g の振り子（これを「振り子 B 」とします）をつくり，振れはばが 30° で振り子を往復運動させたところ，振り子が 1 往復するのにかかった時間が振り子 A とは違いました。往復運動にかかる時間が振り子 A とは違った理由として正しいものを次のア～ウのうちから1つ選び，記号で答えなさい。

ア　振り子 A とは糸の長さが違うから。

イ　振り子 A とはおもりの重さが違うから。

ウ　振り子 A とは振れはばが違うから。

次に，糸の長さ，おもりの重さの異なる振り子 A ～ L をつくります（振り子 A は問1，振り子 B は問2と同じもの）。表1は，この 12 個の振り子の糸の長さ，おもりの重さ，振れはば 45° で往復運動を行わせたときの 1 往復にかかる時間（これを「周期」といいます）をまとめたものです。

図4のように，電球から出た光はすべての方向に広がっていきます。このうち，面 A を通った光が面 A と平行な面 B に広がったとします。電球から面 B まで距離は，電球から面 A までの距離の 2 倍，面 B の面積は，面Aの面積の 4 倍です。このとき，面 B の明るさは面 A の明るさの 4 分の 1 になることが分かっています。

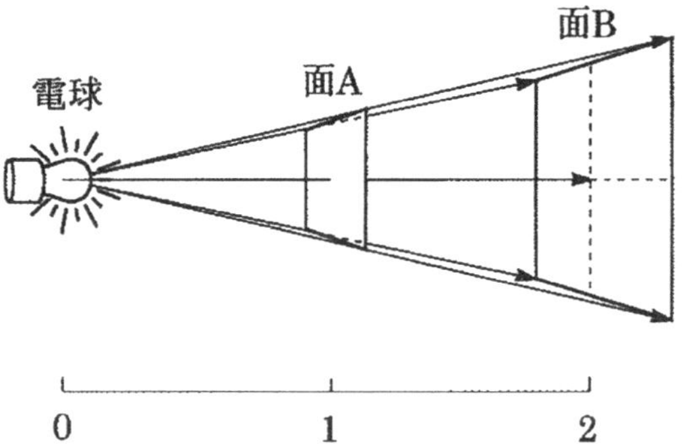

図4

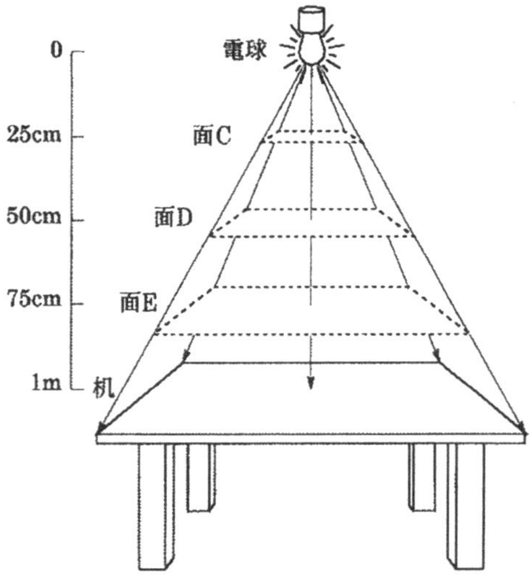

図5

図5は，電球からすべての方向に広がった光のうち，机の面に平行な面 C，面 D，面 E を通って広がる光のようすを横から見たものです。電球から机の面までの距離は 1m で，電球から面 C，面 D，面 E までの距離は，それぞれ 25cm，50cm，75cm です。

問8　面 D の面積を 1 とすると，机の面の面積はいくつになりますか。ただし，答えが割り切れない場合は，分数の形で答えなさい。

問9　机の面の明るさを 1 とすると，面 E の明るさはいくつになりますか。ただし，答えが割り切れない場合は，分数の形で答えなさい。

問10　机の面の明るさを，はじめの 2 倍の明るさにするには，電球をはじめの位置から何 cm 机に近づけたらよいですか。最も近い値を次の**ア**～**オ**のうちから1つ選び，記号で答えなさい。

ア　30cm　　**イ**　35cm　　**ウ**　40cm　　**エ**　45cm　　**オ**　50cm

4 次の文章を読んで，あとの問いに答えなさい。

流れる水には，地面をけずったり，けずったものをおし流したり積もらせたりするはたらきがあります。流れる水が，地面などをけずることを〔　1　〕といい，けずったものをおし流すことを〔　2　〕，積もらせることを〔　3　〕といいます。〔　1　〕のはたらきにより，岩石はれき，砂，どろなどになります。れきや砂，どろなどが，流れる水によって〔　2　〕され，海底に積み重なってできるのが地層です。①地層がいくつもの層になっているのは，海の深さや流れの速さなどが変わって，それまでにできていた地層とは，つぶの大きさがちがう層が積み重なるからです。

水平に積み重なっている地層に大きな力が長い時間加わると，地層が少しずつ曲がり変形していくことがあります。これを「しゅう曲」といいます。また，②地層がその力に耐えきれなくなった場合は，地層が切れてずれができることもあり，加わる力の方向によってずれのようすに違いがあります。

問1　文章中の〔　1　〕～〔　3　〕に当てはまる語句を答えなさい。ただし，同じ番号のところには，同じ語句が入ります。

問2　〔　1　〕のはたらきが大きいため，川底が深くえぐられてできた深い谷を何といいますか。

問3　右の図は，ある地域の河川から流れ込んだれき，砂，どろが海底に沈んだようすを模式的に表したものです。図中のａ～ｃはれき，砂，どろのいずれであると考えられますか。それぞれ答えなさい。

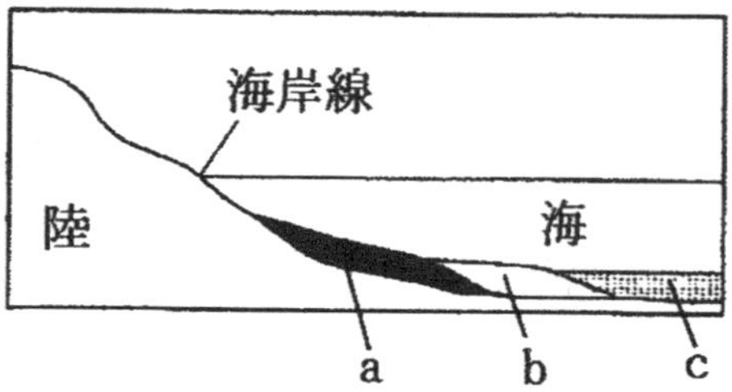

問4　下線部①について，ある地域の地層では，れきの層の下に砂の層がありました。この地域では，どのようなできごとがあったと考えられますか。最も適当なものを次のア～エのうちから1つ選び，記号で答えなさい。

ア　土地がもりあがり，海水面が上がった。
イ　土地がもりあがり，海水面が下がった。
ウ　土地がしずみ，海水面が上がった。
エ　土地がしずみ，海水面が下がった。

受験番号

令和四年度　弘学館入学試験

中学校　国語解答用紙

一

問1　a　b　c　d　e

問2

問3

問4

問5　Ⅰ　Ⅱ　Ⅲ　Ⅳ

二

問1　a　b　c

問2　A　B

小計

合計

※100点満点
（配点非公表）

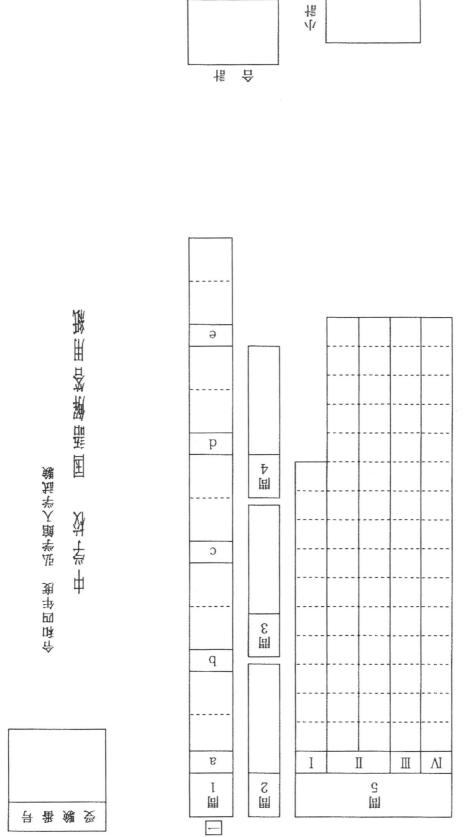

受験番号

令和４年度　弘学館入学試験

中学校 算数解答用紙

1

(1)			(2)		
(3)			(4)		個
(5)	B	回転		C	回転
(6)		km	(7)		%
(8)		ℓ	(9)		度
(10)	周りの長さ	cm		面積	cm^2
(11)		cm			

2

受験番号

令和4年度　弘学館入学試験

中学校　理科解答用紙

1

問1	問2	問3	問4

問5		
水よう液 B	水よう液 D	水よう液 E

問6			
(1)		(2)	(3)
加える水溶液	加える量		
	cm^3	%	g

2

問1		問2			
〔 1 〕	〔 2 〕	(1)	(2)	(3)	
				〔 3 〕	〔 4 〕
			cm^3		

問3	
〔 5 〕	〔 6 〕

問1	問2	問3	問4	問5	
				振り子 B	振り子 H
		秒間			

問6	問7		
	A	B	C

問8	問9	問10

4

問1			問2
〔 1 〕	〔 2 〕	〔 3 〕	

問3			問4	問5		
a	b	c		(1)	(2)	
					A	B

問6	
(1)	(2)
	→ →

得 点

※50点満点
(配点非公表)

(3)	午前　　時　　分		

3

(1)	g	(2)	%		
(3) あ		い		う	

4

(1)	cm	(2)	cm	(3)	

5

(1)	個数	個	表面積	cm^2
(2)	個数	個	表面積	cm^2

得点

※150点満点
（配点非公表）

問3 X Y

問4

問5

小計

問6

問7

問8

三

問1 a b （れ） c

問2

問3 〈書き言葉〉は、

ために必要なものである。

小計

問4

問5

令和4年度　弘学館入学試験

中学校　理科問題　(50分)

1　塩酸と水酸化ナトリウム水よう液を混ぜ合わせたときの反応について，次の**実験**を行いました。これについて，あとの問いに答えなさい。

実験　ある濃さの塩酸 600cm^3 を 6 つのビーカーに分けました。それぞれのビーカーに，ある濃さの水酸化ナトリウム水よう液を体積を変えて加え，水よう液 A ～ F とします。水よう液 A ～ F にアルミニウムを入れ，そのときに気体が発生するかどうかを調べました。**表1** はその結果をまとめたものです。

表1

	A	B	C	D	E	F
塩酸の体積〔cm^3〕	100	100	100	100	100	100
水酸化ナトリウム水よう液の体積〔cm^3〕	0	20	40	60	80	100
気体の発生	あり	あり	あり	なし	あり	あり

問1　塩酸は水に何をとかした水よう液ですか。漢字で答えなさい。

問2　この実験で発生した気体は何ですか。漢字で答えなさい。

問3　水よう液 A にアルミニウムを入れた後の残った液について述べている文章として正しいものを次の**ア**～**ウ**のうちから１つ選び，記号で答えなさい。

ア　上ずみ液を蒸発皿にとって熱しても何も残らない。

イ　上ずみ液を蒸発皿にとって熱すると，固体が出てくる。この固体を塩酸に入れても，気体は発生しない。

ウ　上ずみ液を蒸発皿にとって熱すると，固体が出てくる。この固体を塩酸に入れると，気体が発生する。

問4　酸性の水よう液とアルカリ性の水よう液が混ざり合うと，たがいの性質を打ち消し合います。このようなことを何といいますか。

表1

	試験管1	試験管2	試験管3	試験管4	試験管5
実験前〔cm^3〕	100.0	100.0	100.0	100.0	100.0
実験後〔cm^3〕	88.0	90.6	95.4	98.0	100.0

(1) **実験1**で，それぞれの試験管の液面に油を浮かせた理由として最も適当なものを次の**ア**～**オ**のうちから1つ選び，記号で答えなさい。

ア 実験をはじめたあとで気孔が開閉するのを止めるため。

イ 茎の表面から水を吸収するのを防ぐため。

ウ 十分に気孔を開かせるため。

エ 液面から水が蒸発するのを防ぐため。

オ アジサイに栄養分を与えるため。

(2) **実験1**の結果から，アジサイの葉から蒸散している水の量は，1時間につき葉の表面積 $100cm^2$ あたり何 cm^3 になるか求めなさい。ただし，答えが割り切れない場合は，小数第 2 位を四捨五入し小数第 1 位まで答えなさい。

(3) 次の文は，**実験1**の結果について考察したものです。文中の〔 3 〕,〔 4 〕にあてはまるものを下の**ア**～**キ**のうちからそれぞれ1つずつ選び，記号で答えなさい。

> **実験1**の結果から，葉の裏側からの蒸散量は葉の表側からの蒸散量の約〔 3 〕倍になっていることがわかります。これは，気孔が葉の裏側に〔 4 〕からだと考えられます。

ア 3分の1　**イ** 2分の1　**ウ** 1　**エ** 2　**オ** 3

カ 多い　**キ** 少ない

問3　文章中の下線部について，私たちが普段食べているジャガイモは，植物の茎の一部に栄養を蓄えたもので塊茎《かいけい》と呼ばれます。葉で光合成によりつくられたデンプンがそれぞれの塊茎にどのように運ばれているのか調べるために，次の**実験2**，**実験3**を行いました。

実験2　たくさんの葉を付けている塊茎が成長している時期のジャガイモ（**図2**）を使って，たくさんの葉のうちある特定の葉（葉X）で光合成によってつくられたデンプンがどの塊茎に運ばれているのかを調べました。**表2**は，6つの塊茎（a～f）の重さ，葉Xに対する塊茎の位置，および，葉Xからそれぞれの塊茎に運ばれたデンプンの量の割合（葉Xから塊茎に運ばれたデンプンの総量を100としてそれぞれの塊茎に運ばれたデンプンの量）を示したものです。

実験3　塊茎が成長している時期のジャガイモを使って，ある特定の葉（葉Y）のみを残してそれ以外の葉をすべて取り除いて（**図3**），葉Yで光合成によってつくられたデンプンがどの塊茎に運ばれているのかを調べました。**表3**は，6つの塊茎（g～l）の重さ，葉Yに対する塊茎の位置，および，葉Yからそれぞれの塊茎に運ばれたデンプンの割合を示したものです。

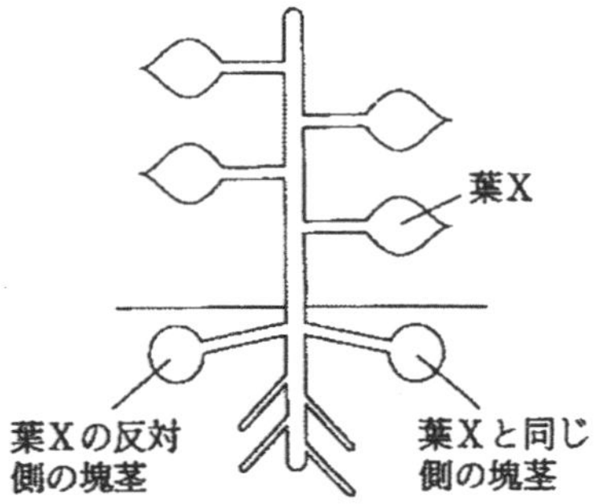

図2

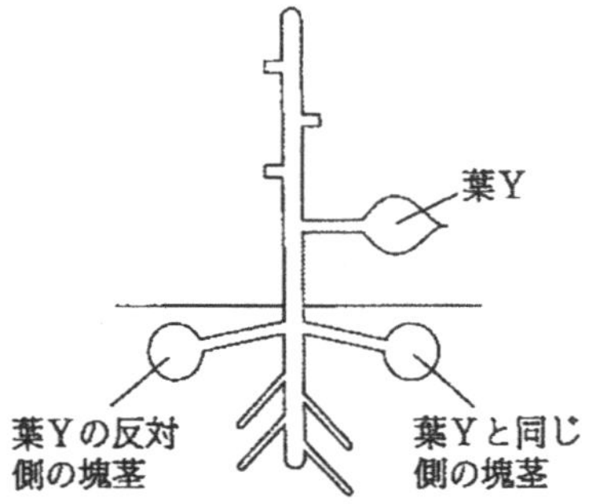

図3

表2

塊　茎	a	b	c	d	e	f
塊茎の重さ〔g〕	12	8	7	14	31	28
葉Xと塊茎の位置	葉Xと同じ側				葉Xの反対側	
葉Xから運ばれたデンプンの割合	21	37	16	17	8	1

表1

振り子記号	A	B	C	D	E	F	G	H	I	J	K	L
糸の長さ〔cm〕	25	50	75	100	125	150	175	200	225	250	275	300
おもりの重さ〔g〕	50	100	150	100	50	100	150	100	50	100	150	100
周期〔秒〕	1.0	1.4	1.7	2.0	2.2	2.5	2.7	2.8	3.0	3.2	3.3	3.4

この 12 個の振り子を，図2のように長い 1 本の棒に，そのおもりがふれないようにすべてつりさげた装置をつくります。糸の取り付けられた棒を図の手前と奥に小さく振動《しんどう》させると，最初，どの振り子もわずかにゆれましたが，その後，振り子 A だけが大きく往復運動を行い，それ以外の振り子はゆれがおさまり，往復運動はほとんど見られませんでした。このとき，棒を 10 秒間に 10 回の割合で振動させていました。棒の振動をゆっくりと遅くしていくと，14 秒間に 10 回の割合で振動させたとき，振り子 B だけが大きく往復運動を行いました。その後もゆっくりと棒の振動を遅くしていくと，1 個の振り子，もしくは 2 個の振り子が同時に大きく往復運動を行いました。2 個の振り子が同時に大きく往復運動を行ったのは，下の①，②のときでしたが，それ以外のときにも，2 個の振り子が同時に大きく往復運動を行うことがありました。

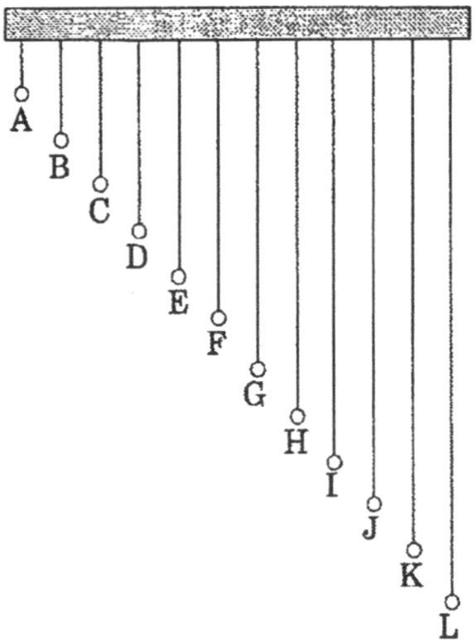

図2

① 棒を 20 秒間に 10 回の割合で振動させたとき，振り子 A と D が大きく往復運動を行った。このとき，D が 1 回往復する間に，A は 2 回往復した。

② 棒を 30 秒間に 10 回の割合で振動させたとき，振り子 A と I が大きく往復運動を行った。このとき，I が 1 回往復する間に，A は 3 回往復した。

問3 振り子 C だけを大きく往復運動させたいとき，棒を何秒間に 10 回の割合で振動させればよいですか。

問4 棒を 34 秒間に 10 回の割合で振動させ続けたときに，大きく往復運動を行う振り子はどれですか。大きく往復運動する振り子を A ～ L からすべて選び，記号で答えなさい。

問5 棒を 56 秒間に 10 回の割合で振動させ続けると，振り子 B と H の 2 個が大きく往復運動をしました。棒を 10 回振動させる間に，振り子 B と H はそれぞれ何回往復運動を行いますか。

Ⅱ　光の性質について考えてみましょう。

鏡にあたる光は，**図3**のようにはね返ります。

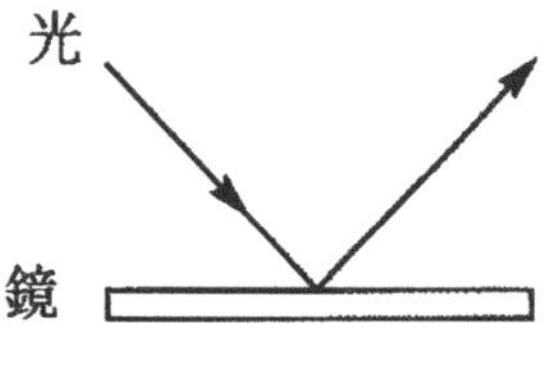

図3

問6　光がはね返ることを何と言いますか。

問7　箱の中に鏡を入れて，箱の左側から 5 本の平行な光（下図中の 1 ～ 5 の矢印で示している）を当てると次の **A～C** のように進みました。それぞれの箱の中には，鏡がどのように入っていますか。最も適当なものを下の**ア～ク**のうちからそれぞれ 1 つずつ選び，記号で答えなさい。ただし，箱の中の光の道筋は書かれていません。

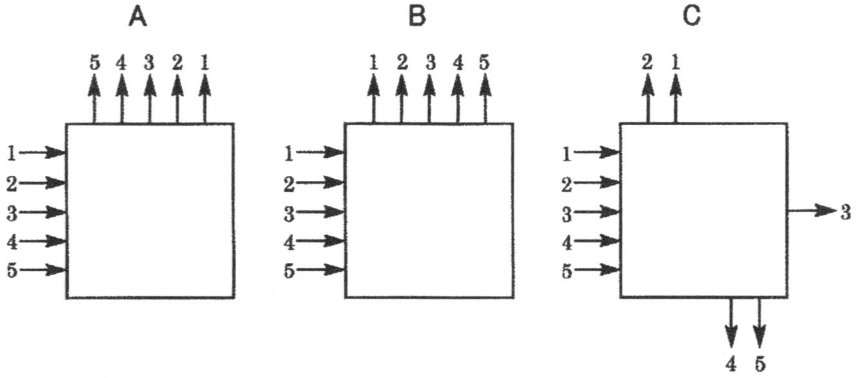

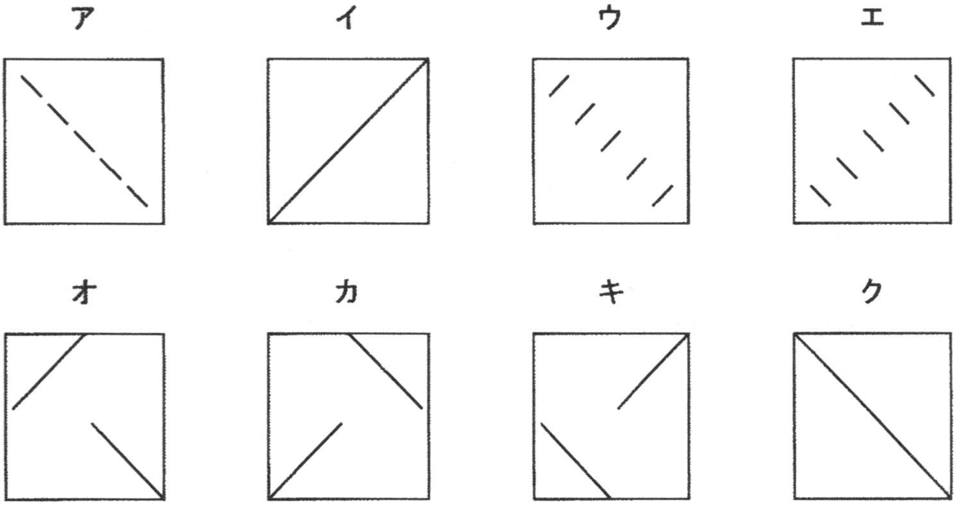

問5　下線部②について，右のAとBは，別々の地域にみられる地層の写真です。AとBは地層のずれのようすにちがいがあります。

A

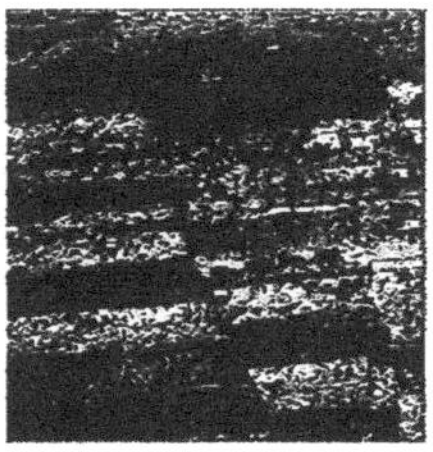

B

(1)　A や B のような地層のずれを何といいますか。

(2)　A と B の地層のずれができたときに加わった力の方向と，地層が切れてずれる方向はどのようになりますか。最も適当なものを次の**ア**～**エ**のうちからそれぞれ 1 つずつ選び，記号で答えなさい。ただし，⇨ は加わる力の方向(横方向)を，→は地層が切れてずれた方向(上下方向)をそれぞれ示しています。

ア　　**イ**　　**ウ**　　**エ**

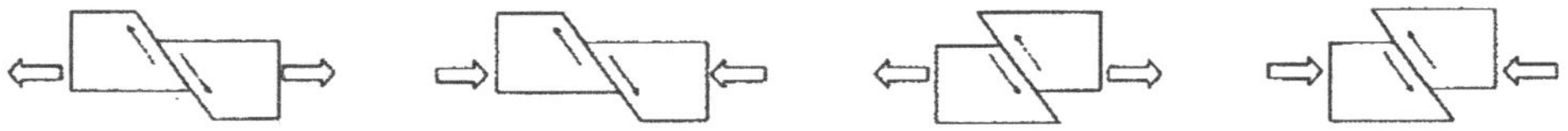

問6　右の図は，ある地域の地層を表したものです。B － B' は陸上にある岩石が，気温の変化や風雨などによりもろくなり，けずられたことでできた不規則な面です。また，X － X' は，地層がずれた面です。ただし，この地層は上にある地層ほど新しい地層であることがわかっています。

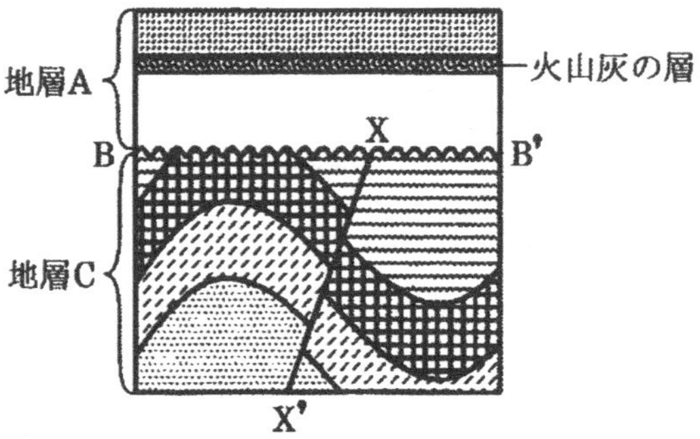

(1)　地層 A には火山灰の層がふくまれています。この火山灰をけんび鏡で観察しました。観察の結果として正しいものを次の**ア**～**エ**のうちから1つ選び，記号で答えなさい。

ア　丸みをもったつぶが多く見られた。　**イ**　小さな生き物の化石が見られた。

ウ　川が運んだどろのつぶが見られた。　**エ**　ガラスのかけらのようなつぶが見られた。

(2)　次の**ア**～**ウ**は，この地層が形成されるときに起こった出来事をあらわしています。**ア**～**ウ**はどの順に起こったと考えられますか。古いものから順に並べて記号で答えなさい。

ア　B － B' の面ができた

イ　地層 C のしゅう曲ができた

ウ　X － X' の面ができた

4　1辺の長さが1 cm の正方形があります。次の操作にしたがって、長方形をつくることにします。

操作①：はじめの正方形の右側の辺に、1辺の長さが1 cm の正方形を並べる。
操作②：操作① でできた長方形の下側の辺に、1辺の長さが2 cm の正方形を並べる。
操作③：操作② でできた長方形の左側の辺に、1辺の長さが3 cm の正方形を並べる。
操作④：操作③ でできた長方形の上側の辺に、1辺の長さが5 cm の正方形を並べる。
操作⑤：操作④ でできた長方形の右側の辺に、1辺の長さが8 cm の正方形を並べる。
⋮

以下、規則性にしたがい操作⑥、操作⑦、… を順に行います。

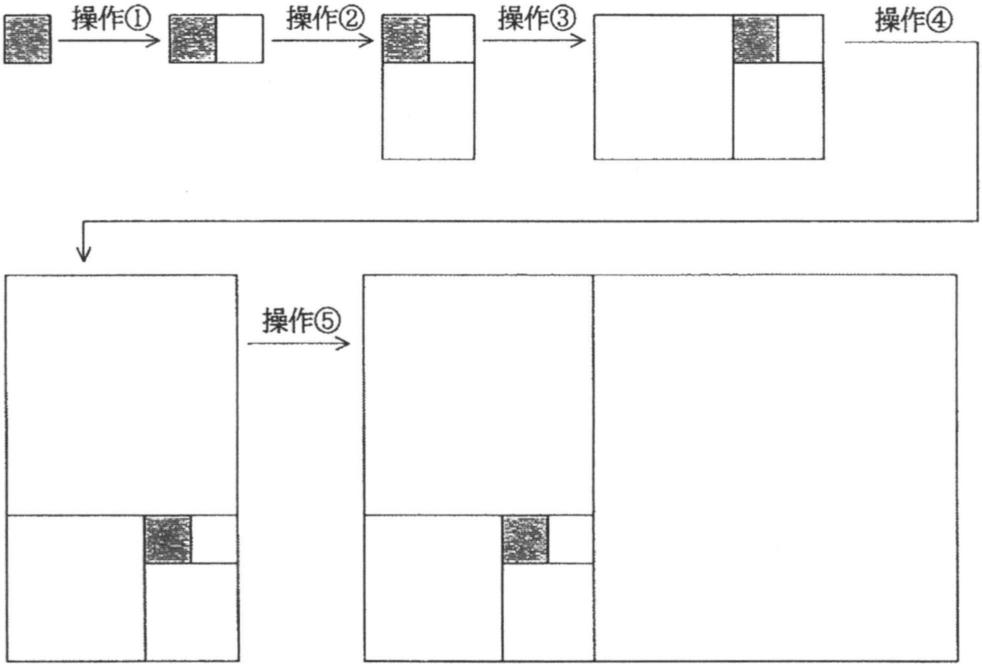

このとき、次の問いに答えなさい。

(1)　操作⑩ で並べる正方形の1辺の長さを求めなさい。

(2)　操作⑩ でできた長方形の周の長さを求めなさい。

(3)　操作Ⓐ を行ったとき長方形の周の長さが1220 cm 増えました。
Ⓐ に当てはまる数を求めなさい。

3　容器Ａには16％の食塩水が100ｇ、容器Ｂには６％の食塩水が200ｇ入っていて、次の操作を行います。

操作①：容器Ａ，Ｂからそれぞれ10ｇを同時に取り出します。その後、容器Ａから取り出した分の食塩水10ｇは、容器Ｂに入れてかき混ぜます。また、容器Ｂから取り出した分の食塩水10ｇは、容器Ａに入れてかき混ぜます。

操作②：操作①でできた容器Ａの食塩水に水を200ｇ加えます。

このとき、次の問いに答えなさい。

(1)　操作①でできた容器Ｂの食塩水に含まれる食塩の量を求めなさい。

(2)　操作②でできた容器Ａの食塩水の濃度を求めなさい。

(3)　操作をすべて終えた後、容器［あ］から容器［い］へ食塩水を［う］ｇ移したところ、容器Ｂの食塩水に含まれる食塩の量が容器Ａの食塩水に含まれる食塩の量の３倍になりました。［あ］、［い］にはＡ，Ｂのいずれかを、［う］にはあてはまる数を答えなさい。

令和 4 年度　弘学館入学試験

中学校 算数問題　（70分）

1　次の□にあてはまる数を求めなさい。ただし、円周率は3.14とします。

(1)　$2\times\{3+4\times(12\div3-2)\}-22\div2=$ □

(2)　$1-\left(3.75\times\frac{8}{27}-4\frac{1}{3}\div13\right)\times\frac{15}{14}=$ □

(3)　$\frac{8}{9}=$ □ $\div\frac{6}{7}+\frac{5}{12}\times\frac{4}{3}$

(4)　1個180円のもも、1個120円のみかんを合わせて25個買ったところ、代金が3600円になりました。このとき、ももは□個買いました。

(5)　右の図のように、3つの歯車A，B，Cがかみ合って回転しています。Aの歯の数が16、Bの歯の数が32、Cの歯の数が24になっています。Aの歯車が60回転するとき、Bの歯車は□回転、Cの歯車は□回転します。

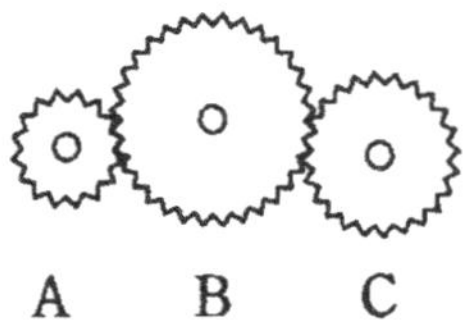

(6)　地点A，Bの間を自動車で、行きは時速100 km、帰りは時速80 kmの速さで往復したところ、帰りにかかった時間は行きにかかった時間より18分多くかかりました。AB間の道のりは□kmです。

(7)　あるバス会社で、乗車料金を25％値上げしたところ、値上げ後、乗客数は□％減りましたが、売上げは値上げ前より8％増えました。

肉体的なことと精神的なことがいっぺんにやってくるんだから大変なもんです。

好きな人ができると、自分とその人の共通点が気になったりもするでしょう。あるいは家族に対して、親はああいうけど、自分はちがうんだよなってことが出てきたりする。〈個人幻想〉と〈対幻想〉は一致するところもあるけど、食いちがうところもあるわけです。

つまり、あなたが「自分はひとりだな」と思うようになったのは、自分以外の誰かを意識するようになったからともいえる。人と比べて自分はどこがどう同じで、どうちがうのかをいろいろと考えるようになって、自分のことがだんだん見えてきたからでもある。

だとしたら、相手にうまく伝わらない、誰ともわかちあえないその気持ちこそが〈自分〉じゃないですか。自分でもわけがわからない、もやもやしたその気持ちの中にこそ、自分自身をもっと深く知るための手がかりが潜んでいる。書くことは、それを掘り起こすための方法でもあるんですよ。

将来について考えるようになれば、視野はさらに広がっていきます。〈学校〉も集団だし、〈社会〉とか〈国家〉も集団といえば、集団ですよね。同じような考えをした人が集まって集団をつくっている。僕はこれを〈共同幻想〉と呼んでいるんだけど、みんなが思い描いていることと、自分が思っていることは必ずしも一致するとは限らない。これは子どもも大人も一緒です。

大人だって、やっぱり「自分はひとりだな」と思いながら生きてるんですよ。でもそれはふだんは地面の下で見えていない、根っこの部分なんです。

（吉本隆明『15歳の寺子屋　ひとり』）

問1　波線部a～cの漢字の読みをひらがなで答えなさい。

問2　傍線部①「今の学校は、どうも〈話し言葉〉を重視している気がします」とあるが、筆者は〈話し言葉〉が重視されていることについてどのように考えているか。その説明として最も適切なものを、次のア～エの中から選び、記号で答えなさい。

ア　〈話し言葉〉が重視されていく中で、子どもたちのコミュニケーション能力が格段に高まって意思の疎通がうまくいくようになるのではないかと期待している。

イ　〈話し言葉〉が重視されていく中で、よどみなく話せるようになればすべてを伝えることができると思いこんでしま

イ　季節に対する違和感を僕が触覚を通して感じ取る様子を描いた表現であり、僕の予想した通りに状況が悪化した未来がきっと訪れるにちがいないと読者に印象づける働きをしている。

ウ　いつも目にしている川に対する僕の思いを感情的に描いた表現であり、自然だけでなく世界全体がひどいことになりそうな未来に対する僕の不安を読者に印象づける働きをしている。

エ　僕が汚れた川に目を向けるきっかけとなる状況を感覚的に描いた表現であり、僕が想像する悲惨な未来が必ずしも非現実的なものではないように読者に印象づける働きをしている。

三　次の文章を読んで、後の問いに答えなさい。

①今の学校は、どうも〈話し言葉〉を重視している気がします。意思のa疎通のための言葉、人と議論するための言葉、コミュニケーションのための言葉の大切さは教わるみたいだけど、②〈書き言葉〉については、単純に作文を書くってくらいしか教わらないんじゃないですか。そのせいで、かえって書くことが苦手になっちゃったという人もいるんじゃないかなあ。

僕は話すことに苦手意識があるので、アナウンサーみたいによどみなくしゃべる人にはb憧れがあります。だけど、すらすらとしゃべることができるからといって、全部が伝わるとはとうてい思えないんですね。流暢《りゅうちょう》にしゃべることができる人は自分がいったことが相手にどんなふうに伝わるかに案外無頓着《むとんじゃく》だったりして、こりゃあ、危なっかしいなあと思うことがけっこうあります。どんなにしゃべるのがうまい人でも、伝えきれないものはどうしたってあるはずです。

樹でいったら、地面の上に見えている枝葉じゃなくって、根っこの部分が言葉にもあるんですよ。地面の下の見えてない部分がね。

たとえば、人には誰にもいえない気持ちだってありますよね。心の中で思っていることだから、いいことばかりじゃない。悪いことだって考える。僕はこれを〈個人幻想〉と呼んでいます。

みなさんくらいのc年頃だと好きな人ができたりもするでしょう。漠然《ばくぜん》とした異性への憧れの先には、その人と恋人になりたい、その人と家族になりたいという思いがある。僕はこれをペアの幻想、〈対《つい》幻想〉と呼んでいます。思春期というのは、そんなふうに③〈ひとり〉から〈ふたり〉にスイッチが入る時期なんですね。性の目覚めっていってもいいんだけど、

〈尻拭い〉

④僕は口の中でつぶやいた。

――しりぬぐい。

「そ……そりゃないよ」とハム太が言った。「だってさ、そんなのってフコ……ええと、不公平じゃないか」

するとおっちゃんは窓から僕らに目を移して、へっと頬をゆがめた。

「そうさな。そりゃ、おめえらの言う通りなんだろうけどよ。ただ、このごろ俺ぁ思うようになったよ。『不公平』ってのはもしかして、『人生』ってやつの別の呼び方なんじゃねえかってね。へへっ、こりゃ我ながら名文句だ」

ごそごそと布団をたくしあげ、しんどそうに横になると、おっちゃんは低くかすれた声で言った。

「ま、気にすんな。おめえらには、まだわかんなくていいこったよ」

学校と病院と家とを結ぶこの道を、もう何回通ったことだろう。

（なんだか、時代劇でみたお百度参りみたいだな）

c河原の土手を歩きながら、僕は思った。何度も何度もくり返し通うことで、神様に思いが通じてヤンチャが退院できるのだとしたら、お百度どころか、五百度だって千度だって通ってみせるのに。

病院からの帰り道、僕はノリオとハム太に、この間のテレビの話をしようとした。さっきおっちゃんが「尻拭い」と言うのを聞いたら、なぜか※1あの教授の話を思い出して、ついでにあの時のいやな気持ちまで思い出してしまったからだ。

でも、何から話せばいいのかわからなかった。

いったいどう言えば、今のこの、胸の奥へ奥へと食いこんでいくようなイライラや割り切れなさをわかってもらえるんだろう。

なんだか、夢の中で正体の見えないものに追いかけられている時のようだった。焦れば焦るほど、思うことがうまく言葉にできなくて地団駄《じだんだ》を踏みたくなる。そのへんに落ちている石を片っ端から拾って、めったやたらに投げつけたくなる。

僕は、大きく深呼吸した。

⑤真冬だというのに、風はいつもよりなまぬるく、ドブの臭いがきつく感じられた。

立ち止まって土手から下を見る。曇り空のもと、川はよどんで Y 平べったく見え、汚い泥の色ばかりが目立っていた。

「タイムマシンか」と、おっちゃんにもう一度くり返した。「いいな、おめえらが作ってんのかい？」

ハム太がノリオを、ノリオは僕を、僕はヤンチャを見た。②みんな黙っている。

理由もたぶん一緒だった。「そうだよ」と認めたりしたら、大笑いされそうな気がしたのだ。ヤンチャの前で、あれのことを馬鹿にされるのは我慢ならなかった。というより、怖かった。ヤンチャがどれほどあれを気持ちの支えにしているか、僕らがどんな思いであれを作っているか……大人はどうせわかっちゃくれない。あの晩の父さんがそうだったように。

「関係ないだろ」

とうとう、ノリオが言った。すごくAつっけんどんな口調だったのに、

「関係なかぁねえさ」おっちゃんは怒った様子もなかった。「もしもこの世にタイムマシンなんてもんがあるんなら、一番先に乗せてもらいてえからね」

「一番はヤンチャだよ」

つるっとB口をすべらせたハム太を、ノリオと僕が両側からこづく。

「なら二番目でもいいやね」

と、おっちゃんは言った。少し笑ってはいたが、馬鹿にしているふうではなかった。

③僕は思いきって訊《き》いてみた。

「どうしてタイムマシンに乗りたいの？」

ノリオが袖を引っぱるのがわかったけれど、無視して続ける。

「やっぱり、未来の世界へ行って病気を治したいから？」

「いんや」と、おっちゃんは言った。「そんな見たこともねえようなとこなんざ行きたかねえね。俺が行くとしたら、過去のほうさ。そうさな、二十年か三十年くれぇ前の世界へ、［X］飛べたらありがてえね」

「さん・じゅう・ねん？」とノリオ。「そんな大昔へ行って、いったい何をしようっていうのさ」

「何をって、おめえ……そりゃ、いろいろやり直せるんじゃねえかと思ってよ」

そう言って、おっちゃんは苦笑いしながら窓の外を見やった。やり直したいことがいっぱいあるのかな、と僕は思った。

「それよか、いっそのこと、怒鳴りこんでやるってのもいいな」と、おっちゃんは言った。

「三十年後の世界が、どれっくれぇひでえことになってるか、連中に思い知らせてやるのさ。『どうしてくれんだ、てめえらが好き勝手してくれたせいで俺らが尻拭いさせられてんだぞ』ってね」

※1　ポリス――古代ギリシアの都市国家のこと。都市国家とは、都市が政治的に独立して一つの国家を形成しているものを言う。
※2　官僚――国家の政策決定に大きな影響力を持つ人。役人。
※3　すでに触れたように――筆者は直前で「当時の経済を支えていたのは、農業に従事した市民たちであり、彼らには貴族同様、政策に対する発言権が公認されていた。」という内容を述べている。
※4　ホメロス――紀元前八世紀、古代ギリシアの詩人。
※5　民会――戦争や外交を含むポリスの政策について、市民たちが演説し、採決する会合。
※6　アリストテレス――紀元前三八四～三二二、古代ギリシアの哲学者。

問1　波線部a～eのカタカナを漢字に直しなさい。ただし、楷書《かいしょ》で大きくていねいに書くこと。

問2　本文中の［A］～［C］にあてはまる言葉の組み合わせとして最も適切なものを、次のア～エの中から選び、記号で答えなさい。

ア（A　つまり　　B　たとえば　　C　だが　）　　イ（A　だから　　B　そして　　C　したがって）
ウ（A　しかも　　B　ところで　　C　つまり）　　エ（A　したがって　　B　それでは　　C　しかし　）

問3　傍線部①「このようなポリスのあり方」とあるが、ここでの「ポリス」についての説明として最も適切なものを、次のア～エの中から選び、記号で答えなさい。

ア　民会で発言する貴族や平民の中には、積極的に政治にかかわる能力をもった者が多かったので、王が彼らの力を認めて引き立て、王の周辺に優秀な家来たちの集団を形成していた。
イ　力を合わせて交易や防衛にあたっていた貴族たちが徐々に力をつけ、ポリスを支配していた王たちを退け、平民にも反感を買われない程度に意見を言わせて実権を握っていた。
ウ　ポリスでは貴族たちが政治の主導権を握っていたが、すべてを思い通りに動かすことができるような力を持っていた訳ではなく、平民の言動が民会の決定や判決に影響を与えていた。
エ　貴族と平民は同じ経済基盤に立っていたので、平民にも政治を左右するような討論が可能であり、貴族は平民にと

の間における「相互的な支配」にありました。

現代の私たちは、政治という言葉を、ときに安易に使う傾向があります。およそ人間が集まれば、そこに政治があるとしばしばいわれますが、このような用法にはいささか注意が必要です。少なくとも古代ギリシアの人々にしてみれば、王が臣民を上から支配することや、主人が奴隷を力で隷属させることは、「政治的」とは呼ばれなかったからです。あくまで、自由で相互に独立した人々の間における共同の自己統治こそが「政治」だったのです。

dチョメイなギリシア史家であるモーゼス・フィンリーは、「単に民主政治だけでなく、さらに政治、つまり公の議論によって意思決定に到達し、しかる後に開かれた社会的経験の必要条件としてこれらの決定に従うという技術をも発見したのは結局、ギリシア人たちであった」と指摘しています。この場合、「開かれた社会的経験」とは、すべての市民が参加できること、批判に対して開かれていることはもちろん、自分たちのことを自分たちの力で変えられることを意味するのでしょう。

あるいは、二〇世紀を代表する政治学者の一人であるバーナード・クリックも「デモクラシーと政治的支配の発明、ついで市民の間での政治的討論を通じて統治するという伝統、これらの起源は、ギリシアのポリスおよび古代ローマの共和政が持っていた思想と実践の中に求められる」と述べています。

これらの発言を西洋中心主義として批判することも不可能ではありません。しかし、「政治」、そしてこれから検討する「民主主義」について、これを古代ギリシア人の発明として捉《とら》えることの意義も小さくありません。

第一に、政治において重要なのは、公共的な議論によって意思決定をすることです。言い換えれば実力による強制はもちろん、経済的利益による買収や、議論を欠いた妥協は政治ではないのです。また、仮に話し合いによる決定がなされたとしても、それが閉じられた場所において、特定の人々によってのみなされたものであるとすれば、政治的な決定とはいえません。あくまで「公共的な議論」が不可欠なのです。

第二に、公共的な議論によって決定されたことについて、市民はこれに自発的に服従する必要がありました。公の場において自分たちで決定したことなのだから、その結果について、誰に強制されるのでもなく、自分で納得して従うべきであるというわけです。ここには政治において「納得」と、納得に基づく「自発的な服従」が重要であるという意味が込められています。それがあってはじめて政治の営みは、「開かれた社会的経験」の必要条件となるのです。逆にいえば、自ら決定に参加し、納得したものでなければ、いかなる決定にも従わないという古代ギリシア人の自主独立の精神がここにみられます。

③このような「政治」の成立をeゼンテイにして、初めて民主主義は実現します。

（宇野重規『民主主義とは何か』）

令和三年度　弘学館入学試験

中学校　国語問題

（60分）

一　次の文章を読んで、後の問いに答えなさい。

彼はネズミ色の服を着ていた。

こう書くと、誰もが同じような色を想像する。実際には白いネズミや黒いネズミもいるのだが、色としてはグレーを考えるのがふつうだ。ネコ色という言葉がもしあったとしても、ひとつの色がみんなの頭に浮かぶとは思えない。明るい色、暗い色、いろいろな茶色も含まれるだろう。ネズミ色のほうは、ほとんど無彩色である。明度の違いだけで彩りのない色、灰色の世界である。

色の好みは人それぞれだが、色の感じ方には共通するものがある。暖色や寒色という言葉があるように、色に温度を結びつけたり、ある感情を与える作用を認めたりする。どの文化でもたいがい赤は注意や警戒感を与えるし、青はその反対に沈静をもたらす。ふたつの色を混合して得られる紫は、日本でもヨーロッパでも昔は高貴な色として、特別な階級の人々の服装に使われた。『源氏物語』が別名「紫の物語」と呼ばれたように、色が物語を象徴することさえある。

その点、ネズミ色はあまりいい意味をもたされていない。なにしろ世界中どこでも害獣と見なされているネズミの色なのだし、これを灰色と言い換えても、否定的な意味に結びつく。ネズミ色の服を着た人が、煤《すす》けたような壁に囲まれて、灰色の茶碗を手にしているとしたら、ずいぶん地味で面白みのない世界を想像するのがふつうだろう。①「灰色の世界」と聞けば、明るく楽しい世界の反対がイメージされるし、「グレーゾーン」と言えば、曖昧《あいまい》でどっちつかずと怪しまれる。

だが身のまわりに目を向けると、②わたしたちが生きる世界には意外に灰色が多い。舗装された道路、コンクリートの建物、さまざまな配管、電柱に電線……都市生活をとりまく環境の大部分はこの色で占められている。公共空間だけでなく、オフィスや自宅でも多くの製品にグレーが使われる。特別な意味をもたず、特別な感情にも結びつく必要がない場所では、グレーのほうがよい。

もし都市環境のあらゆる場所に鮮やかな色がつけられていたら、わたしたちの感覚はマヒしてしまうだろう。また室内の灰色の部分を、すべて違う色に塗り替えたら、混乱と疲労で仕事も勉強も手がつかなくなってしまうのではないだろうか。

ウ　感覚をマヒさせて人に否定的な感情を抱かせる色。

エ　明度の違いがあるだけでほぼ彩りのない地味な色。

問3　傍線部②「わたしたちが生きる世界には意外に灰色が多い」とあるが、なぜか。六十字以内で説明しなさい。

問4　傍線部③「灰色の美学」とあるが、どのような「美学」か。解答欄の形に合うように二十字程度で抜き出し、はじめと終わりの五字を答えなさい（なお文末の句点は字数に含まない）。

問5　本文中の［A］・［B］にあてはまる言葉として最も適切なものを、次のア～オの中からそれぞれ一つずつ選び、記号で答えなさい。

ア　たとえば　　イ　だから　　ウ　つまり　　エ　あるいは　　オ　だが

問6　傍線部④「自然における色彩の変化とは、この点で、自然科学の方法論から必然的に生まれてきたものであるとも言える」とあるが、これに関する先生と生徒の対話を読んで、後の問い㈠、㈡に答えなさい。

生徒――大腸菌やエイズウイルスが紫やオレンジなのは、考えてみるとおもしろいですね。

先生――紫やオレンジは、多くの人間の視覚にとって、大腸菌やエイズウイルスのありのままの色と思いますか。

生徒――いいえ。本文中に「表示されていたり」とあることからも、違うように思います。

先生――そうですね。科学的に分析された結果をもとにイメージされた内容をデジタル技術を使って伝達するための紫であり、オレンジでもあるのです。

生徒――本文中の「情報処理を経たイメージ」のことですね。

先生――そうです。科学的に分析された結果を印象的かつ正確に伝えるためには、「特別な意味」をもたせる色である必要があるのです。

生徒――あ、そうか。だからたとえそれが自然固有の色とまったくかけ離れたものであっても、自然科学の恩恵を受けて暮らす私たちにはそのことに対する違和感がないんですね。

先生――「デジタルイメージ」による伝達が主流の現代、発信者が伝えたい内容をわかりやすく伝達することが可能になったのです。

生徒――そう考えると、傍線部④の「この点」の具体的な内容は、（　X　）ですね。速く正確に伝えることを重視すると、曖昧さや意味の微妙な揺れがあったりするとよくないですよね。でも一方で、よくないといって切り捨てたものの中に価値のあるものはないのですか。

先生――私たちの生活は、デジタル技術に代表される科学の発展によって確かに便利で快適になりましたね。しかし、本文中には「近代以前の日本には、特に灰色系に驚くほど多くの色名があった」とあります。（　　Y　　）が、効率を追求する近代合理主義によってなくなっていく感じがしますね。

㈠　対話中の（　　X　　）にあてはまる内容として最も適切なものを、次のア～エの中から選び、記号で答えなさい。

ア　自然固有の色を再現するより、伝達に最も適した色を使うことに価値を置くということ
イ　自然固有の色を、デジタル技術を活用していっそう美しく印象的に伝達するということ
ウ　自然固有の色による明度の美しさより、彩度のもつ明快な伝達力を重視するということ
エ　自然固有の色のもつ意味を見る者がよりはやく理解しやすいように変更するということ

㈡　対話中の（　　Y　　）にあてはまる内容として最も適切なものを、次のア～エの中から選び、記号で答えなさい。

ア　ありのままの色彩を伝える文化　　イ　色のもつ豊かさを重視する文化
ウ　渋い色調のもつ美を極める文化　　エ　伝達に不向きな色を許容する文化

二　次の文章を読んで、後の問いに答えなさい。

〔大学合格を期に、一人暮らしをするための部屋を探しに来た母と私は、物価の高い東京で想定している家賃では思うように物件を探すことができず、結局古びて狭い木造アパートに住むことを決める。〕

「ねえ、桜の木があるわよ」
母は明るい声で言い、手招きをする。母の隣に立って外を見る。たしかに、隣家の庭に桜らしき木が生えている。隣の庭はずいぶん広い。井戸があり、物干しがある。庭に面した縁側に座布団が干してある。なんだか私たちの家に似ていた。
「ここでお花見ができるわよ。まだつぼみだけど、学校はじまるころには満開よ」
なぐさめるような口調で母が言い、なんだかよりいっそう気持ちが沈み、さっきから感じている苛立《いらだ》ちが倍増する。
電器屋と引っ越し屋は続けてやってきた。電器屋はちいさな冷蔵庫を台所に、洗濯機を玄関のわきに設置し、小型テレビ[illegible]部屋の隅《すみ》に置くと引っ越し屋は去った。あっという間だ

実際、母の作るもの、母の作ってきたものは、ル・クルーゼとは不釣り合いだった。④あのアパートに橙のル・クルーゼがあっても、なんだか滑稽《こっけい》だとも思った。

「これがいいわ」

思いきり立ち上がった母ははずみでよろけ、体を支えようと咄嗟《とっさ》に棚に手をつき、積んであった鍋がものすごい音を出して転がり落ちる。店内にいた客が陳列棚から首だけ出してこちらを見ている。

「やだ、もう」顔がイ火照るのを感じながら私はつぶやく。

「やだもうはこっちのせりふよ」母も赤い顔をして、転げ落ちた鍋を懸命に元に戻している。「大丈夫ですかあ」店員が歩いてくる。

「あらまあ、ごめんなさいね、あのね、この子、春からこの先のアパートでひとり暮らしをするの、それで鍋と思ってね、選びにきたんだけど、やだ、こんなにしちゃって。大丈夫かしら、傷なんかついてない？　えーと、私が選んだのはどれだったかしら、しょうがないわねえ」

おばさんらしい饒舌《じょうぜつ》さで母はべらべらとしゃべり、さっき選んだ鍋を店員に押しつけるように渡している。鍋は大、中、小と三つあった。

「三つもいらないんじゃない」

「いるわよ、ちいさい鍋で毎朝お味噌汁を作りなさい、大きい鍋は筑前煮とか、あとお魚を煮るときにね。中くらいのは南瓜《かぼちゃ》とか里芋とか、そういうちょっとしたものを煮るのに便利だから」まだ顔の赤い母は念押しするように説明しながら、バッグから財布を取り出している。

「この子ね、はじめてひとり暮らしするんですよ。ご近所だし、何かあったらよろしくお願いいたしますね」

母は若い店員に向かって頭を下げ、鍋を包んでいた店員は困ったように私を見、かすかにウ会釈した。

母とは店の前で別れた。アパートにいって荷ほどきをすると母は言い張ったが、ひとりで大丈夫だと私はくりかえした。

「そうね。これからひとりでやっていかなきゃならないんだもんね」

母は自分に言い聞かせるようにつぶやいて、幾度か小刻みにうなずくと、顔のあたりに片手をあげて、くるりと背を向けた。ふりかえらず、よそ見をすることなく、陽のあたる商店街を歩いていく。母に渡された重たい紙袋を提《さ》げ、遠ざかる母のうしろ姿を私はずいぶん長いあいだ眺めていた。母のうしろ姿はあいかわらず陽にさらされてちかちかと光っている。カートを引いて歩く老婆、小走りに駅へ向かうスーツ姿の男、幼い子どもの手を引く若い母親、いつもと変わらぬ町を歩く人々の合間を、母はまっすぐ歩いていく。雲のない空の下で商店街はふわふわと明るい。この光景を、ひょっとしたら私は一生忘れないかもしれない、ふいにそんなことを思った。そんなことを思ったら急に泣き出しそうになった。ひとりになって泣くなんて子どもみたい。⑤私は母が向かう先とは反対に走り出す。かんかんと音をさせてアパートの階段を駆け上がり、紙袋の中身を取り出した。いつのまに母が頼んだのか、それとも店員が気をきかせたのか、大中小、三つの鍋はプレゼント用に包装されていた。でこぼこの包装紙のてっぺんに、ごていねいにリボンまでついている。みず色のリボン。ひとりきりになったちいさな部屋のなか、思わず私は笑ってしまう。

（角田光代「鍋セット」）

問1　波線部ア～ウの漢字の読みをひらがなで答えなさい。

問2　二重傍線部「素っ頓狂な」の意味として最も適切なものを、次のア～エの中から選び、記号で答えなさい。

ア　おおげさな　　イ　調子はずれな　　ウ　悲しげな　　エ　きまり悪そうな

問3　傍線部①「片付け、ひとりでできそうだから、もう帰っていいよ」とあるが、ここでの「私」はどのような心情を抱いているのか。その説明として最も適切なものを、次のア～エの中から選び、記号で答えなさい。

ア　大学に合格した喜びを実感する間もなく、東京での一人暮らしの厳しさを家賃の高さを強調することで私に分からせようとする母の言葉にいらだっている。

イ　大学に合格して喜ぶ私の気持ちとはうらはらに、物価の高い東京と比較して故郷の町の住みやすさをことさらに強調しようとする母の言葉にいらだっている。

ウ　大学に合格した時の嬉しさから一転、物価の高い東京での一人暮らしの生活の現実を突きつけられて落ち込む私の気持ちに追い打ちをかけるような母の言葉にいらだっている。

エ　大学に合格して嬉しい反面、東京の物価の高さも知らず豪華な部屋に住むことができると考えていた私の落胆をよそに、家賃の高さに無邪気に驚くような母の言葉にいらだっている。

問4　傍線部②「おもちゃみたいな鍵」とあるが、この表現が与える印象の説明として最も適切なものを、次のア～エの中から選び、記号で答えなさい。

ア　これから私の住むアパートの貧弱さ　　イ　これから私の住むアパートの面白み

ウ　上京したばかりの私の不安　　エ　上京したばかりの私の現実感のなさ

か今まで思いもかけなかった新しい考えを思いつくとか、新しい物事を見つけだすとかいうことがきっかけとなっている。私どもの持っている既成の概念や知識と相容《あいい》れないようなものを受けいれる気持を、私どもが持っていなければ、自分の心の中で、あるいは他の人の心の中で成長すべき新しい大切なものが萎《しぼ》んでしまうおそれがある。そこで、甘さというか包容力というかオープンマインデッドネスというか、そういうものが私ども学者の気持、学者の平素からの心構えとしてたいへん大切になってくる。そういうものが、実際すぐれた学者の中には、どこかに見出されるのである。

（湯川秀樹「甘さと辛さ」）

問１　本文中の［A］～［C］にあてはまる言葉として最も適切なものを、次のア～オの中からそれぞれ一つずつ選び、記号で答えなさい。

ア　なぜなら　　イ　あるいは　　ウ　だから　　エ　例えば　　オ　しかし

問２　本文中の［1］・［2］にあてはまる言葉として最も適切なものを、次のア～オの中からそれぞれ一つずつ選び、記号で答えなさい。

ア　統計　　イ　部分　　ウ　建設　　エ　補助　　オ　論理

問３　本文中の［X］にあてはまる言葉として最も適切なものを本文中より二字で抜き出して答えなさい。

問４　傍線部①「こういうふうに思える」とあるが、筆者はどのようなことを思っているのか。五十字以内で説明しなさい。

問５　傍線部②「私人としては甘くても公人としては辛くなければならないというようなことが時々起《おこ》ってくる」とあるが、それはなぜだと考えられるか。その説明として最も適切なものを、次のア～エの中から選び、記号で答えなさい。

ア　社会を構成する人間の大多数は他者と協力する資質を備えているが、そのような資質が欠けている一部の人間に対しては指導的な立場の者が正しい教育をきびしく行う必要があるから。

イ　どのような社会においても何らかのきっかけで社会全体が危機的な状況に陥《おちい》ることがあり、そのような危機を乗り切るためには個人よりも社会を優先するきびしさが必要になってくるから。

ウ　人間は他人に迷惑をかけない範囲で自由に行動できるように思われているが、そのような個人の自由な行動は社会を維持するために法律によってきびしく制限される必要が生じてくるから。

エ　人間の社会においては社会の安定を壊しかねない者が現れてくる可能性が常にあり、そのような危険性を防ぐためには社会の一員として求められるきびしさを各人が持つ必要があるから。

問6　傍線部③「私ども科学者というものは気むずかしくて、甘さよりも辛さの目立つ人達だと思われがちのようであるが、それも必ずしも当《あた》っていない」とあるが、筆者は「科学者」の「辛さ」の問題点をどのような点にあると考えているか。五十字以内で説明しなさい。

問7　傍線部④「ある種の甘さ」とあるが、筆者が考える「ある種の甘さ」とはどのようなものか。その説明として最も適切なものを、次のア～エの中から選び、記号で答えなさい。

ア　人間関係を良好に保ちながら、他者に対して配慮ある行動ができる思いやりの精神のようなもの。
イ　何事に対しても強い興味を持ち、新しいものを次々に発見することができる先見の明のようなもの。
ウ　従来の考え方に縛られることなく、未知のものを受け入れることができる心の余裕のようなもの。
エ　自らの失敗にこだわることなく、常に前向きに努力することができる楽観的な考えのようなもの。

(7)　弘君と学君の持っているお金は合わせて 3000 円です。弘君は持っているお金の $\frac{1}{3}$ を使い、学君は持っているお金の $\frac{3}{4}$ を使いました。すると、２人の持っているお金は合わせて 1500 円になりました。はじめに弘君の持っていたお金は□円です。

(8)　右下の図は、長方形を AB を折り目として折り曲げたものです。
アの角の大きさは□度です。

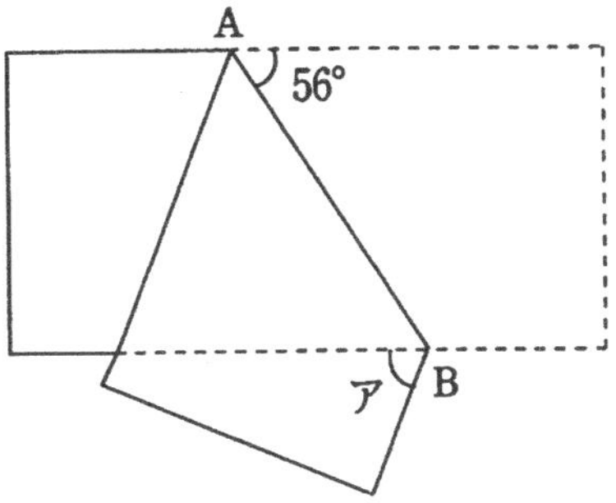

(9)　下の図は、長方形を何枚か組み合わせてできた立体を真上・正面・真横から見たときの図です。このとき、立体の体積は□ cm^3，表面積は□ cm^2 です。

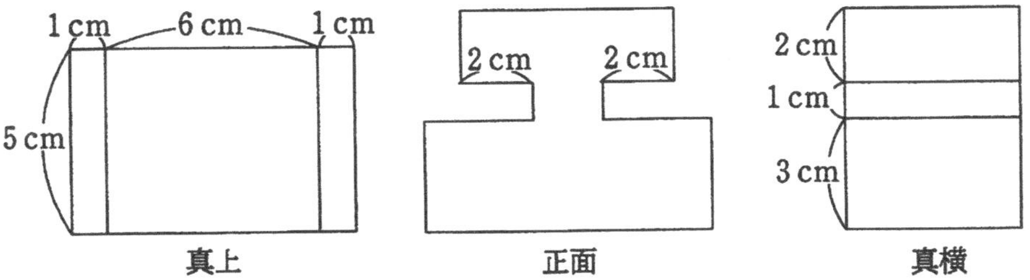

真上　　正面　　真横

(10)　右の図は、半径 10 cm の円を４等分してできたものです。
また、点 A , B , C , D は、図の曲線部分を５等分する点です。
このとき、図の斜線《しゃせん》部分の面積は□ cm^2 です。

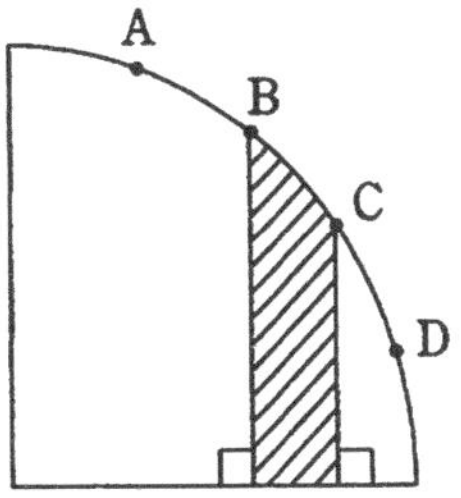

2 容器Ａには６％の食塩水が500ｇ、容器Ｂには12％の食塩水が400ｇ入っています。このとき、以下の問いに答えなさい。

(1) 容器Ａ，Ｂからそれぞれ100ｇ取り出して混ぜ合わせると食塩水は何％になるか求めなさい。

(2) 次に、容器Ａから200ｇ取り出します。この取り出した200ｇの食塩水から水を蒸発させて、８％の食塩水を作ります。このとき、蒸発させる水の量を求めなさい。

(3) 最後に、残った容器Ａの食塩水200ｇ、容器Ｂの食塩水300ｇから同じ量の食塩水を取り出し、容器Ａから取り出した食塩水を容器Ｂに加え、容器Ｂから取り出した食塩水を容器Ａに加えると容器Ａの食塩水が容器Ｂの食塩水より２％濃《こ》くなりました。このとき、容器Ａから取り出した食塩水の量を求めなさい。

5　白，黒の正方形のタイルがたくさんあり、その中からいくつか選び、次のルールに従って横に並べます。

ルール
左はしのタイルは白である。
黒のタイルどうしはとなりあわない。

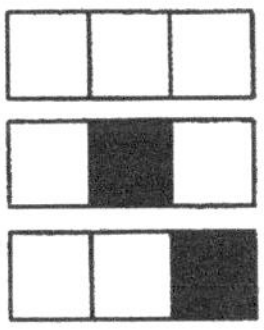

例えば、3個用いて並べる場合は右の図のようになり、
その並べ方は3通りあります。
このとき、以下の問いに答えなさい。

(1)　これらのタイルを4個用いて並べるとき、並べ方は何通りあるか求めなさい。

(2)　これらのタイルを5個用いて並べるとき、

①　右はしのタイルが白である並べ方は何通りあるか求めなさい。

②　右はしのタイルが黒である並べ方は何通りあるか求めなさい。

(3)　これらのタイルを10個用いて並べるとき、並べ方は何通りあるか求めなさい。

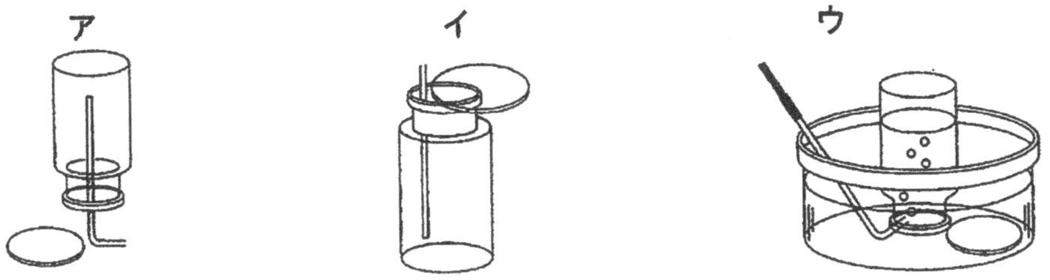

(3) この実験では塩酸を使いました。塩酸のかわりに別の水よう液を使ってもこの気体を発生させることができます。その水よう液として，適当なものを次のア～エから 1 つ選び，記号で答えなさい。

ア アンモニア水　　イ 過酸化水素水　　ウ 水酸化ナトリウム水よう液

エ 食塩水

問3 実験と同じ濃さの塩酸を，3 つの試験管に 60cm^3 ，80cm^3 ，100cm^3 ずつ入れ，アルミニウム 0.6g をそれぞれの試験管に加え，発生した気体の体積を調べました。それぞれの結果を棒グラフにして図1にかき加えると，どのようになると考えられますか。解答らんの図に棒グラフをかき入れなさい。

問4 問3のグラフから，アルミニウム 0.6g を塩酸 50cm^{3}に加えたときに発生する気体の体積は，何cm^{3}であると考えられますか。次のア～エから最も適当なものを 1 つ選び，記号で答えなさい。

ア 400　　イ 500　　ウ 600　　エ 800

問5 問3のグラフから，気体が発生し終わった後アルミニウムが残らないのは，少なくとも塩酸を何cm^{3}混ぜたときであると考えられますか。次のア～エから最も適当なものを 1 つ選び，記号で答えなさい。

ア 60　　イ 80　　ウ 100　　エ 120

問6 実験後の試験管 C の上ずみ液と塩酸をそれぞれ別の蒸発皿にとって加熱しました。十分に加熱した後の蒸発皿のようすはどうなりますか。最も適当なものを次のア～エからそれぞれ 1 つ選び，記号で答えなさい。

ア アルミニウムが残った。

イ 塩酸が残った。

ウ アルミニウムでも塩酸でもないものが残った。

エ 何も残らなかった。

2　次のⅠ，Ⅱの問いに答えなさい。

Ⅰ　地球にはたくさんの種類の生き物が暮《く》らしていますが，こん虫はその中で最も種類が多いといわれています。こん虫は地球上のさまざまな場所にすんでおり，種類によって食べ物も違っていますが，こん虫のからだのつくりや育ち方には一定の決まりがあることがわかっています。

問1　次の文を読み，あとの問いに答えなさい。

こん虫のからだは〔　1　〕，〔　2　〕，〔　3　〕の部分に分かれています。〔　1　〕には触角《しょっかく》があり，〔　2　〕には〔　4　〕本のあしがあります。また，卵から成虫になるまでの間に〔　5　〕になるものとならないものがあります。

(1)　〔　1　〕〜〔　5　〕にあてはまる語や数を答えなさい。

(2)　下線部について，チョウ，トンボ，アリ，バッタ，カブトムシのうち，〔　5　〕にならないものをすべて答えなさい。

問2　クモはこん虫に似ていますがこん虫ではありません。その理由を2つ答えなさい。

Ⅱ　春から初夏にかけて林の中を歩いていると，葉っぱの巻かれた筒《つつ》のようなものが地面に落ちていることがあります。これは，オトシブミという小さなこん虫が葉を何重にも巻いて作ったもので，オトシブミの「ゆりかご」とよばれています。中には卵が1個生み付けられており，卵からふ化した幼虫は成虫になるまでここで暮らします。ちなみに，ゆりかごの葉の巻かれているようすが，あたかも昔の文《ふみ》(巻きものになった手紙のこと)のようだということから，このこん虫のことを「オトシブミ」とよぶようになりました。

ゆりかごは次のようにして作られます。まず，オトシブミは葉の先から葉の上の真ん中を歩き(図1-a)，適当な位置に来ると葉のふちまで移動し，そこから葉を横に切っていきます(図1-b)。その後切ったところから葉先の部分をくるくると巻いてゆき，ゆりかごを作ります(図1-c)。ゆりかごは外敵か

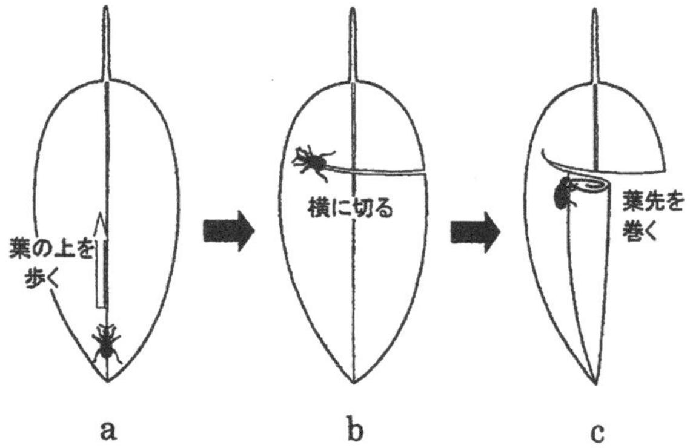

図　1

前の葉先から，葉を切り始める位置までの距離をはかりました。何回か同じ実験を行った結果，オトシブミが実際に歩いた距離は，平均すると約 50mm ，ずらす前の葉先から，葉を切り始める位置までの距離は，平均すると約 35mm になりました。

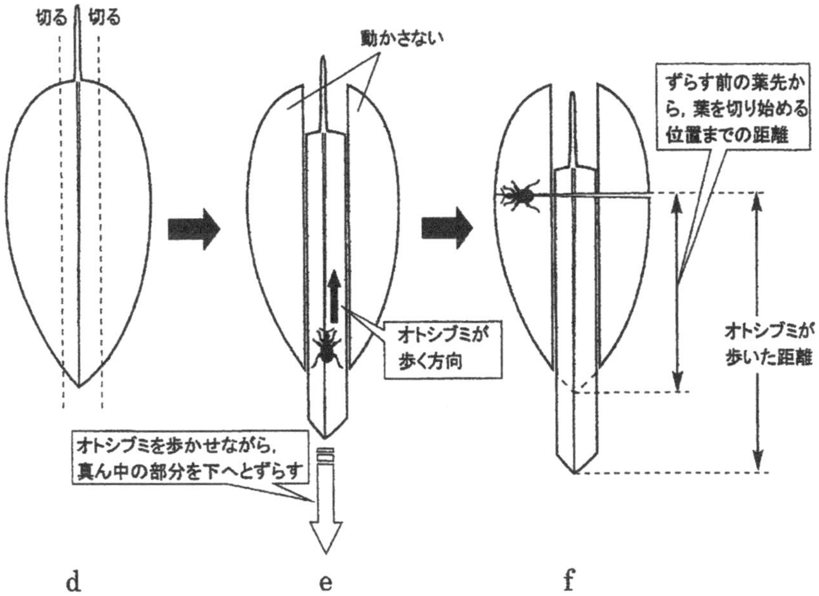

図 3

問5 **実験2**より，オトシブミは，葉を切り始める位置をどのようにして決めていると考えられますか。次の文の〔　　〕に入る適当な文を，10 字以内で答えなさい。

オトシブミは，葉を切り始める位置を，〔　　　　　　　　　　〕で決めている。

3 次の文章を読み，あとの問いに答えなさい。

月は地球からもっとも近いところにある天体で，地球のまわりを回っています。**図1**は，月の表面の写真です。月の表面は固い岩石や砂などからできており，丸いくぼみがたくさんあります。**図2**は，月と地球の位置関係を表したものであり，図中の①～⑧の順に月の位置がかわるとともに，地球から見える月の形もかわっていきます。**図3**は，日本で見ることのできる月の形を表したものです。

昔の人たちは，地球から見える月の形が毎日少しずつかわり，およそ29.5 日かけてもとの形にもどることを利用して「こよみ」をつくりました。この「こよみ」は旧暦《きゅうれき》とよばれ，月が新月となる日を月の始まりと考え，毎月の1 日としたものです。また，日本には月の形や月が見える位置，季節などをよんだ俳句《はいく》や和《わ》歌《か》，童謡《どうよう》が多く残されています。月は昔からわたしたちの生活や文化と深いかかわりがあるのです。

図 1

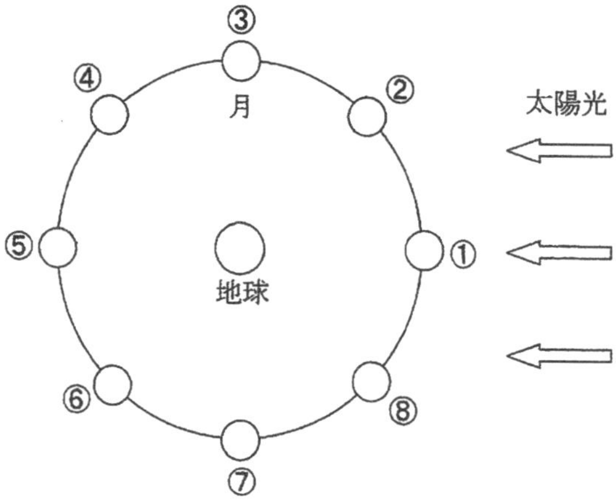

図 2

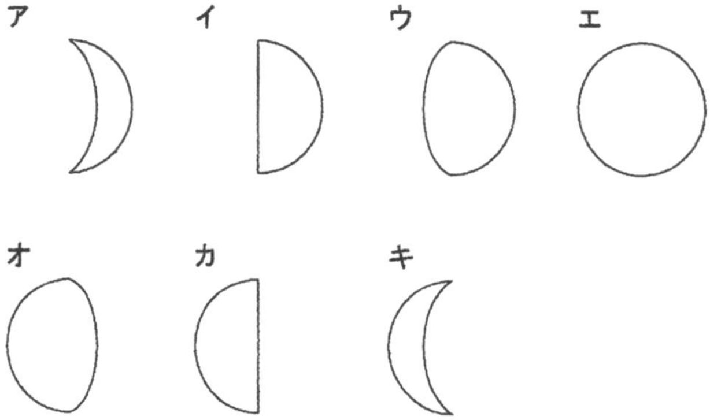

図 3

4 次のⅠ～Ⅲの文を読み，あとの問いに答えなさい。

Ⅰ　光はまっすぐに進み，鏡ではね返すことができます。下の**図1**のように，発光ダイオードの A から出た光のうちで，鏡に当たってはね返り，目に入る道すじは A から出て D までまっすぐ進み，D ではね返ってからまっすぐ進み目に入ります。つまり，目は発光ダイオードの光を見たことになります。

鏡に垂直な直線 ACB で AC の長さと BC の長さが等しくなるような点を B とすると，BDE は一直線になり AD の長さと BD の長さは等しくなります。

したがって ADE の長さと BDE の長さは等しくなり，A を出て鏡ではね返って目に入る光は，点 B から D を通り目に一直線に進んでくるように感じるため，発光ダイオードが点 B にあるように見えます。鏡の向こう側に自分の姿が映って見えるのはこのためです。また，このときⓐの角度とⓑの角度は等しくなります。

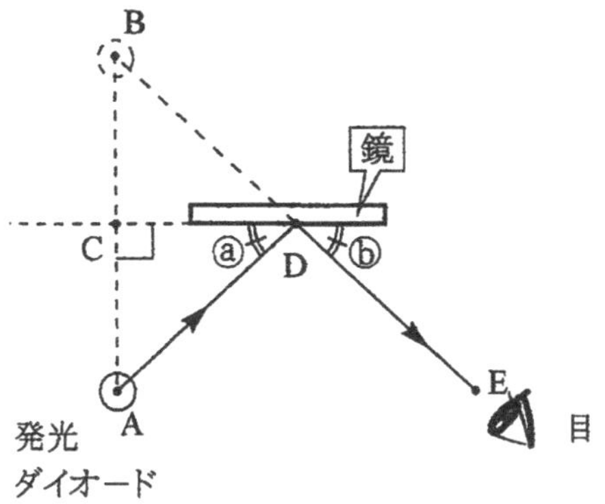

図 1

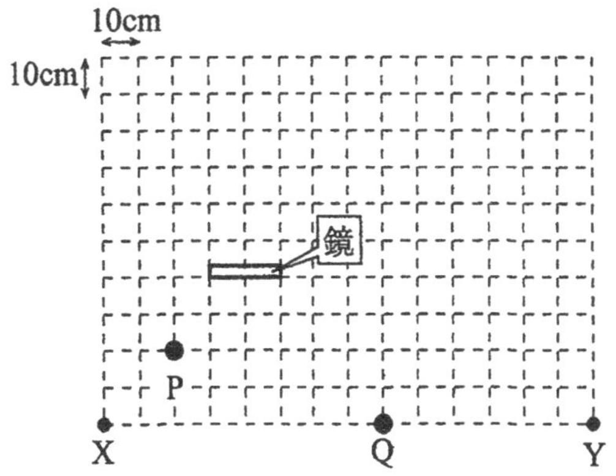

図 2

問1　**図2**のように，点 P に発光ダイオードを置き，目の位置が点 Q になるようにして，鏡に映った発光ダイオードを見ました。発光ダイオードから出る光のうち，鏡にはね返って目に入る光が鏡に当たる点に●印をつけ，発光ダイオードがあるように見える点に×印をつけなさい。

問2　次に，目を**図2**の点 X から点 Y まで動かしながら鏡に映る点 P の発光ダイオードを見たとき，見え始める位置と，見え終わる位置の点 X からの距離は，それぞれいくらですか。ただし，図の方眼紙 1 ますの距離を 10cm とします。

問3　問2で，発光ダイオードが見えているとき，目の位置と発光ダイオードが鏡に映って見える位置の関係として正しいものを，次のア～ウから１つ選び，記号で答えなさい。

ア　点Ｘから目の位置までの距離が遠くなるほど鏡から遠ざかった位置に見える。

イ　点Ｘから目の位置までの距離が遠くなるほど鏡に近づいた位置に見える。

ウ　点Ｘから目の位置までの距離と関係なく同じ位置に見える。

Ⅱ　のばされたゴムは，元の長さにもどろうとします。ゴムひもにおもりを付けてつり下げ，おもりの重さとゴムひもの長さとの関係を調べたところ，図3のようになりました。ゴムひも自体の重さは考えないものとします。

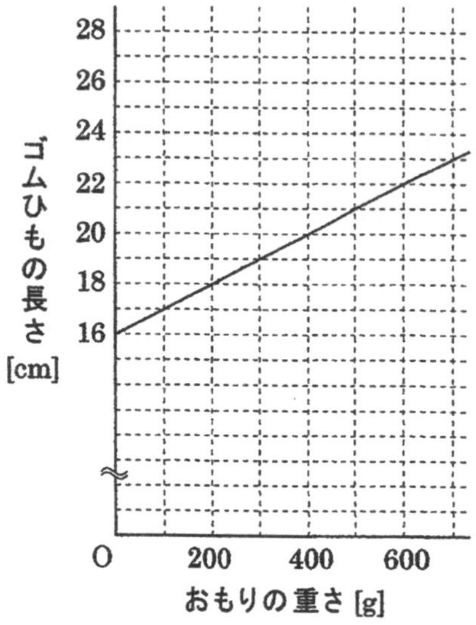

図　3

問4　ゴムひもの自然の長さ（何もつり下げないときの長さ）は何 cm ですか。

問5　ゴムひもの長さが 20 cm のとき，ゴムひもには何 g のおもりがつり下げられていますか。

問6　図4のように，このゴムひもを 2 本用意し，たてにつなぎ， 200g のおもりをつり下げました。このとき， 2 本のゴムひもの長さの合計を考えた次の文章の〔　1　〕～〔　3　〕にあてはまる長さを答えなさい。

2 本のゴムひもを上から順番にア，イと呼ぶことにします。アとイのつなぎ目に天井があると考えれば，イだけに 200 g のおもりがつり下げられているのと同じことになり，イの長さは〔　1　〕cm となります。また，ゴムひも自体の重さを考えないので「イと 200g のおもり」をまとめて 200g の一つの物体と考えると，アの長さは〔　2　〕cm となります。だから，2 本のゴムひもの長さの合計は〔　3　〕cm となります。

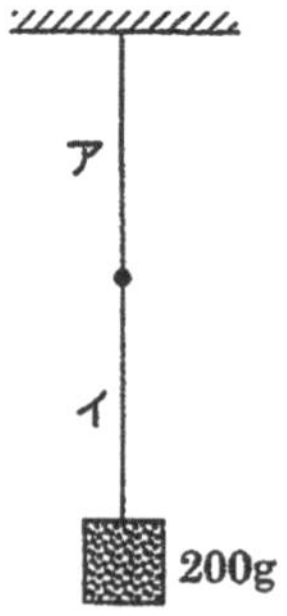

図　4

受験番号

令和三年度　弘学館入学試験

中学校　国語解答用紙

一

問1

a

り

b

c

d

e

問2

問3

問4

〜

という美学。

問5

A

B

問6

X

Y

合計

※100点満点
（配点非公表）

小計

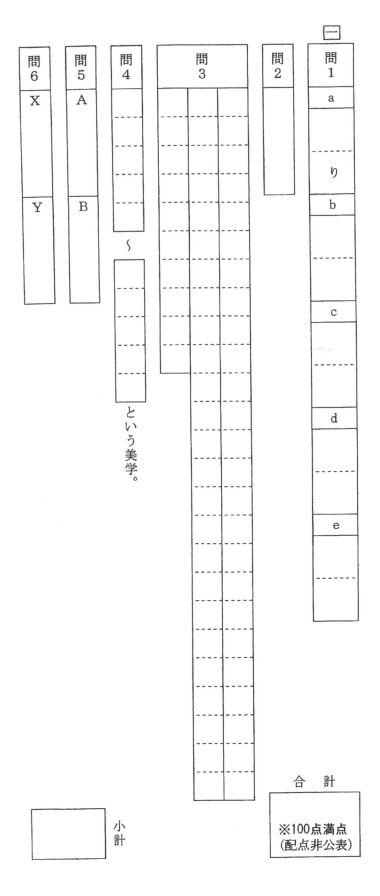

受験番号

令和３年度　弘学館入学試験

中学校 算数解答用紙

1

(1)		(2)			(3)		
(4)	日	(5)	パソコン	台	生徒	人	
(6)	m	(7)		円	(8)	度	
(9)	体積	cm^3	表面積	cm^2	(10)	cm^2	

2

(1)	%	(2)	g	(3)	g

3

(1)	km	(2)	8時　　分　　秒	(3)	km

令和3年度　弘学館入学試験

中学校　理科解答用紙

受験番号

1

問1	問2 (1)	問2 (2)	問2 (3)

問4	問5	問6 試験管Cの上ずみ液	問6 塩酸

問　3

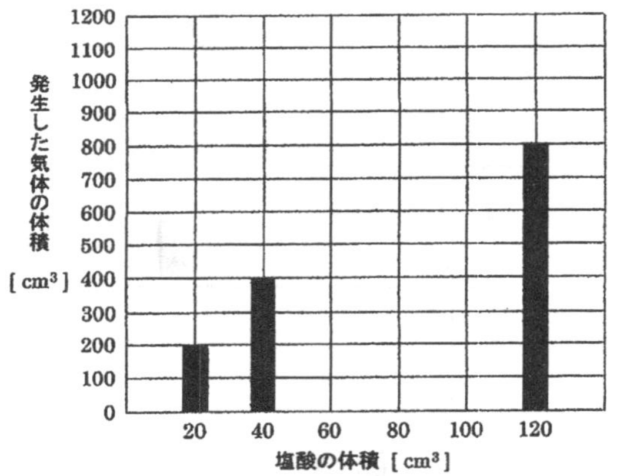

2

問　1

(1) 〔1〕	(1) 〔2〕	(1) 〔3〕	(1) 〔4〕	(1) 〔5〕	(2)

問2		問3

問　4

〔6〕	〔7〕	〔8〕	〔9〕	〔10〕	【A】	【B】

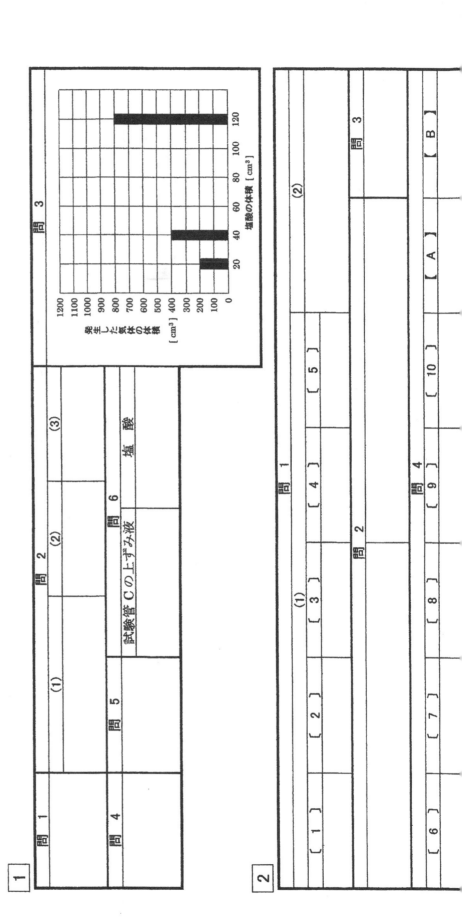

問　5
オトシブミは，葉を切り始める位置を〔　　　　　　〕で決めている。

3

問　1	問　2	問　3 ③	問　3 ⑧	問　4 (1)	問　4 (2)	問　4 (3)

問　5	問　6 (1)	問　6 (2)

4

問　1

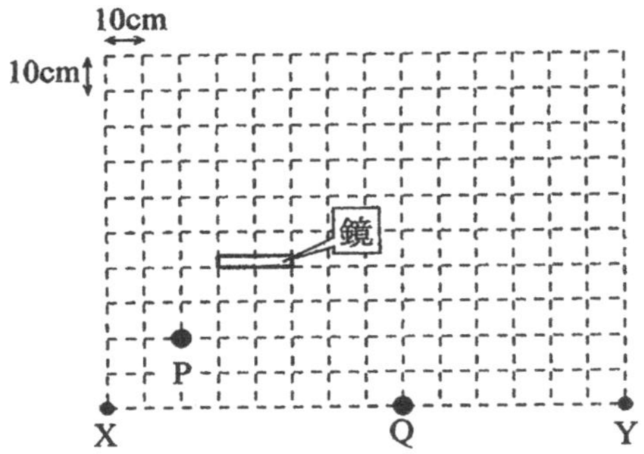

問　2 見え始め	問　2 見え終わり	問　3
cm	cm	

問　4	問　5
cm	g

問　6 〔 1 〕	問　6 〔 2 〕	問　6 〔 3 〕
cm	cm	cm

問　7	問　8	問　9
cm	cm	kg

得　　点
※50点満点 (配点非公表)

4

(1)	①	cm²	②	cm²

(2)

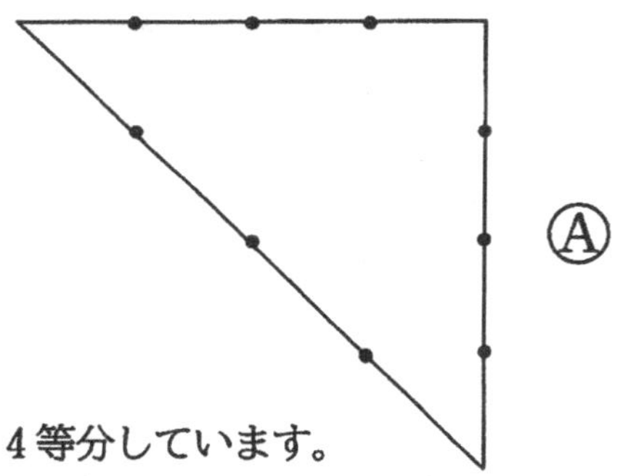

• は、各辺を 4 等分しています。

5

(1)		通り		
(2)	①	通り	②	通り
(3)		通り		

得　点
※150点満点 （配点非公表）

問2

問3

問4

問5

問6

問7

小計

三

問1

A

B

C

問2

1

2

問3

問4

問5

問6

問7

小計

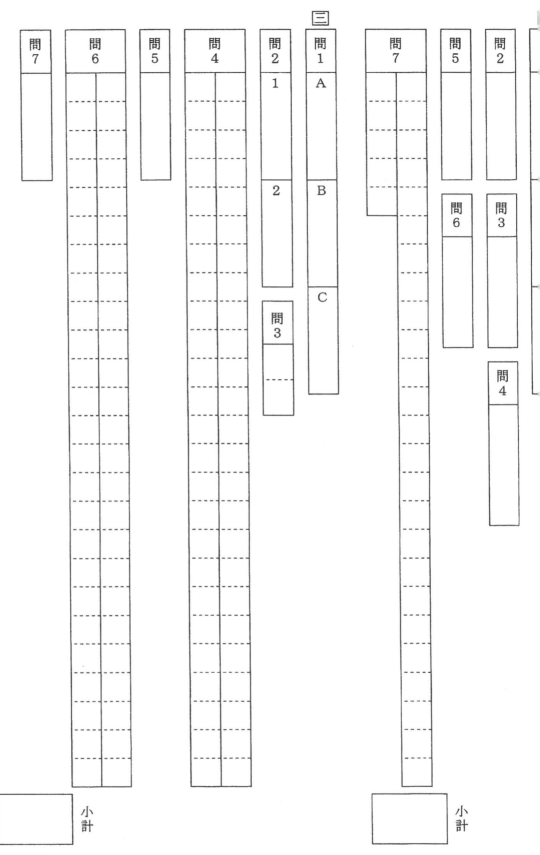

令和3年度　弘学館入学試験

中学校　理科問題

（50分）

1　アルミニウムと塩酸を混ぜると，気体が発生します。混ぜる塩酸の体積を変え，発生する気体の体積がどのように変わるか調べるために，次の実験を行いました。あとの問いに答えなさい。ただし，発生する気体の体積はすべて同じ条件で調べます。

実験　3つの試験管A，B，Cに同じ濃さの塩酸を20cm³，40cm³，120cm³ずつ入れました。そして，アルミニウム0.6gをそれぞれの試験管に加え，発生した気体の体積を調べました。実験の結果を棒グラフにすると，図1のようになりました。

気体が発生しなくなったとき，試験管の中を観察すると，試験管A，Bにはアルミニウムが残っていました。

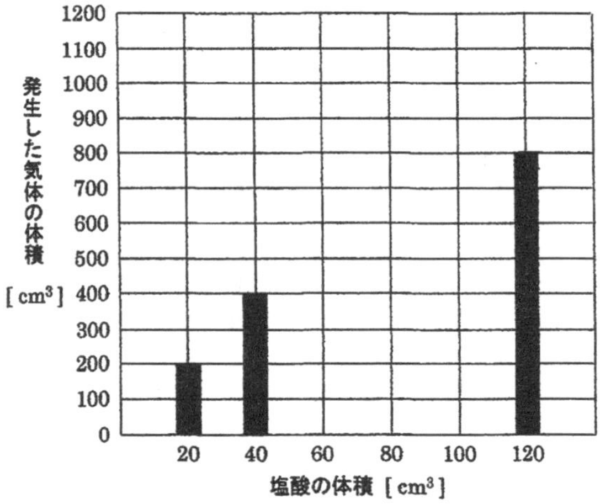

図　1

問1　塩酸は何性ですか。次の**ア**～**ウ**から適当なものを1つ選び，記号で答えなさい。

ア　酸性　　　**イ**　中性　　　**ウ**　アルカリ性

問2　発生した気体について，次の問いに答えなさい。

(1)　この気体は何ですか。漢字で答えなさい。

(2)　この気体を集める方法は，酸素を集める方法と同じです。この気体を集める方法として，最も適当なものを次の**ア**～**ウ**から1つ選び，記号で答えなさい。

ら卵や幼虫を守る役目のほかに，幼虫のえさにもなるため，十分な大きさが必要になります。そのため，オトシブミは葉の大きさをはかって，切る位置を決めます。では，オトシブミは，どのようにして葉の大きさや切れ目を入れる位置を決めているのでしょうか。それを調べるために，次の**実験1，2**を行いました。

実験1　**図2**のような①〜⑦の形をした葉を用意し，それぞれの葉でオトシブミにゆりかごを作らせ，それぞれについて，葉の長さ，および葉の面積と，オトシブミが葉先から切れ目を入れる位置までの葉の真ん中を歩いた距離の関係を調べました。**表1**はその結果を表したものです。なお，葉①〜⑤は，葉の大きさは違っていますが，形はすべて同じものです。

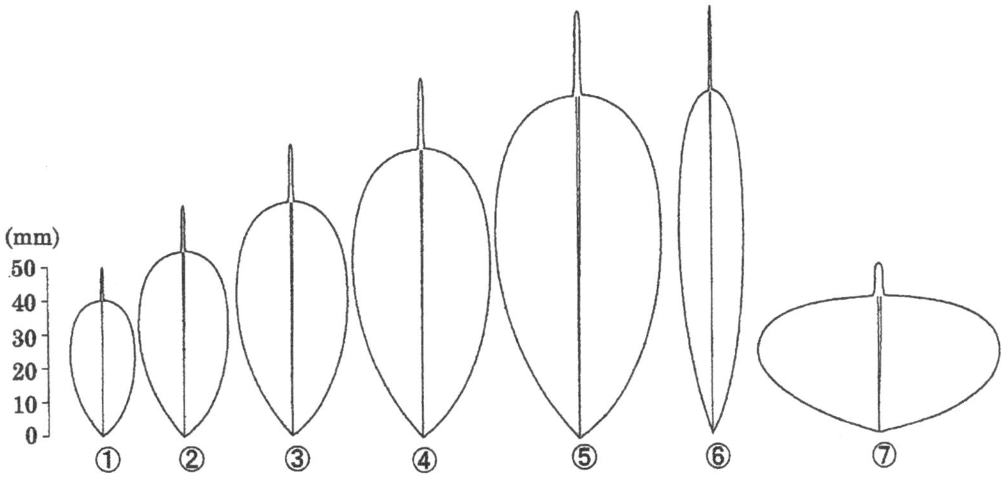

図　2

表　1

葉	葉の長さ(mm)	葉の面積(cm^2)	葉の真ん中を歩いた距離(mm)
①	40	7	33
②	55	12	42
③	70	20	46
④	85	29	48
⑤	100	41	48
⑥	100	12	48
⑦	40	20	33

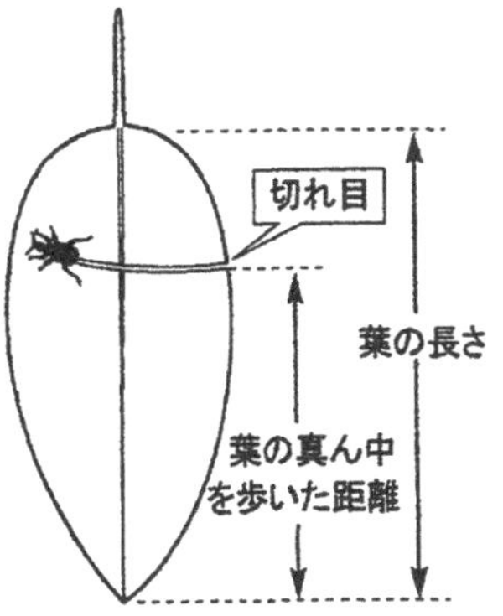

葉の長さ，および葉の真ん中を歩いた距離のはかり方

問3　形が同じで大きさの違う葉①～⑤の上を歩かせた結果から，葉の大きさと切れ目を入れる位置まで歩いた距離についてどのようなことがわかりますか。次の**ア**～**ウ**から正しいものをすべて選び，記号で答えなさい。正しいものがなければ，「なし」と答えなさい。

ア　葉の大きさが大きくなると，それに比例して歩く距離が長くなる。

イ　歩く距離は一定以上大きくならない。

ウ　葉の大きさと歩く距離の間には，関係がない。

問4　オトシブミが葉の大きさをはかるめやすとして，葉の長さと葉の面積の２つが考えられます。葉①～⑦の上を歩かせた実験と結果についてのべた次の文について，〔　6　〕～〔　10　〕には「長さ」「面積」のいずれかをそれぞれ答えなさい。また，それはどの葉とどの葉の結果をくらべることによってわかりますか。下の**ア**～**ナ**から【　A　】，【　B　】にあてはまる組み合わせを，それぞれすべて選び，記号で答えなさい。

葉①～⑦について，〔　6　〕が等しく〔　7　〕が異なっている【　A　】の組み合わせでは，オトシブミが歩いた距離が違っています。これに対して〔　8　〕が等しく〔　9　〕が異なっている【　B　】の組み合わせでは，オトシブミが歩いた距離は同じになっています。これらのことから，オトシブミは〔　10　〕をめやすにして葉の大きさをはかっていると考えられます。

ア　①と②　　イ　①と③　　ウ　①と④　　エ　①と⑤　　オ　①と⑥　　カ　①と⑦
キ　②と③　　ク　②と④　　ケ　②と⑤　　コ　②と⑥　　サ　②と⑦　　シ　③と④
ス　③と⑤　　セ　③と⑥　　ソ　③と⑦　　タ　④と⑤　　チ　④と⑥　　ツ　④と⑦
テ　⑤と⑥　　ト　⑤と⑦　　ナ　⑥と⑦

実験2　同じ大きさの葉をいくつか用意し，**図3-d**のように，それぞれの葉を３つに切って，葉の両側は動かないようにし，真ん中の部分をずらすことができるようにしました。

初めに真ん中の部分を動かさずにオトシブミを歩かせ，葉先からオトシブミが葉を切り始める位置までの距離をはかりました。何回か同じ実験を行った結果，葉先から葉を切った位置までの距離は，平均すると約50mmになりました。

次に，**図3-e**のようにオトシブミに葉の真ん中の部分を歩かせながら，真ん中の部分を少しずつ下の方へずらしていき，**図3-f**のように，オトシブミが葉を切り始める位置まで歩いた距離と，ずらす

問1　文中の下線部について，月の表面に見られる丸いくぼみのことを何といいますか。

問2　日によって地球から見える月の形がかわっていく理由として正しいものを，次の**ア**～**オ**から 1 つ選び，記号で答えなさい。

ア　月にあたる太陽の光を，地球がさえぎるため。

イ　地球にあたる太陽の光を，月がさえぎるため。

ウ　地球に反射された太陽の光が，月の一部にしかあたらないため。

エ　月にあたる太陽の光が，月の一部にしかあたらないため。

オ　月はたえず，その大きさと形を変化させているため。

問3　**図2**について，月の位置が③と⑧にあるときに日本から見える月の形を，**図3**の**ア**～**キ**からそれぞれ 1 つずつ選び，記号で答えなさい。

問4　「菜の花や　月は東に　日は西に」という俳句《はいく》は，江戸時代の俳人《はいじん》である与謝蕪村《よさぶそん》が，菜の花がさく春の季節に太陽が西にしずむころ，東の空に月が見えていたことをよんだものです。

(1)　この俳句がよまれたときの月と地球の位置関係として正しいものを，**図2**の①～⑧から 1 つ選び，記号で答えなさい。

(2)　この俳句がよまれたときに，日本から見えていた月の形として正しいものを，**図3**の**ア**～**キ**から 1 つ選び，記号で答えなさい。

(3)　この俳句がよまれた日の 1 週間前，月が真南に見えたときの太陽の位置として正しいものを，下図のＡ～Ｅから 1 つ選び，記号で答えなさい。

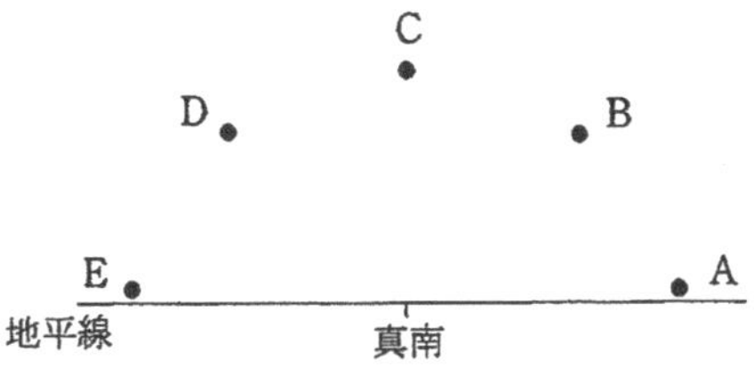

問5　「今こむと　いひしばかりに　長月の　あり明けの月を　待出でつるかな」という平安時代によまれた和歌があります。この和歌は，すぐに来ると言った人を待ちつづけたが，結局その人はあらわれず，待ちつづけるうちに夜が明けてしまったことをよんだものです。「あり明けの月」とは夜が明けたあとも空に残って見える月のことです。この和歌によまれた「あり明けの月」の形として考えられるものを，**図3**の**ア**～**キ**からすべて選び，記号で答えなさい。

問6　「うさぎ　うさぎ　なにみてはねる　十五夜お月さま　みてはねる」という童謡があります。「十五夜」とは旧暦の 15 日のことで，この日の月の形はほぼ満月に近い形となります。とくに旧暦の 8 月 15 日に見える月を中秋《ちゅうしゅう》の名月とよびます。中秋の名月は毎年 9 月 7 日～ 10 月 8 日ころに見られ，古くから日本の秋の風物詩《ふうぶつし》として親しまれてきました。

(1)　旧暦の毎月 4 日に，日本から見える月の形として正しいものを，**図3**の**ア**～**キ**から 1 つ選び，記号で答えなさい。

(2)　2020 年の中秋の名月は 10 月 1 日に見られました。2021 年の中秋の名月が見える日にちとして最も近いものを，次の**ア**～**オ**から 1 つ選び，記号で答えなさい。

ア　9 月 9 日　　**イ**　9 月 15 日　　**ウ**　9 月 21 日　　**エ**　9 月 30 日
オ　10 月 6 日

問7　図5のように，このゴムひもを 3 本用意し，たてにつなぎ，200 g のおもりをつり下げたとき，3 本のゴムひもの，自然の長さからののびの合計は何 cm ですか。

図　5

問8　問6のつなぎかたは，ゴムひもの自然の長さが元の長さと比べて 2 倍になったもの，問7のつなぎかたは，ゴムひもの自然の長さが元の長さと比べて 3 倍になったものと考えられます。元のゴムひもを半分に切って 200g のおもりをつり下げると，ゴムひもの長さは何 cm になりますか。

Ⅲ　図6のように，長さが 3m で，重さが 18kg である板を，点 A と点 B の二か所で支《ささ》えています。この板はどこも同じ厚さで，重さは真ん中にかかっているものとします。

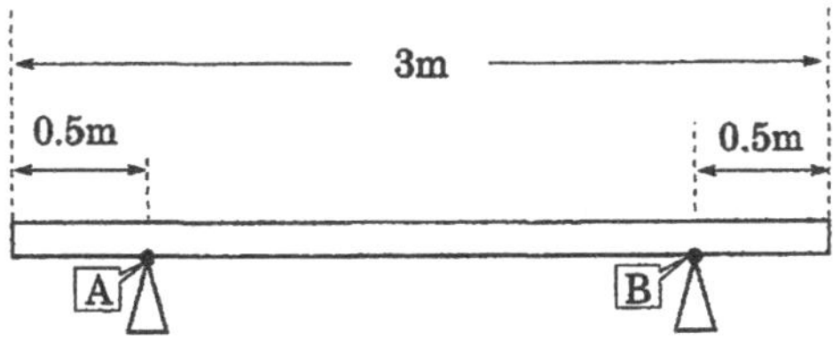

図　6

問9　40kg の人が板の右はしに乗ると，板の左側が上がってしまいました。何 kg 以下の人であれば，板の右はしに乗っても板の左側が上がらずにすみますか。

[4]　1辺が16 cmの正方形の折り紙がたくさんあります。図の中の点線は折り目を、矢印は折る方向を表します。このとき、以下の問いに答えなさい。ただし、円周率は3.14とします。

(1)　2枚の折り紙をそれぞれ下の図の①，②のように折り、斜線《しゃせん》でぬりつぶした部分（①の右下の斜線部分は、半径4 cmの円の一部です。）を切り落としました。残った部分を開いたときの面積はそれぞれ何 cm^2 か求めなさい。

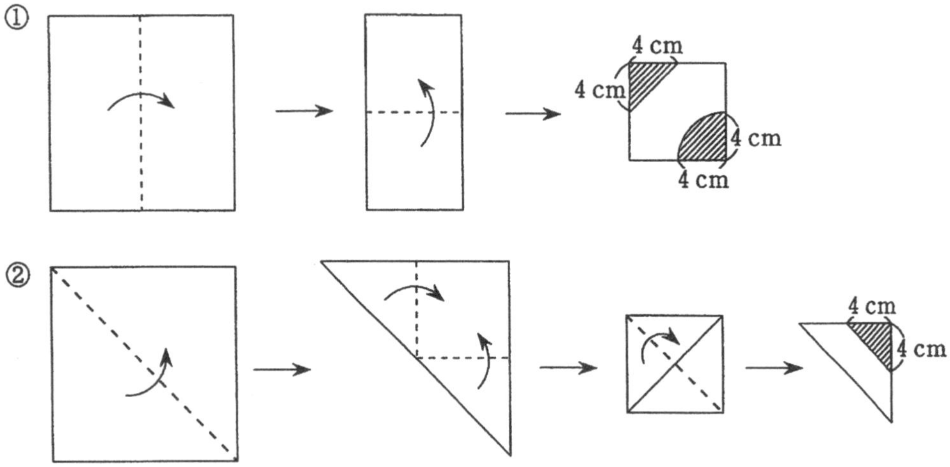

(2)　新しい折り紙を、図のようにⒶまで折り、(1)と同様に一部を切り落とし、残った部分を開いたところⒷのようになりました。Ⓐの図で切り落とした部分を斜線《しゃせん》でぬりつぶして答えなさい。

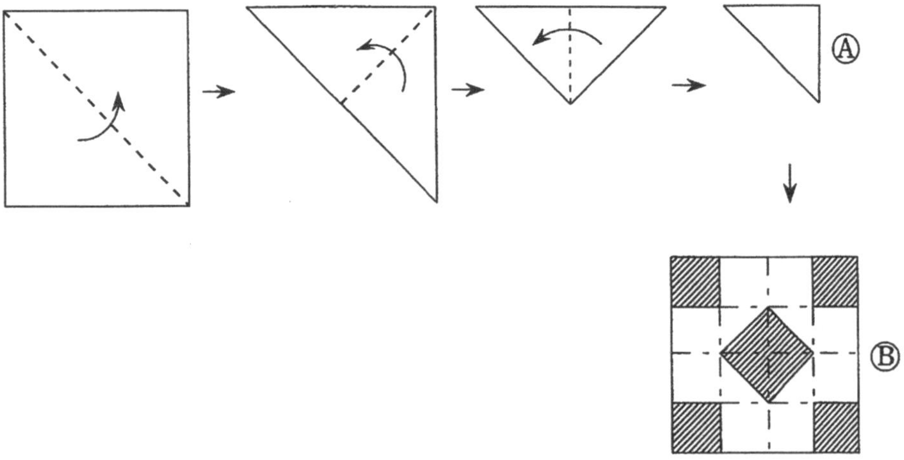

斜線《しゃせん》でぬりつぶされた部分が切り落とされています。

3　弘君は毎朝8時に家を出て、自転車で学校に通っています。いつもは時速15 kmの速さで20分かかっています。ある日の朝、登校していると自転車がパンクしたので、その場所から600 m先の自転車店まで時速6 kmの速さで自転車を押して行きました。
そこで自転車を修理するのに5分かかりました。その後、<u>いつもの速さの1.2倍の速さ</u>で学校に行き、8時27分に着きました。通った道のりは変わらなかったものとして、以下の問いに答えなさい。

(1)　家から学校までの道のりは何kmか求めなさい。

(2)　下線部において、弘君がいつもの速さのままで行った場合、学校にはいつ着くか求めなさい。

(3)　自転車がパンクしたのは家から何kmの場所か求めなさい。

令和 3 年度　弘学館入学試験

中学校 算数問題

（70分）

1　次の□にあてはまる数を求めなさい。ただし、円周率は3.14とします。

(1)　$\{13+(4\times8-2)\div6\}\div12=\square$

(2)　$\left(\frac{5}{6}-0.125\right)\times3\frac{1}{5}-\left(3\frac{1}{4}-1.75\right)\div\frac{7}{8}=\square$

(3)　$(1-\square)\div\frac{2}{3}-\frac{4}{5}\div\frac{6}{7}\div\frac{8}{9}=\frac{1}{10}$

(4)　ある仕事をA，B，Cの3人ですると4日で終わります。また、A 1人では12日、B 1人では24日で終わります。この仕事をC 1人ですると□日で終わります。

(5)　あるクラスの授業でパソコンを使うことになりました。1台を3人で使うと7人は使えません。また、1台を4人で使うと、3人で使うパソコンが1台でき、使わないパソコンが1台残ります。パソコンの台数は□台で、生徒の人数は□人です。

(6)　池のまわりをまわるランニングコースがあります。弘君と学君がこのコースを反対向きに走ると、一度すれちがってから、次にすれちがうまでに2分かかります。また、弘君と学君がこのコースを同じ向きに走ると、弘君が学君を追いこしてから、次に追いこすまで18分かかります。弘君の速さが分速200 mであるとき、このコース1周の長さは□ mです。

［三］ 次の文章を読んで、後の問いに答えなさい。

食物に甘さや辛さがあるように、人間にも甘さと辛さがあるようである。学校の先生が点数をつける時の甘さ辛さは、ある程度まで、その先生の人間の甘さ辛さを反映しているようである。

学生の身になってみると、予期していたより良い点数をつけてくれた先生には何となく好感を持つだけでなく、その課目が好きになり、よく勉強するようになる場合が多いから、どちらかといえば、点の甘い方が教育的効果は大きそうに私には思える。

ところが①こういうふうに思えるということ自身が、［X］人間である証拠であるかも知れない。反対に勉強しなくても、良い点をつけてくれるから、サボってやろうという心掛けの学生も相当ありうるのである。本当に学生のためを思うなら、自分の実力をきびしく反省させる機会を与える方が正しいという考え方もあるであろう。

［A］私の今までの経験では、叱って反省さすことによってよくなる場合よりも、ほめて奨励《しょうれい》することによってよくなる場合の方が多いようである。一々の場合によっていろいろ違うにしても、［1］的に見ると、甘すぎる方が辛すぎるよりも結果はよさそうである。

一つの社会を構成する人間の皆が仲好《なかよ》く気持よく暮らして行くためには、各人がそれぞれある程度の甘さを持っている必要があることは確かである。おたがいにあまり批判的すぎる社会は居心地が悪い。

しかしどういう社会にも危険性はある。［B］その中のある一人、またはある一部のグループの勢力が不当に増大し、自分勝手なことばかりするとか、［C］常軌《じょうき》を逸《いっ》した危険な行動をするような事態に立ちいたる危険性は、どのような社会にも潜《ひそ》んでいる。こういう危険をあらかじめ防ぐためには、各人がある種の辛さを保持していることが必要である。②私人としては甘くても公人としては辛くなければならないというようなことが時々起《おこ》ってくる。人間の辛さの全然必要でないような社会は天国以外にはないかも知れない。一人一人の人間をとってみても、一生甘さだけで無事に暮らせる人はよほど運の好い人である。そういう場合も、たいてい誰かが代りに辛さを引きうけているのである。

③私ども科学者というものは気むずかしくて、甘さよりも辛さの目立つ人達だと思われがちのようであるが、それも必ずしも当《あた》っていない。学者にも甘さと辛さの両面が必要である。非常にすぐれた学者、特に学問の進歩に［2］的な役割を果たした学者には、必ず④ある種の甘さが見出《みいだ》されるのである。

辛さばかりが勝つと、人の仕事に対して批判的になりすぎて、うまくゆけば物になる研究の芽ばえを摘んでしまうおそれ

の本心の説明として最も適切なものを、次のア～エの中から選び、記号で答えなさい。

ア　田舎者まるだしの振る舞いを続ける母に恥ずかしさを覚え、一緒にいることで自分までもが同様に見られてしまうことを恐れ、そうなる前に早く母と別れてしまおうと思っている。

イ　東京の商店街の良い点ばかりに注目し、故郷の町をおとしめようとする母の言動に嫌悪感を持ち、これ以上不愉快な思いをする前に母と別れてしまおうと思っている。

ウ　アパートで共に過ごすと、母と故郷に戻りたいという気持ちを抑えきれなくなりそうだと感じ、そうなる前に母と別れてしまおうと思っている。

エ　本当は、もっとずっと一緒にいたいものの、これ以上一緒にいると離れてしまう寂しさに耐えきれなくなってしまうと考え、そうなる前に母と別れてしまおうと思っている。

問6　傍線部④「あのアパートに橙のル・クルーゼがあっても、なんだか滑稽《こっけい》だとも思った」とあるが、なぜか。説明として最も適切なものを、次のア～エの中から選び、記号で答えなさい。

ア　ル・クルーゼの華やかで洗練された雰囲気が、これまでの「私」と母の生活やこれから住むアパートと、あまりにもかけ離れているように感じたから。

イ　ル・クルーゼの鍋では洋風の料理だけしか作ることができず、「私」が上京前に母から教えてもらった和風の家庭料理などを作ることはできないように感じたから。

ウ　ル・クルーゼの非日常的な美しさが、「私」がこれから住む貧相なアパートの様子とは別世界のものであるように思われ、必要ないもののように感じたから。

エ　ル・クルーゼの鍋に付けられた値札に書かれた値段の高さに驚き、「私」や母が気軽に買い求めることができるしろものではないように感じたから。

問7　傍線部⑤「私は母が向かう先とは反対に走り出す」とあるが、このような「私」の行動にはどのような思いが込められているか。このことを説明した次の文の【　】にあてはまる言葉を、三十字以内で答えなさい。

去って行く母の姿をあえて見ないようにすることで、【　　　　】という思い。

「掃除も、もう一回したほうがいいんじゃない」
「さっきしたばかりじゃないの」
「だけど、台所はなんだか汚れが落ちなかったし」
店先で言い合う母子を、通りすがりの人がちらりと眺めていく。
「もういいって」強い口調で私は言った。本当のことを言うと、母といっしょにあのしょぼけたアパートに帰りたかった。何度でもいっしょに掃除をしてもらいたかった。あの狭苦しい台所で、夕食の支度をしてほしかった。魚の煮つけ、切り干し大根、たらこと葱《ねぎ》の入った卵焼き、家のテーブルに並ぶような夕食。そして、布団を並べていっしょに眠ってほしかった。苛立った私の八つ当たりを、とんちんかんな言葉で受け流してほしかった。けれど今日泊まってもらったら、明日も泊まってもらいたくなる。私は今日から、たった今から、ひとりで、あの部屋で、なんとか日々を過ごしていかなくてはならないのだ。
「もういいって。帰って」私は言った。泣きそうな自分の声が耳に届く。
「あっ、いやだ、おかあさん、忘れてた」
突然母が素《す》っ頓狂《とんきょう》な声で叫ぶ。
「何、忘れもの？」
「そうじゃないの、あのね、鍋。鍋を用意してあげるのを忘れてた」
母は言い、すたすたと商店街を歩き出す。コートを着た母のうしろ姿が、陽をあびてちかちかと光る。私はちいさな子どものように、母のあとを追う。
「鍋なんかいいよ」
「よくないわよ、鍋がなきゃなんにもできないじゃないの。あんたもね、料理くらい覚えなさい。フライパンひとつでできるものなんか料理とは言わないの、きちんと鍋を揃《そろ》えて、煮炊きをしなさいよ」
母は得意げに言いながら、店先に茶碗を並べた雑貨屋に入っていく。店のなかは、食器や鍋や、ゴミ箱や掃除用品、ありとあらゆるものが所狭しと並んでいた。母は通路にしゃがみこみ、片っ端から鍋を手に取っていく。「これはなんだか重いわね」「これじゃあいかにも安っぽい」「こんなに馬鹿でかくても困るしね」ひとりごとをつぶやきながら、鍋をひっくり返したり片手で揺すってみたりしている。私は母のわきに突っ立って、隅に整然と並んでいるル・クルーゼの鍋を見ていた。

「①片付け、ひとりでできそうだから、もう帰っていいよ」

　私は言った。母はしばらく無言で部屋を眺めまわしていたが、

「ねえ、引っ越し蕎麦《そば》食べにいこうか」と言う。「蕎麦屋なんかあるかな」つぶやくと、「蕎麦屋なんてどこにだってあるわよ、ここだって日本なんだもの」なんだかとんちんかんなことを言い、母は申し訳程度の玄関で靴を履いている。私もいっしょに部屋を出て、②おもちゃみたいな鍵を鍵穴にさしこんだ。

　駅へと続く道が商店街になっている。ちいさな町とはいえ、さすが東京である。私たちの町の商店街とは桁《けた》違いににぎわっている。惣菜《そうざい》屋、スニーカー屋、レンタルビデオ屋、ゲーム屋、洋服屋、レストラン、喫茶店、雑貨屋。母はきょろきょろと目を走らせている。ときどき立ち止まり、私のコートの袖口を引っぱる。「ねえ、あのセーター特売よ、五千円しないなんて、嘘みたい」「なんだか洒落《しゃれ》た喫茶店よねえ。さすが東京って感じ」「あのラーメン屋さん、雑誌の切り抜き貼《は》ってあるけど、雑誌に載るような有名店なのかしら」「ここ、いいじゃない、二十四時間営業のコンビニ。夜にお醤油やお味噌切れても買い足せるし」華やいだ声を出す。

　母の言うせりふはすべて私を苛つかせた。あんなところにこれからたったひとりで住むなんて、かわいそう。そんなふうに同情されている気分になった。本当に自分が気の毒な娘であるような気分になった。

「やめてよ、田舎者まるだしみたいでかっこわるい」

だから私は投げ捨てるように言い、袖口をつかむ母をふりきるようにして商店街をずんずん歩いた。こんな商店街のセーターなんか褒《ほ》めないでよね。十一時に閉店するコンビニなんてうちのほうにしかないんだよ。雑誌の切り抜き貼ってるからっておいしい店とはかぎらないんだから。心のなかで悪態をつき続けた。

　駅近くにあった蕎麦屋で、母と向き合って天ぷら蕎麦を食べた。びっくりするくらいまずかった。うちの近所の村田庵だってもっとましな蕎麦を出す。なのに母ときたら、おいしい、おいしい、おいしいと連発する。「やっぱり東京の店は違うわね」なんて言う。私はむっつりとして、半分残して箸を置いた。もったいないと言い、私の残したぶんまで食べる母に、苛立ちを通り越して嫌悪《けんお》まで覚えはじめる。

　蕎麦屋を出る。春特有のふわふわした陽射しが商店街を染め抜いている。

③「じゃあここで、もう帰っていいよ、おかあさん」私はぶっきらぼうに言った。

「でも、まだ荷ほどきもしてないじゃない」

「あれっぽっちの荷物、私ひとりだって、すぐ片づいちゃう」

さえcソウビされている。その特殊効果を、もはや誰も特殊とは思わないだろう。

ある意味で、こうした人工物の世界の色は、もともと人間が作ってきたモノの※4属性《ぞくせい》としての色だから、どんな色が何に使われようとも、本質的な変化はないとも言える。デジタルイメージによって引き起こされている色彩の変化は、むしろ「自然の色」の世界において顕著なのだ。

B 電子顕微鏡による※5バクテリアや細胞の写真。あるいは人工衛星による地表の写真。これらの写真で使われている色は、自然の色だろうか。そうではないだろう。大腸菌やエイズウイルスが紫やオレンジで表示されていたり、熱帯雨林の破壊を示す衛星写真では、残された森が赤に、そのなかを通る道が緑になっている。

これらの「写真」はいずれも情報処理を経たイメージであり、そのdカテイで※6グラフィック表示上の都合によって、ある特定の色彩を与えられている。わたしたちが慣れ親しんでいるカラー写真の「自然の色」とは、意味合いがまったく違う。地図に使われる色と似たような意味で、それらは※7便宜的《べんぎてき》な色であり、そのことが了解されているからこそ、ウイルスが紫で、密林が赤であっても、誰も文句は言わないわけだ。

したがって科学における「自然の色」とはeフクザツな問題である。グラフィックの対象となる「自然」は、固有の色をもたないとも言えるからである。たとえば地球の気候の※8シミュレーションや大陸プレートの動きのグラフィックでは、※9固有の色の再現や表示が、そのイメージが伝えようとする現象にとって、本質的だとは見なされていない場合が多い。④自然における色彩の変化とは、この点で、自然科学の方法論から必然的に生まれてきたものであるとも言える。

（港千尋『芸術回帰論』）

※1 デジタルイメージ――ここではデジタル技術を用いた映像。　※2 フィクション――作りごと。作り話。
※3 ファンタジック――空想的。　※4 属性《ぞくせい》――そのものがもっている性質。　※5 バクテリア――細菌。
※6 グラフィック――写真や絵。　※7 便宜的《べんぎてき》――そのときのつごうできめるようす。
※8 シミュレーション――モデル実験。　※9 固有――もともともっていること。

問1 波線部a～eのカタカナを漢字に直しなさい。ただし、楷書《かいしょ》で大きくていねいに書くこと。

問2 傍線部①「灰色の世界」とあるが、ここで言う「灰色」の説明として最も適切なものを、次のア～エの中から選び、記号で答えなさい。

ある。白黒写真は言うまでもなく、世界から彩度を差し引いて、明度だけで表現する。さまざまなグレーの段階だけで表現するのだから、正確に言えば、白黒ではなく、灰色写真である。だからモノクロームつまり「単色写真」とも呼ばれる。面白いことに人間は、彩りのないさまざまな明るさの灰色だけで表現された風景を見て、それを美しいと感じることができる。それにはいろいろな理由が考えられる。

そのひとつは色を差し引くせいで、わたしたちが光と影に敏感になることだろう。たとえば新緑の木々から色を差し引いたとたんに、木の葉の重なりの微妙な影に気がつく。初夏の海をモノクロームにすると、砂と波がaオりなすパターンが見えてくる。

人間の顔もそうである。モノクロームで表現された人間の顔には、肌色とはまた違った趣がある。引き締まった画面の陰影が、人柄の深さを表すこともあるし、人生の時間を感じさせることもある。このように、わたしたちは灰色の無限の段階のなかに、光と影の戯《たわむ》れを見て楽しむことができる。

こうした感覚は実は昔から存在していたものだろう。都市のなかでいえば、日本や韓国の屋根瓦がそうだ。グレー一色の世界に見えるが、実はそうではない。同じグレーでも濃淡があるし、また天気によっても色が違って見える。山村の瓦と、漁村の瓦が違って見えるのは、環境だけでなく生活のせいもあるだろう。雲の色を反映して、夏の盛りには強く照り、雨が降ればしっとりと落ち着く。世界の建築のなかでも、これほど豊かな灰色をもった屋根はあまり見当たらない。

おそらく日本は灰色の美しさに目覚め、それを大切に育ててきた文化をもっている。伝統色と呼ばれる色名の体系を調べてみると、近代以前の日本には、特に灰色系に驚くほど多くの色名があったことがわかる。灰色も灰だけではないのだ。煤にも種類があるし、墨にもいろんな墨がある。派手な色彩を控《ひか》え、微妙な明暗の変化を愛《め》でる。そのもっとも洗練された芸術のひとつが、茶の湯にちがいない。

わたしが好きな色のひとつに、その名が残されている。それは茶の芸術が完成された時代の名残りとも、また③灰色の美学を表しているとも思える。利休鼠というネズミ色である。千利休の名と鼠《ねずみ》の組み合わせがいい。ネズミ色の服を着た人が、竹煤色の小さな部屋で、灰色の茶碗を見つめている。日本の文化はそんな世界に、どんなカラフルな色にもまさる、最高の美を認めることもできるのである。

A ※1デジタルイメージが生活のなかに溢《あふ》れるようになって、こうした感覚は大きく変わりつつある。たとえば映画の特殊撮影やゲームソフトといった※2フィクションのなかで使われてきたような※3ファンタジックな色、あるいは広告写真で使われているような、唇や肌の色をbキワダたせたり、反対にソフトにしたりする色彩効果は、コンパクトカメラに